utb 6367

Eine Arbeitsgemeinschaft der Verlage

Brill | Schöningh – Fink · Paderborn
Brill | Vandenhoeck & Ruprecht · Göttingen – Böhlau · Wien · Köln
Verlag Barbara Budrich · Opladen · Toronto
facultas · Wien
Haupt Verlag · Bern
Verlag Julius Klinkhardt · Bad Heilbrunn
Mohr Siebeck · Tübingen
Narr Francke Attempto Verlag – expert verlag · Tübingen
Psychiatrie Verlag · Köln
Ernst Reinhardt Verlag · München
transcript Verlag · Bielefeld
Verlag Eugen Ulmer · Stuttgart
UVK Verlag · München
Waxmann · Münster · New York
wbv Publikation · Bielefeld
Wochenschau Verlag · Frankfurt am Main

Maximilian Bertamini

Mündliche Prüfungen: Jura

Rhetorische Skills für mehr Punkte in Staatsexamina, Vorträgen und Moot Courts

BRILL | SCHÖNINGH

Der Autor:

Maximilian Bertamini studierte von 2013 bis 2018 Rechtswissenschaft an der Ruhr-Universität Bochum. Die Teilnahme am Jessup Moot Court weckte anhaltende Begeisterung für juristische Rhetorik, die er als Coach und Richter in nationalen und internationalen Moot Courts weiter verfolgt. An der RUB lehrte und forscht er umfassend im internationalen Recht, u.a. mit einer Promotion im internationalen Weltraumrecht. Als Experte für Völkerrecht gibt er Interviews, hält Vorträge und ist in Podcasts zu Gast.

Umschlagabbildung: AdobeStock #5197582352, © Daenin

Bücher, Online-Angebote oder elektronische Ausgaben sind erhältlich unter **www.utb.de**

Bibliografische Information Der Deutschen Nationalbibliothek

Die Deutsche Nationalbibliothek verzeichnet diese Publikation in der Deutschen Nationalbibliografie; detaillierte bibliografische Daten sind im Internet über https://www.dnb.de abrufbar.

www.brill.com
E-Mail: info@schoeningh.de

Printed in Germany.
Herstellung: Brill Deutschland GmbH, Paderborn
Einbandgestaltung: siegel konzeption | gestaltung

UTB-Band-Nr. 6367
ISBN 978-3-8252-6367-6
eISBN 978-3-8385-6367-1

Inhaltsverzeichnis

I. Statt Vorgeplänkel: Warum der Untertitel stimmt

Es mag reißerisch wirken, dass dieses Buch mehr Punkte in juristischen Prüfungen – inklusive der Staatsexamina – verspricht. Deswegen möchte ich zu Beginn erklären, warum rhetorische Fähigkeiten die am häufigsten übersehene *echte Prüfungsleistung* sind:

Habt Ihr Euch schon einmal gefragt, warum mündliche Prüfungen überhaupt zur juristischen Ausbildung dazugehören und darin einen *erheblichen Anteil* der Abschlussnoten ausmachen? Warum legt man so großen Wert darauf, Euch von Angesicht zu Angesicht zu prüfen?

Die Antwort hat mit einer wesentlichen Erkenntnis zur juristischen Ausbildung und Praxis zu tun, die den meisten nicht genug bewusst ist. Sie lautet:

Jura ist eine Disziplin, deren Inhalt man kaum von ihrer Form trennen kann.

Diese Aussage stimmt aus einem einfachen Grund: Recht ist ein intellektuelles Konstrukt, es ist abstrakt und besteht im Grunde aus Wertvorstellungen darüber, wie eine Gesellschaft am besten zusammenlebt. Und eben weil Recht ein abstraktes intellektuelles Gebilde ist, das erst einmal nur in Gerechtigkeits*empfinden* und Werte*vorstellungen* besteht, muss es in irgendeiner Form manifestiert werden, um nach außen treten und wirken zu können. Diese Manifestation ist Sprache. Wir müssen Recht in Sprache gießen, um es greifbar zu machen. Das gilt nicht nur für Normen, sondern auch für rechtliche Argumente. Recht so in Sprache zu gießen, dass Normen und Argumente eine wahrnehmbare und vor allem überzeugende Form erhalten, ist die große Kunst der Juristerei und etwas, das alles andere als selbstverständlich ist. Und dementsprechend ist die Artikulation rechtlicher Wertungen Kern jeder juristischen Prüfung.

Für schriftliche Prüfungen ist das den meisten von Euch bestimmt intuitiv klar. Jemand, der inhaltlich perfekt auf eine Prüfung vorbereitet ist und doppelt so viel weiß, wie alle anderen, kann immer noch eine schlechte Arbeit schreiben. Nämlich dann, wenn der erforderliche Stil misslingt und/oder wenn die Person so ungeschickt formuliert, dass Missverständnisse ihre inhaltlichen Kompetenzen überschatten. Inhaltliches Wissen ist ein starker Motor mit vielen PS, aber erst ein passender Stil bringt diese PS auch auf die Straße und den Wagen über die Ziellinie.

Auch in mündlichen Prüfungen wird sowohl über als auch in Recht gesprochen. Und insoweit es darin um vertretbare Lösungen für juristische Fragestellungen geht, unterscheiden sie sich inhaltlich nicht wesentlich von schriftlichen Prüfungen. Der große Unterschied liegt darin, dass Recht in mündlichen Prüfungen nicht in Sprache allein zum Ausdruck kommt. Die Kommunikation von Recht in mündlichen Prüfungen ist komplexer als in schriftlichen, denn sie erfolgt in vielen Dimensionen gleichzeitig, die unser Gegenüber – sei es bewusst oder unterbewusst – alle wahrnimmt. In mündlichen Prüfungen vermitteln nicht nur die Worte, die wir wählen, unser juristisches Verständnis. Auch die Art, *wie* wir dabei auftreten, trägt dazu bei, wie verständlich, überzeugend oder sogar beeindruckend unser rechtliches Können zum Vorschein tritt. Wer durch gelungene Rhetorik eine gute Figur in der Kommunikation von Recht macht, liefert sehr gute Argumente für eine bessere Note oder sogar Notenstufe in mündlichen Prüfungen. Erst im direkten Austausch über Recht könnt Ihr beweisen, dass Euer juristisches Können nicht nur unter den Laborbedingungen einer Klausur (mehr Zeit zum Nachdenken, vorgegebener Stil) funktioniert, sondern gerade auch in Rechtsgesprächen, wie Ihr sie im Berufsleben täglich mit den unterschiedlichsten Beteiligten führen werdet.

Der Einfluss gelungener Rhetorik auf die Benotung mündlicher Prüfungen erschöpft sich allerdings längst nicht in ihrer Rolle als Transporteur Eures juristischen Könnens. Ebenso wenig darin, dass effektive Rhetorik ein wichtiger Faktor für den Erfolg in Eurem Berufsleben ist. Rhetorische Fähigkeiten können in mündlichen Prüfungen aller Art auch aus einem ganz praktischen Grund einen großen Unterschied machen: Es gibt keine Garantie dafür, dass Eure Ausführungen ankommen. In Klausuren werden Eure Gedanken und Argumente verstetigt und können daher jederzeit nachgelesen werden. Wenn Prüfer:innen hier etwas übersehen oder nicht gewichten, könnt Ihr dagegen vorgehen. In mündlichen Prüfungen dagegen verhallt jeder Satz, sobald er ausgesprochen ist. Daher gilt es, Eure zentralen Argumente und ihren Aufbau mit einem erhöhten Maß an Deutlichkeit, Eingängigkeit und Strukturiertheit vorzutragen. Das gilt umso mehr, da auch die Aufmerksamkeitsspanne Eures Publikums kürzer ist. Einen geschriebenen Text muss man aktiv lesen, um seine Inhalte wahrzunehmen. Sobald etwas mündlich vorgetragen wird, ist das nicht mehr so. Alle, die schon einmal in einer trägen Vorlesung gesessen haben, kennen das nur zu gut. Ehe man sich versieht, sinkt die Konzentration und man verliert den Anschluss. Das kann selbstverständlich auch Prüfer:innen passieren, zum Beispiel dann, wenn sie am frühen Morgen fünfmal den gleichen Aktenvortrag hören müssen. Zudem gibt es bei Vorträgen viel mehr Ablenkungen, die die Aufmerksamkeit des Gegenübers beeinflussen können. Es passiert nur allzu schnell, dass man mit nervösem Herumspielen an Schmuck, Knöpfen oder einem Stift Ablenkungen schafft, wo keine sein sollten. Spricht man dann noch etwas zu schnell oder verliert den Überblick über die Notizen, dann ist es nicht verwunderlich, dass so mancher kluge Gedanke aufmerksamkeitsbedingt unter die Räder kommt. Wer die mündliche Prüfung im Staatsexamen oder die Verteidigung einer langen Seminararbeit erreicht, hat viel zu hart gearbeitet, um den verdienten Erfolg durch unbeholfenes Auftreten zu gefährden!

Die gute Nachricht ist: Das nötige Wissen über erfolgreiche Rhetorik und viele rhetorische Fähigkeiten, die in Prüfungen einen Unterschied machen, kann man relativ kurzfristig lernen. Und genau das ist das Ziel dieses Buchs. Hier geht es nicht um eine trockene Abhandlung über das juristische Argument. Genauso wenig geht es um einen Versuch, über die wahrscheinlichsten Inhalte Eurer Prüfungen zu spekulieren. Stattdessen bekommt Ihr einen anwendungsfreundlichen, erfahrungsbasierten und konstruktiven Überblick über genau das rhetorische *Wissen* und *Können,* das Ihr für erfolgreiche mündliche Prüfungen in Jura benötigt. Egal, ob Ihr Euch kurzfristig auf eine ganz bestimmte Prüfung vorbereiten oder langfristig mit Rhetorik auseinandersetzen möchtet: In den Erklärungen und Übungen der folgenden Kapitel werdet Ihr finden, was Ihr braucht.

Eines ist mir dabei besonders wichtig: Dieses Buch ist *kein Verlegenheitsprodukt,* sondern eine Herzensangelegenheit. Die Motivation war es nie, Lücken im Portfolio von Anbietern juristischer Ausbildungsliteratur zu stopfen, damit diese auch „irgendwas zur mündlichen Prüfung" verkaufen können. Das Projekt ist allein von zwei Dingen inspiriert: echter Leidenschaft für (juristische) Rhetorik und der festen Überzeugung aus Erfahrungen als Geprüfter, Prüfer und Rhetoriktrainer, dass gelungenes Auftreten einen Unterschied in mündlichen Prüfungen macht. Es ist mir ein echtes Anliegen, dass Ihr in Euren Prüfungen so gut wie möglich abschneidet!

Auf Eurem persönlichen Weg zu gesteigerten rhetorischen Fähigkeiten mag es nötig sein, die Grenzen Eurer Komfortzone zu übertreten. Was nicht nötig sein wird, ist es, die eigene Persönlichkeit zu maskieren. Manche greifen vielleicht zu diesem Buch, um Nervosität ab- und Selbstvertrauen aufzubauen. Andere suchen vielleicht eher nach einem Weg, ihr quirliges Auftreten in Bahnen zu lenken, die für formelle Prüfungssituationen angemessen sind. Die Schritte, die zur Verbesserung Eurer individuellen rhetorischen Fähigkeiten nötig sind, unterscheiden sich je nach den Stärken und Schwächen, die Ihr mitbringt. Die Stärken gilt es zu kultivieren und zu betonen und die Schwächen zu verringern. Obwohl es dadurch zu einer gewissen Annäherung verschiedener Stile kommt, bleibt doch ein hohes Maß an Individualität und Authentizität erhalten. Denn am Ende des Tages gibt es nicht den einen perfekten Rednertyp und gelungene Rhetorik darf keinesfalls künstlich oder mechanisch wirken. Insoweit ist erfolgreiche Rhetorik weniger ein Handwerk und eher eine *Kunst der Rede,* in der nicht zuletzt Eure Persönlichkeit zum Ausdruck kommt. Ob Ihr bessere Redner:innen werden könnt, hängt nicht davon ab, mit welchen Ausgangsvoraussetzungen Ihr gestartet seid.

Vor diesem Hintergrund möchte ich zum Schluss einige kurze Hinweise zur Arbeit mit diesem Buch geben. Der erste Hinweis lautet: Geht an das Thema Rhetorik nicht zu verkopft heran. Weil gelungene Rhetorik authentische Rhetorik ist, ist erfolgreiches Auftreten nicht mit pflichtschuldigem Abarbeiten einer Checkliste von Techniken zu erreichen. Alle Tipps und Übungen in diesem Buch sind daher als Vorschläge zu verstehen. Sie alle basieren auf Erfahrungen und sind meines Erachtens nützlich, aber es ist nicht zwingend nötig, jeden einzelnen davon eins zu eins umzusetzen. Der zweite Hinweis betrifft den Aufbau des Buchs. Im nächsten Kapitel erwartet Euch eine Zusammenstellung derjenigen

Aspekte, die für jede gelungene mündliche Prüfung wichtig sind. Darin geht es zum Beispiel ganz allgemein darum, wie man mit Nervosität umgeht, was beim Erstellen von Notizen wichtig ist, was man während des Sprechens mit den Händen tun sollte und was beim Zeitmanagement hilft. Meine Empfehlung ist es, sich mit diesem Kapitel vertraut zu machen, ganz unabhängig davon, auf welche Art der Prüfung Ihr Euch vorbereiten möchtet. Stellt Euch das Kapitel als eine Art allgemeinen Teil gelungener Rhetorik vor, auf dem die Tipps für die spezifischen Prüfungsformate aufbauen. Diese findet Ihr in den drei Kapiteln, die auf den allgemeinen Teil folgen. Behandelt werden die mündliche Prüfung im Staatsexamen, freie Vorträge wie zum Beispiel die Verteidigung von Seminararbeiten und schließlich Plädoyers in Moot Courts. In den Kapiteln zu den speziellen Prüfungsformaten erwarten Euch Erklärungen zum Sinn und den Maßstäben der Prüfungen und ihrer Bestandteile sowie maßgeschneiderte Tipps, die diejenigen aus dem allgemeinen Teil komplettieren. Wenn Ihr nur wenig Zeit habt und Euch auf eine konkrete Prüfung vorbereiten wollt, dann nehmt Euch am besten direkt das jeweilige Spezialkapitel vor und benutzt den allgemeinen Teil punktuell zum Nachschlagen. Als letzter Hinweis sei erwähnt, dass mir bewusst ist, dass Euch viele – wenn auch sicherlich nicht alle! – Themen aus diesem Buch ganz intuitiv bereits bekannt sein dürften. Dass zum Beispiel Blickkontakt, Betonung und Gesten wichtig sind, war Euch sicher auch vorher schon klar. Deswegen habe ich stets darauf geachtet, das Augenmerk darauf zu legen, worin *genau* die Bedeutung der einzelnen Techniken und Konzepte liegt und wie man sie am besten *umsetzt*. Auch in Abschnitten, die Euch selbstverständlich erscheinen mögen, steckt daher wahrscheinlich etwas Neues.

II. Allgemeine Elemente und Voraussetzungen gelungener Rhetorik

Die verschiedenen Formate mündlicher Prüfungssituationen in Jura können sehr vielfältig sein. Manche Elemente und Voraussetzungen gelungener Rhetorik lassen sich jedoch verallgemeinern und sollten bei jeder Prüfung beachtet werden. Um diese geht es in diesem Kapitel.

A. Vorbereitung

Kurzfristig: Rahmenbedingungen ausloten; Notizen; Dresscode
Langfristig: Routine in konkreten Situationen erlangen

Um erfolgreich vorzutragen, ist es von zentraler Bedeutung, sich im Klaren darüber zu sein, welche Rahmenbedingungen herrschen werden. Ob man auf einer Beerdigung spricht, an einem Verhandlungstisch, vor Gericht, zu Ehren von jemandem oder im Rahmen einer Prüfung, macht einen großen Unterschied. Je nach Kontext unterscheiden sich die Erwartungen des Publikums und damit auch das, was als angemessenes Auftreten gilt. Das betrifft nicht nur die Inhalte des Gesagten, sondern auch das Auftreten an sich – von der Wahl der rhetorischen Mittel bis hin zum Dresscode. Die Umstände bestimmen den Maßstab dafür, wann man erfolgreich aufgetreten ist.

Eine Vorbereitung auf die Situation, in der man sprechen wird, ist daher ungemein wichtig. Sie erlaubt es, sich bestmöglich an das anzupassen, was verlangt wird. Gelingt einem diese Anpassung, wird man in aller Regel nicht negativ auffallen. Im Gegenteil: man hat sogar die Möglichkeit, dadurch besonders positiv aufzufallen, dass man eine maßgeschneiderte rhetorische Leistung erbringt. Diese Gewissheit hilft im besten Fall gleichzeitig dabei, Nervosität abzubauen. Wenn man weiß, dass Auftreten und Inhalt der Situation angemessen sind, gibt das allen Grund für Selbstvertrauen (siehe auch Abschnitt „G – Der Umgang mit Lampenfieber").

Die erfolgreiche Vorbereitung auf eine Rede, einen Vortrag oder eine mündliche Prüfung endet natürlich nicht in der Vergewisserung über die Rahmenbedingungen. Mindestens zwei weitere wichtige Komponenten fließen typischerweise in die Vorbereitung einer erfolgreichen Redeleistung ein.

Hierzu zum Einen – soweit möglich – das Anfertigen von Notizen. Dabei ist das Ziel ausdrücklich nicht, den eigenen Beitrag vorher im Detail auszuformulieren. Das kann für den Beginn der Vorbereitung hilfreich sein, aber das Ziel jeder gelungenen Form von Rede muss es sein, möglichst frei zu sprechen. Notizen erfüllen daher nicht den Zweck eines Skripts. Wer ablesen muss, was es zu sagen gilt, macht so gut wie nie eine gute Figur, und zwar selbst dann nicht, wenn die Redeleistung im Ergebnis vollständig und richtig ist. Ablesen wirkt unsicher und lässt daran zweifeln, dass Ihr Inhalte verinnerlicht habt. Insbesondere dann, wenn man andere vom Gesagten überzeugen möchte/muss, ist Ablesen daher ein großes Problem. Denn um zu überzeugen, muss man selbst einen überzeugten Eindruck erwecken. Und wenn etwas abgelesen werden muss und damit nicht verinnerlicht wurde, handelt es sich dabei auch selten um echte Überzeugung.

Zum anderen gehört zu den Grundlagen der Vorbereitung Übung. Diese lässt sich irgendwann zu einem gewissen Grad mit Erfahrung, das heißt konkret mit Routine in vergleichbaren Redesituationen, ersetzen. Aber gerade Redeleistungen, von denen viel abhängt, wollen vorher geübt sein. Welcher Fall und welche Fragen einen in der mündlichen Prüfung erwarten, kann man natürlich nie mit letzter Sicherheit wissen. Aber wer bereits viele Aktenvorträge geübt hat, muss sich in der echten Situation viel weniger Sorgen um schlechte Darstellung machen und kann sich darauf konzentrieren, bewusst andere Dinge gut zu machen.

Als letzter Punkt sollte hier auch kurz der Dresscode erwähnt werden. Was ein angemessenes Outfit ist, lässt sich nicht abstrakt sagen und entscheidet (wahrscheinlich) auch nicht über Sieg oder Niederlage. Gleichzeitig kann das Wissen um ein angemessenes Äußeres Selbstvertrauen geben und wenigstens die Sorge nehmen, negativ aufzufallen. Soweit man vorher in Erfahrung bringen kann, welche Kleidung in etwa für die Redesituation üblich wäre, sollte man sich entsprechend kleiden.

Diese Punkte erlauben es uns, uns einer Redesituation zu nähern, ohne offensichtliche Fallstricke zu übersehen oder negativ aufzufallen. Die Tipps zur Vorbereitung auf die Situation waren hier noch sehr abstrakt. Sie werden konkreter, je stärker wir uns mit dem ganz konkreten Rede- bzw. Prüfungsformat beschäftigen.

B. Das (Prüfungs-)Format verstehen

Kurzfristig: Wichtige Unterschiede zwischen schriftlichen und mündlichen Prüfungen; Lockerung des Stils; Raum für Rhetorik schaffen
Langfristig: Gutachterliche Logik ohne stilistische Monotonie

Ich bin der festen Überzeugung, dass ein Großteil des Erfolgs in juristischen Prüfungen davon abhängt, ob man – ganz unabhängig vom materiellen Prüfungsstoff – wirklich *versteht*, was man im Rahmen der Prüfung eigentlich nachweisen soll. Es geht so gut wie *nie* darum, einfach irgendwelche „richtigen Dinge“ zu sagen, zu schreiben oder bloß keine Fehler zu machen. Schon mal darüber nachgedacht, warum es neben den schriftlichen Prüfungen im Staatsexamen auch eine mündliche Prüfung gibt? Letztere wäre völlig überflüssig, wenn es darum ginge, im gleichen hölzernen Juristensprech mit vielen „Mithins“ und „Obschons“ mehr vom Gleichen abzuliefern, wie schon in den schriftlichen Prüfungen. Der Zweck von mündlichen Prüfungen und damit unmittelbar verbunden auch das Anforderungsprofil, an dem wir gemessen werden, ist anders.

In mündlichen (Prüfungs-)Leistungen sind andere Kompetenzen gefragt, bzw. werden die Schwerpunkte anders gesetzt als in einer schriftlichen. Während es zum Beispiel in Klausuren sehr auf Vollständigkeit ankommt, geht es in mündlichen Prüfungen und Vorträgen darum, angesichts der knappen Zeit gerade nicht alle richtigen Dinge anzusprechen. Während Korrektor:innen in einer Klausur einfach zurückblättern können, um Zusammenhänge innerhalb komplexer Argumentation nachzuvollziehen, gehört es zur Kernkompetenz guter Redner:innen, das Publikum durch den Redebeitrag zu führen, ohne es unterwegs zu verlieren. In mündlichen Prüfungen müssen Kandidat:innen in der Lage sein, spontan auf Rückfragen zu reagieren und haben deutlich weniger Zeit, über Formulierungen nachzudenken. Auf der anderen Seite ist ein gesprochener Satz leichter einzuordnen oder zu korrigieren als ein geschriebener. In Vorträgen oder Gesprächen hat man die Möglichkeit, die Reaktionen des Gegenüber zu beobachten und entsprechend zu reagieren. Man hat die Möglichkeit, Einblick in die eigenen Gedanken und Denkmuster zu gewähren und damit zu beweisen, dass man juristisch denken kann.

Recht ist viel zu komplex, wertungslastig und in seiner korrekten Anwendung oft von den Details des Einzelfalls abhängig, um in einem banalen Frage-Antwort-Spiel abgefragt zu werden. Recht kann und muss *diskutiert* werden. Das ist der Grund, warum man in Prüfungen so viele Punkte mit tiefer und umsichtiger Argumentation gewinnt und nicht mit dem Ergebnis. Juristische Prüfungsgespräche sollten daher als Rechtsgespräche verstanden werden, in denen die zentrale Kompetenz darin liegt, zu *beweisen*, dass man in der Lage ist, Recht zu diskutieren. Vor diesem Hintergrund ist es essentiell, sich nicht von kritischen Rückfragen oder Gegenargumenten aus der Ruhe bringen zu lassen. Diese sind Teil des Prozesses und sollen in Prüfungen meistens abklopfen, ob Kandidat:innen in der Lage sind, die Stärken und Schwächen einer rechtlichen Argumentation einzuschätzen. Gleichzeitig soll gezeigt werden, dass man als Kandidat:in die Komplexität von Rechtsfragen und die darin kollidierenden legitimen Interessen würdigen kann.

Tritt man als Interessenvertreter:in auf, zum Beispiel im Rahmen eines Moot Courts, bedeutet das Würdigen der komplexen Tatsachen- und Rechtslage in aller Regel, dass ein überzeugendes Plädoyer nicht in einer völlig einseitigen Lobrede auf die eigene Position bestehen darf. Natürlich sollte man auch nicht die Interessen und starken Argumente der Gegenseite in Szene setzen, aber wirklich überzeugen kann nur eine Darstellung, die nicht ignoriert, was für die andere Seite spricht. Die Kunst ist es, die entsprechenden Punkte in die eigene Rede aufzunehmen und den Juror:innen gleichzeitig klarzumachen, warum trotz allem die eigene Seite im Recht ist.

Noch ein Wort zum Stil, gerade was vorbereitete Vorträge anbelangt: Es gibt manche Formulierungen, zum Beispiel im zweiten Staatsexamen, die einigermaßen in Stein gemeißelt sind und genau so fallen müssen, wie sie schon immer gefallen sind. Und auch der Aktenvortrag in der mündlichen Prüfung des ersten Staatsexamens ist stilistisch an eine gutachterliche Logik gebunden. Das heißt allerdings nicht, dass man sprechen muss – oder gar sollte! – wie man in einer Klausur formulieren würde. Übermäßige Formalität wirkt in mündlichen Prüfungen befremdlich und hat auch keinen Mehrwert. Um Recht effektiv artikulieren, anwenden oder erklären zu können, sind hölzerne Formulierungen und angestaubte Ausdrucksweisen nicht nur nicht nötig, sondern meistens hinderlich. Niemand soll insgeheim denken: „Wer redet denn so?!" Selbstverständlich hat auch Jura ein breites Fachvokabular, über das man sich nicht grundlos hinwegsetzen sollte. Aber wie frei man Sätze formen darf, ist dadurch nicht vorgegeben. Stellt Euch vor, man würde in einem Aktenvortrag genauso sprechen, wie man im Gutachten schreibt:

> „A könnte sich nach § 242 I StGB strafbar gemacht haben. Dafür müsste er im objektiven Tatbestand eine fremde bewegliche Sache weggenommen haben. Im subjektiven Tatbestand müsste diese Wegnahme vorsätzlich und mit Zueignungsabsicht erfolgt sein. Zunächst zum Tatobjekt, also einer fremden, beweglichen Sache: Eine Sache im Sinne des § 90 BGB ist jeder körperliche Gegenstand. Das Handy des B ist ein körperlicher Gegenstand. Dieses müsste für A auch fremd gewesen sein. Fremd in Sinne von § 242 I StGB sind Sachen dann, wenn sie weder im Alleineigentum des Täters stehen, noch herrenlos sind. Das in Rede stehende Handy befand sich in Bs Eigentum und mithin weder in As Alleineigentum, noch war es herrenlos. Folglich war es für A fremd. Fraglich ist jedoch, ob A das Handy auch weggenommen hatte, denn B hat A das Handy zuvor auf dessen Bitte hin ausgehändigt. 'Wegnahme' ist definiert als …"

Das ist alles richtig, aber so spricht niemand. Inhaltlich völlig identisch, aber deutlich besser für den mündlichen Vortrag geeignet wären Formulierungen wie diese:

> „Angesichts des Tathergangs liegt die Überlegung nahe, dass A sich wegen Diebstahls nach § 242 I StGB strafbar gemacht haben könnte. Das setzt zuerst voraus, dass A eine fremde bewegliche Sache weggenommen hat. Das Handy des B war zweifelsfrei eine bewegliche Sache im Sinne von § 90 BGB und da es weder in As Alleineigentum stand oder herrenlos war, war es für A auch fremd. Worauf wir uns hier *stärker* konzentrieren müssen, ist die Frage, ob A das Handy wirklich '*weggenommen*' hat. Denn immerhin hat B das Handy ja vorher freiwillig an A übergeben, damit A damit kurz telefonieren kann. Diese Frage nach der Wegnahme stellt sich hier *deshalb* so prominent, weil Wegnahme als *Bruch* fremden …"

In beiden Formulierungen steckt gleich viel Jura drin und beide folgen im Großen und Ganzen dem Gutachtenstil. Variante A kommt Euch vermutlich sehr vertraut vor und fühlt sich wie die sichere Variante an, aber diese Sicherheit ist trügerisch. Denn so, wie in Variante A formuliert ist, würde kein Anwalt, keine Richterin und allgemein kein Jurist in der Realität sprechen. Und genau deshalb ist Variante A für mündliche(!) Prüfungen nicht optimal. Variante B ist sicher nicht der Weisheit letzter Schluss, aber die stilistische Freiheit in Kombination mit der rechtlichen Richtigkeit und Präzision, die darin zum Ausdruck kommt, erweckt deutlich stärker den Eindruck, dass Ihr mühelos und doch korrekt über Recht sprechen könnt und der Grund dafür ist im Zweifel, dass Ihr die Materie beherrscht und davon nicht eingeschüchtert seid. Und *das* ist der Eindruck, den man in dieser Situation erwecken möchte. Variante B ist darüber hinaus auch schnörkelloser und dadurch etwas knapper als Variante A. Man könnte auch noch zielgerichteter und schlanker formulieren. Aber bereits anhand dieses kleinen Beispiels zeigt sich, dass Variante B besser für einen Zeitrahmen von zwölf Minuten geeignet ist als Variante A.

Eine Überlegung, die bei fast religiösem Festhalten an gutachterlicher Standardformulierung auch oft zu kurz kommt, ist, dass man in einem Vortrag mit Betonung, Pausen, Lautstärke, Gesten und vielen anderen rhetorischen Werkzeugen arbeiten kann. Wichtig ist an dieser Stelle: Die Arbeit mit diesen Werkzeugen ist nicht nur Geschmacksache! Der Einsatz von rhetorischen Werkzeugen ist in einer mündlichen Leistung sehr wichtig, um erkennbare Schwerpunkte zu setzen, Relevantes von weniger Relevantem abzuheben[1] und die Aufmerksamkeit des Publikums hoch zu halten. In einem herkömmlichen Gutachten denkt man in aller Regel nicht daran, so zu formulieren, dass man die entscheidenden Stellen auch rhetorisch überzeugend rüberbringen kann. Erfahrungsgemäß sind Vorträge im Stil des klassischen Gutachtens daher oft sehr monoton und lassen das große Potenzial der Rhetorik ungenutzt. Auch aus diesem Grund sind freiere Formulierungen im Stil von Variante B eindeutig vorzuziehen.

C. Know your stuff!

Kurzfristig: Nichtwissen zugeben, aber rhetorisch elegant verpacken können
Langfristig: Grundlage für erfolgreiche Rhetorik schaffen

Bei aller Relevanz von rhetorischen Mitteln: Mit guter Rhetorik *allein* wird in einem so anspruchsvollen Fach wie Jura kein Punkt gewonnen. Rhetorik erwirtschaftet keine Punkte aus dem Nichts, sondern ist ein Werkzeug, um das juristi-

1 Was wiederum Verständnis beweist und deshalb auch für die materiellen Aspekte der Prüfung entscheidend ist!

sche Wissen und Verständnis, das Ihr Euch alle so hart erarbeitet habt, optimal zu präsentieren und so mehr Punkte zu erreichen. Dabei kann Rhetorik einen großen Unterschied machen! Ich denke:

Wer den harten Weg des Jurastudiums geht, schuldet es sich selbst, den größtmöglichen Ertrag für all die harte Arbeit einzufahren.

Und rhetorische Fähigkeiten sind ein wichtiger Schlüssel dazu, das Meiste aus dem Gelernten herauszuholen.

That being said: Wir befinden uns immer noch im Kapitel über die allgemeingültigen Tipps für ein gelungenes Auftreten und dazu gehört die richtige inhaltliche Vorbereitung. Daran, was inhaltlich alles in mündlichen Prüfungen drankommen kann, muss hier nicht erinnert werden. Die Wahrheit ist aber: Um mühelos über Recht sprechen zu können, muss man sich im Recht gut auskennen. Wenn man inhaltlich blank ist, hilft Rhetorik (fast) nichts. Für Situationen, in denen man eine Frage nicht beantworten kann, bin ich ein Fan der Formulierung:

> „In diesem Punkt kann ich Ihnen leider nicht weiterhelfen. *Womit* ich aber weiterhelfen kann, ist …“

Das lässt sich auch auf Situationen übertragen, in denen einem etwas nicht mehr einfallen will. Die Pause zwischen dem Eingestehen des Nichtwissens und der Überleitung zu einem möglichst starken anderen relevanten Punkt sollte spürbar, aber so kurz wie möglich sein. Auf diese Art nutzt man das ehrliche Eingestehen des Nichtwissens konstruktiv, um damit einen anderen guten Punkt in Szene zu setzen. Das kann sehr effektvoll sein und sogar insgesamt positiv in Erinnerung bleiben!

Je spezieller die Prüfung oder Rede inhaltlich sein muss (man denke z.B. an die Verteidigung der eigenen Seminararbeit oder das Plädoyer im Rahmen eines inhaltlich stark spezialisierten Moot Courts), desto spezieller und vor allem tiefer muss das inhaltliche Verständnis reichen. Je diverser der Stoff, der abgeprüft werden kann, desto breiter sollte man aufgestellt sein. Wer viele Punkte erreichen will, sollte in der Lage sein, sinnvolle Parallelen ziehen oder Argumente selbst generieren zu können. Für beides muss man ein breites Verständnis des Prüfungsstoffs mitbringen – auch über Prüfungsprotokolle und den unmittelbaren Gegenstand einer wissenschaftlichen Arbeit hinaus. Deshalb: Know your stuff!

D. Körpersprache und Gesten

Kurzfristig: Dos & Don'ts für Körpersprache; Wohin mit den Händen?; Ruhepose; Nervositätsventile schließen; niederschwellige Gelegenheiten für Gesten; Kontraste setzen

Langfristig: Präsenz aufbauen; Gesten und Körpersprache als natürlich verinnerlichen

Gelungene Rhetorik besteht nicht nur aus verbalen, sondern auch aus nonverbalen Elementen. Zu Letzteren zählen vor allem Körpersprache und Gestik. Über die Körpersprache signalisieren wir etwa gegenüber dem Publikum, wie (un)wohl wir uns in der aktuellen Rolle fühlen oder wie viel Distanz wir aufbauen wollen. Gesten werden eingesetzt, um das Gesagte zu betonen und greifbarer zu machen und um die Aufmerksamkeit des Publikums hoch zu halten.

Was gelungene Körpersprache und Gestik ausmacht, ist häufig kontextabhängig. Einige Grundregeln gilt es aber immer zu beachten: Befindet man sich in einer Situation, in der man vor dem Publikum steht, dann gilt es, möglichst gerade zu stehen. Das bedeutet in der Regel, dass die Füße etwa schulterbreiten Abstand haben, die Schultern leicht zurückgezogen sind, der Rücken parallel zu den Beinen zu halten ist und das Gewicht gleichmäßig auf beide Füße verlagert. Ähnliches gilt für Situationen, in denen man sitzt. In diesem Fall sollte man möglichst aufrecht sitzen, ohne dabei steif zu wirken.

In Sachen Körpersprache gilt es außerdem, einige Dinge zu vermeiden. Offensichtliche Fettnäpfchen wie verschränkte Arme oder Hände in den Hosentaschen seien hier nur der Vollständigkeit halber angesprochen. Diese beiden Posen senden nicht nur das falsche Signal an das Publikum (Desinteresse, Arroganz, fehlende Ernsthaftigkeit, Distanz). Sie verhindern auch, dass effektiv gestikuliert werden kann.

Schwieriger zu beseitigen sind bestimmte Nervositätsventile. Bewegung ist in aller Regel eine Möglichkeit, nervöse Energie rauszulassen. Über gezielte Gesten oder angemessene Bewegung im Raum kann diese Energie in positive Bahnen geleitet werden. Andere Ventile sind dagegen kontraproduktiv, weil sie keinen rhetorischen Mehrwert haben und dem Publikum gegenüber vor allem Nervosität, Verlegenheit oder fehlende Aufmerksamkeit signalisieren. Außerdem lenken sie vom gesprochenen Wort ab. Zu den problematischen Nervositätsventilen zählt insbesondere das ständige hin und her Wackeln mit dem Körper bei Vorträgen im Stand. Eine andere Form dieses Phänomens ist das ständige Verlagern des Gewichts von einem Fuß auf den anderen. Das passiert meistens unterbewusst und fällt erst dann auf, wenn man sich selbst im Spiegel oder auf einem Video beobachten kann oder von anderen Feedback bekommt. Falls man keine Übungssituationen schaffen kann, in denen man Nervosität verspürt (wie zum Beispiel Prüfungssimulationen oder Probeplädoyers in Moot Courts), ist der beste Weg zum Ziel souveräner Körpersprache schlichtweg, sich der eigenen Tendenzen bewusst zu werden. Zu Beginn einen festen Stand mit gleichmäßiger Gewichtsverteilung einzunehmen und sich auf Gesten zu konzentrieren, kann dabei helfen, unwillkürliche Bewegungen auf ein Minimum zu reduzieren. Um die Tendenz zu einem sogenannten „Spielbein", also dem Entlasten eines Beins zulasten des anderen, in den Griff zu bekommen, kann es zu Übungszwecken sinnvoll sein, die Füße bei Übungen mit Klebeband am Boden zu fixieren. Das mag merkwürdig klingen, aber der Widerstand des Klebebandes sensibilisiert sehr gut für die Bewegungen der Füße, derer man sich vielleicht gar nicht bewusst war!

Was man dagegen nicht tun sollte, um unwillkürliche Bewegungen zu vermeiden und Stabilität in den eigenen Stand zu bringen, ist, sich auf ein Rednerpult zu lehnen oder daran festzuhalten. Beide Varianten verhindern, dass die Hände jederzeit bereit für Gesten sind und können schnell zu lässig oder zu unsicher wirken.

Nicht nur was die Körperhaltung angeht, gibt es problematische Nervositätsventile. Besonders unsere Hände können während des Sprechens auf Abwege geraten. Bevor wir dazu kommen, was man beim Reden am besten mit den Händen tut, zunächst eine kurze Sensibilisierung für ein verbreitetes und sehr problematisches Nervositätsventil: In vielen Vorträgen und Plädoyers, die ich im Laufe der Jahre gesehen habe, haben Redner:innen Schwierigkeiten damit, ihre Hände von Brillen, Haaren, Schmuck, Knöpfen u.ä. fernzuhalten. Nervöses Fummeln an Knöpfen oder Ringen ist genauso ablenkend, wie auffällig häufiges Zurückstreichen einer Haarsträhne oder Richten der Brille. Das Thema Sichtbarkeit von Nervosität führe ich weiter unten noch aus (Abschnitt „G – Umgang mit Lampenfieber"). Wichtigste Erkenntnis an dieser Stelle: Vieles von dem, was Euch beim Reden nicht optimal vorkommt, wie Abweichungen von vorher zurechtgelegten Formulierungen, ist nach außen nicht sichtbar. Und auch die selbst empfundene Nervosität wird für andere oft nur dann erkennbar, wenn sie gezielt nach Anzeichen suchen – was die meisten nicht tun. That being said: Während die äußere Wahrnehmbarkeit von Nervosität an sich oft deutlich hinter der tatsächlich empfundenen zurückbleibt, gilt für die Sichtbarkeit von Herumgefummel an Haaren, Brillen etc. genau das Gegenteil: Sich während eines Vortrags ins Gesicht oder an den Kopf zu fassen, ist eine besonders starke Ablenkung, denn auf dem Gesicht eines Redners oder einer Rednerin liegt regelmäßig der Großteil der Aufmerksamkeit des Publikums. Nicht ohne Grund sind Faktoren wie Blickkontakt, gezielt eingesetzte Mimik und hier und da ein Lächeln sehr effektvolle Werkzeuge gelungener Rhetorik. Die Verbindung, die man mit dem Publikum darüber aufbauen kann, dass man Blickkontakt schafft und aufrechterhält, wird wieder zerstört, wenn der Fokus ständig weg von den Augen oder dem Mund eines Redners oder einer Rednerin gleitet und stattdessen von unwillkürlichen Handbewegungen im Gesicht abgelenkt wird.

Um diese oft unwillkürlichen Bewegungen zu vermeiden, rate ich dazu, in der Vorbereitung nach Möglichkeit folgende Tipps zu beachten:

- Lange Haare zu einem Zopf binden oder hochstecken
- Brille nach Möglichkeit durch Kontaktlinsen ersetzen

- Möglichst keine Ringe oder anderen Schmuck tragen, der zum Ziel von Fingerspielen werden kann

Als Nächstes möchte ich die Aufmerksamkeit weg von möglichen Fehlern lenken und mich stattdessen darauf konzentrieren, was man in puncto Hände alles richtig machen kann. Zuallererst will ich die Frage beantworten, die viele in der Vorbereitung auf eine Redeleistung bewegt: Wohin mit den Händen? Dass die Hände nicht verborgen werden dürfen und auch nicht krampfhaft an das Rednerpult gehören, bringt viele bei Vorträgen im Stehen in die Verlegenheit, ihre Hände so zu positionieren, dass sie sich damit wohlfühlen und die Position nicht negativ auffällt. Bestenfalls erlaubt die Handposition außerdem, dass man von dort aus einfach und effektvoll gestikulieren kann, ohne die Hände zunächst entwirren zu müssen. Um das Problem der Handposition zu lösen, sollte man eine sogenannte Ruhepose für die Hände finden. Die Idee hinter dieser Ruhepose ist, dass die Hände dorthin zurückkehren, wenn sie nicht gestikulieren oder mit Blättern, Schreiben, etc. beschäftigt sind. Hat man eine Pose gefunden, die zum individuellen Stil passt, kann man damit ein erhebliches Maß an Verlegenheit beseitigen. Welche Ruhepose Ihr für Euch findet, ist eine individuelle Frage. Probiert am besten vor einem Spiegel verschiedene Haltungen für die Hände aus, bis Ihr eine findet, die für Euch passt. Eine klassische Pose ist zum Beispiel das Ablegen einer Hand (üblicherweise der dominanten Hand, mit der mehr gestikuliert wird) in der anderen. Eine weitere Pose ist das lockere Umschließen einer leicht zur Faust geballten, weniger dominanten Hand mit der dominanten. Um effektives Gestikulieren nicht zu verhindern, sollte allerdings vermieden werden, die Hände gebetsartig mit verschränkten Fingern zu falten. Auch das Umgreifen eines Fingers oder Daumens mit der anderen Hand wirkt eher merkwürdig. Was dagegen gut funktioniert, ist es, die Hände im 90° Winkel mit den Handflächen zueinander aufeinander zu legen. Steht ein Rednerpult zur Verfügung oder sitzt man an einem Tisch, kann man die Hände in Ruhepose einfach locker vor sich „ablegen".

Lasst Euch beim Ausprobieren der Ruheposen nicht davon irritieren, dass sie sich am Anfang ungewohnt anfühlen werden – immerhin *sind* sie ja ungewohnt! Ihr Mehrwert ist aber groß und Ihr werdet Euch schnell daran gewöhnen, wenn Ihr erst feststellt, dass sie Euch das Leben als Redner:in deutlich leichter machen. Wichtig zu erwähnen ist aber noch, dass die Hände im Rahmen der Ruhepose nicht zu hoch oder zu niedrig gehalten werden sollten, sondern in einer möglichst natürlichen Position. Das bedeutet in der Regel, dass die Ellenbogen so gebeugt sein sollten, dass die Unterarme einen ca. 90°-Winkel zum Körper einnehmen. So befinden sich die Hände in etwa auf Bauchhöhe und dort können sie getrost bleiben.

Eine Alternative zur Ruhepose, die ebenfalls eine klare Richtung dafür vorgibt, wo die Hände hin sollen, liegt darin, mit einer Hand Moderationskarten oder einen Stift zu halten. Diese Hand wird dann unweigerlich während des ganzen Vortrags eine Funktion haben und jedenfalls natürlich aussehen. Die freie Hand liegt dann einfach locker vor dem Bauch etwa dort, wo auch die Hände bei einer Ruhepose lägen. In manchen Formaten, in denen man auf Notizen zurückgreifen muss, wie dem Aktenvortrag in den mündlichen Prüfungen des ersten und zweiten Staatsexamens, ist die Variante mit den Moderationskarten bzw. einem Notizzettel praktisch unausweichlich. Wählt man die Variante mit dem Stift, kann dieser als Zeigewerkzeug benutzt werden, soweit sich das anbietet. Die Variante Moderationskarten/Stift hat allerdings ein paar Nachteile gegenüber der Ruhepose. Der allgemeine Nachteil daran, eine Hand dauerhaft mit Moderationskarten oder einem Stift zu beschäftigen, ist, dass dadurch das Spektrum der verfügbaren Gesten etwas eingeschränkt wird. Und ein besonderer Nachteil von Moderationskarten oder einem Notizzettel ist, dass das Zittern der Hand sich unweigerlich auf das Papier überträgt und es sichtlich zum Wackeln bringt. Eine zitternde Hand fällt meistens nicht weiter auf, aber ein auffällig zitterndes Papier, das womöglich dabei noch Geräusche produziert, definitiv. Außerdem besteht die Gefahr, dass man verleitet wird, abzulesen und ohne Not von den Notizen Gebrauch zu machen. Dazu später mehr im Abschnitt „J – Blickkontakt".

Ist die Frage beantwortet, wo die Hände hingehören, können wir uns als Nächstes damit beschäftigen, wie wir unsere Hände bewusst dazu einsetzen können, das Gesagte zu untermalen und dadurch eingängiger zu machen. Wie bereits erwähnt, haben Rezipienten von mündlicher Rede keine Möglichkeit, noch einmal zurückzublättern oder zurückzuspulen. Daher ist es eine absolute Notwendigkeit, einen Redebeitrag so zu gestalten, dass das Publikum folgen kann und die Inhalte möglichst strukturiert und eingängig sind. Hierbei helfen gezielte Gesten sehr. Bei einem Vortrag oder Plädoyer auf Gesten zu verzichten, verschenkt nicht nur das Potenzial positiv aufzufallen, sondern übersieht auch die Eigenheiten und damit einhergehende Notwendigkeiten des Prüfungs- bzw. Redeformates in Abgrenzung zu schriftlichen Leistungen. Bevor ich Gesten vorschlage, die sich in fast jedem Vortrag anbieten, zunächst einige Grundregeln zum Gestikulieren an sich.

Die erste Regel lautet: **Die Gesten sollten in einem sichtbaren, aber begrenzten Bereich stattfinden.** Stellt euch ein Rechteck vor, das in der Breite von Euren Schultern und in der Länge oben von Eurem Kinn und unten von der Position der Ruhepose begrenzt wird. Das ist der Bereich, in dem sich Eure Gesten bewegen sollten. Sollte ein Rednerpult oder – falls man sitzt: ein Tisch – einen Teil dieses Bereichs verdecken, wird der sichtbare Bereich kleiner. Er sollte aber nicht dadurch wieder erweitert werden, dass man neben dem Körper oder vor dem Gesicht gestikuliert. Im sichtbaren Bereich zu gestikulieren, bedeutet auch, dass man eine Geste auch wirklich deutlich sichtbar einsetzt, wenn man sich dafür entscheidet. Gesten, die kaum die Ruhepose oder das Rednerpult verlassen, strahlen Unsicherheit aus und wirken zaghaft. Diesen Eindruck sollte man vermeiden. Man muss Gesten nicht überbetonen, aber die Devise sollte grundsätzlich sein: Wenn man gestikuliert, dann mit dem Mut zur Sichtbarkeit!

Die zweite Regel lautet: **Benutzt Gesten im *Kontrast* zu Eurem Redestil und zu Eurer grundsätzlichen Präsenz.** Zur Erklärung muss ich ein wenig ausholen. Der

Ausgangspunkt ist: Gute Rhetorik ist authentische Rhetorik. Alle können mit ihren individuellen Voraussetzungen zu erfolgreichen Redner:innen werden. Es wäre deshalb unehrlich, ein Buch zu schreiben, das suggeriert, erfolgreiche Rhetorik funktioniere nach Schema F. Denn alle Redner:innen bringen unterschiedliche Voraussetzungen mit, die es in Szene zu setzen oder zu überwinden gilt (mehr dazu in Abschnitt „F – Authentizität"). Das gilt in erster Linie natürlich für rhetorisches Talent und den Grad, zu dem man sich wohl damit fühlt, vor anderen Menschen zu sprechen. Jemand, der von Natur aus eher extrovertiert ist und vielleicht die Tendenz hat, viel und laut zu sprechen, muss andere Dinge beachten, als eine Person, die es große Überwindung kostet, überhaupt vor anderen zu sprechen und die Tendenz hat, bedacht und langsam zu sprechen. Aber auch rein körperlich gibt es Unterschiede, die Auswirkungen auf eine Redeleistung haben können. Hier muss etwa eine kleine Person, die fast hinter einem Rednerpult verschwindet, auf andere Dinge achten als eine hochgewachsene Person, die bereits allein aufgrund ihrer Körpergröße eine erhebliche Präsenz im Raum hat. Und vor dem Hintergrund dieser Tatsache empfehle ich, darauf zu achten, Gestik auf den individuellen Stil und die individuellen Voraussetzungen abzustimmen. Das bedeutet nicht, an das Thema Gesten völlig verkopft heranzugehen – am Ende des Tages muss auch die Gestik authentisch sein. Aber diese Erkenntnis im Hinterkopf zu behalten, kann sehr wertvoll für den rhetorischen Gesamteindruck sein. Das Ziel dabei sollte es sein, individuelle rhetorische Stärken zu betonen, aber nicht zu überbetonen und individuelle rhetorische Schwächen durch gezielt eingesetzte Gestik im rhetorischen Gesamteindruck abzuschwächen. Letzteres erreicht man dadurch, dass man bestimmte Tendenzen im eigenen Auftreten mit der gewählten Gestik kontrastiert. Das macht das eigene Auftreten für das Publikum nicht nur interessanter und erhöht die Aufmerksamkeit, sondern es rundet Euer Auftreten auch insgesamt ab und macht es stimmiger.

Für „Rampensäue", also Personen, denen es leicht fällt, vor Menschen zu sprechen und die dazu tendieren, schnell, belebt, viel und laut zu sprechen, bedeutet das, dass die Gestik sich tendenziell an dem Motto „weniger ist mehr" orientieren sollte. Ein offener und lebendiger Vortragsstil ist grundsätzlich eine Stärke! Denn darin stecken in aller Regel bereits eine starke Betonung (siehe Abschnitt „I – Sprechtempo, Betonung, Lautstärke, Pausen"), die Fähigkeit Blickkontakt aufzubauen und zu halten (siehe Abschnitt „J – Blickkontakt"), und eine Mimik, die dem Gesagten Ausdruck verleiht. All diese Stärken sind allerdings gleichzeitig rhetorische Inputs für das Publikum, die es zu verarbeiten gilt. Kommt dazu noch eine sehr lebendige Gestik, die jeden Satz umwirbelt, kann das das Publikum überreizen und ablenken. Eine ruhige Gestik, die gezielt eingesetzt wird und dadurch bewusst wahrgenommen wird, kann viel Struktur und Schwerpunktsetzung in einen lebendigen Vortrag bringen, wovon dieser in aller Regel sehr profitiert. Außerdem lenkt eine eher zurückhaltende Gestik nicht von den natürlichen rhetorischen Stärken ab, die ein lebendiger Vortragsstil mit sich bringt und setzt diese damit in Szene.

Für Personen, die eher schüchtern sind und sich schwer damit tun, vor anderen zu sprechen, ist eine aktivere Gestik ein optimales Mittel, um die rhetorische Präsenz zu steigern und das Interesse des Publikums hoch zu halten. Auch ein ruhiger und überlegter Vortragsstil hat große natürliche Stärken, wie etwa die vergleichsweise hohe Strukturiertheit, die damit einhergeht, und die Leichtigkeit, mit der das Publikum den Inhalten eines bedächtigeren Vortrags folgen kann. Ein verhaltenerer rhetorischer Stil droht im Vergleich zu einem quirligen allerdings nicht, das Publikum zu über- sondern zu unterlasten. Daher sind rhetorische Inputs in Form von regelmäßigen und sichtbaren Gesten ein optimaler Kontrast, die den Vortrag aufwerten und interessanter machen, wie ein Spritzer Farbe auf einer weißen Leinwand.

Die dritte Regel lautet: **Wählt aussagekräftige Gesten.** Gute Gestik visualisiert und verdeutlicht grundsätzlich das Gesagte. Die Funktion gelungener Gestik ähnelt daher der einer Bildschirmpräsentation. Was eine aussagekräftige Geste ist, hängt immer vom konkreten Kontext ab, so dass sich allgemeine Ausführungen dazu an dieser Stelle schwierig gestalten. Was ich aber sagen kann, ist, was in aller Regel *keine* aussagekräftigen Gesten sind. Dazu zählen das wiederholte Vollführen eines Halbkreises mit einer Hand, typischerweise nach vorne und am ehesten zu übersetzen mit der Bedeutung „und dann“. Zu den nicht besonders aussagekräftigen Gesten zählen außerdem der kleine Handkantenschlag und das Wackeln mit der Ruhepose. Diese Gesten sind natürlich auch nicht verboten und für manche davon gibt es sinnvolle Einsatzgebiete (siehe dazu unten), aber wenn man dazu tendiert, sie als Allround-Verlegenheitsgeste zu verwenden, sollte man sich dessen bewusst werden und überlegen, ob in der konkreten Situation nicht etwas Aussagekräftiges zur Verfügung steht.

Um effektive Gestik (inkl. Ruhegeste) auszuprobieren und um ein Gespür dafür zu bekommen, wie die eigene Körpersprache nach außen wirkt, bieten sich Videoanalysen an. Filmt Euch dafür einfach aus einer frontalen Perspektive für ein paar Minuten beim Vortragen und analysiert hinterher, wie Gestik und Körperhaltung von außen betrachtet wirken. Oft stellt man dabei fest, dass das, was sich von innen wie große und sichtbare Gesten angefühlt hat, nach außen gar nicht so gut wirkt, weil man zu nah am Körper gestikuliert hat, zu klein oder in einem nicht optimalen Fenster. Auch unwillkürliche Bewegungen werden in Videoanalysen (manchmal etwas peinlich) bewusst. Diese Sensibilisierung ist ein großer Schritt zur Verbesserung.

Zum Schluss dieses Abschnitts möchte ich Euch noch einige Gesten mit auf den Weg geben, die sich in fast jeder Präsentation oder Rede anbieten und auf die man sich insbesondere dann konzentrieren kann, wenn man sich schwer damit tut, überhaupt ins Gestikulieren zu kommen.

Vor dem Hintergrund, dass ein starker Vortrag unter anderem dadurch stark wird, dass man ihm wegen seiner Struktur gut folgen kann, sind strukturgebende Gesten ein wertvolles Stilmittel. Leitet man die eigene Rede zum Beispiel mit der Ankündigung ein, drei bestimmte Punkte machen zu wollen oder zunächst

X vorzustellen, dann Y aufzuzeigen und schließlich Z zu argumentieren, ist das simple Mitzählen mit den Fingern eine sinnvolle Untermalung des Gesagten. So weit, so banal. Worauf man vielleicht von selbst weniger kommt: Achtet darauf, die Finger bei Aufzählungen, die wegen umfangreicher oder voraussetzungsvoller Punkte etwas länger dauern, nicht durchgehend in der Luft stehen zu lassen. Die Gesten sollten hauptsächlich die Aufzählungs*worte* begleiten und dürfen in der Zwischenzeit wieder verschwinden. Und: Die jeweiligen Aufzählungsgesten kann und sollte man (Stichwort: Struktur!) auch dann wiederholen, wenn man einen Punkt abschließt und zum nächsten übergeht! So verfolgt man nicht nur inhaltlich, sondern auch in puncto Rhetorik einen roten Faden und hält das Versprechen der Struktur ein, das man am Anfang in der Einleitung gegeben hat.

Eine weitere „low hanging fruit“ für Gestik kann man bei Gegenüberstellungen pflücken. Gerade in Jura kommt es häufig auf die Gegenüberstellung und Diskussion verschiedener Lösungsansätze bzw. Argumente an. Um diese Gegenüberstellung zu visualisieren, kann man zum Beispiel zunächst mit der einen Hand eine kurze Geste vollführen (etwa den Halbkreis schräg nach vorne/außen mit offener Handfläche, als würde man etwas aufdecken oder anbieten) und dann später mit der anderen Hand, wenn man die Gegenposition anspricht. Auch bei dieser Geste sollte die Hand in der Zwischenzeit wieder herunter genommen werden, wenn die Darstellung eines Punktes länger als ein paar Sekunden dauert. Statt einhändig zu gestikulieren, kann man natürlich auch mit beiden Händen gleichzeitig zunächst auf die eine und dann auf die andere Seite gedeutet werden kann, zum Beispiel mit zwei nach oben gerichteten Handflächen. Erneut: So weit, so einfach. Daher nun die Vertiefung: Gesten, die mit nach oben gerichteten Handflächen vollführt werden oder enden, sind allgemein oft sinnvoll, denn sie vermitteln einen einladenden, offenen und anbietenden Eindruck. Vor diesem Hintergrund kann man aber natürlich auch gezielt mit dem gegenteiligen Eindruck arbeiten: Stellt man, wie oft üblich, zunächst ein Argument dar, dem man am Ende nicht folgt, kann man dieses in der Gegenüberstellung gezielt, aber subtil mit einer leicht geschlossenen Hand oder nach unten gerichteten Handfläche einleiten, während man das überzeugende Argument offener und „schmackhafter“ mit entsprechender Geste anbietet.

Zudem bieten sich Gesten an, die die Chronologie dargestellter Ereignisse visualisieren. Dazu könnt Ihr mit beiden Händen einen Startpunkt in der rechten Hälfte eures Gestenbereichs (auf diese Weise verläuft die Geste für das Publikum spiegelverkehrt wie gewohnt von links nach rechts) und markiert von dort aus mit der linken Hand einen Zeitpunkt links vom Ausgangspunkt. Um den Zeitpunkt auch als solchen kenntlich zu machen, bietet sich dafür eine möglichst präzise Geste an, wie zum Beispiel eine Handkante als Linie auf dem gedachten Zeitstrahl oder zu einem Punkt zusammengeführte Finger.

Diese Gesten sind natürlich nur Vorschläge und schöpfen das weite Feld des Möglichen nicht annähernd aus. Gleichzeitig bieten sie einen sinnvollen Grundstock, der es erleichtert, überhaupt mit dem Gestikulieren zu beginnen und der darüber hinaus dem Vortrag Struktur gibt. Viel Spaß beim Ausprobieren!

E. Charisma und Lächeln

Kurzfristig: Begeisterung für Argumente entwickeln und ausstrahlen; Lächeln timen und gezielt einsetzen
Langfristig: Freude am Vortragen entwickeln

Ein gut getimetes Lächeln kann dem Publikum verschiedene Dinge signalisieren und hat verschiedene Funktionen in einem Vortrag. Lächeln wirkt – abhängig von der Situation – schlimmstenfalls verlegen, arrogant oder so, als nehme man die Situation nicht ausreichend ernst. Bestenfalls wirkt es dagegen sympathisch, charmant, selbstbewusst und so, als fühle man sich mit Situation und Thema sehr wohl. Das wiederum suggeriert inhaltliche und rhetorische Kompetenz.

Ob wir es möchten oder nicht: Sympathie ist oft ein Faktor in der Bewertung von mündlichen Leistungen. Bestenfalls ist es kein entscheidender Faktor und selbstverständlich würde ich mir eine vollständig neutrale Bewertung wünschen. Aber solange im Prüfungskontext Menschen von anderen Menschen beurteilt werden, wird das leider eine idealistische Hoffnung bleiben.

Für uns bedeutet das, dass es nach wie vor wichtig sein wird, auf ein Publikum jedenfalls nicht völlig unsympathisch oder gezwungen zu wirken. Für beides ist das Lächeln ein wirkungsvolles Werkzeug. Versetzt Euch einmal in die Rolle eines Prüfers oder einer Prüferin. In dieser Rolle werdet Ihr Euch umso wohler fühlen, je mehr Ihr den Eindruck bekommt, dass Ihr Euer Gegenüber nicht in Angst oder übermäßige Anspannung versetzt. Nach meiner Erfahrung als Geprüfter, Prüfer und Moot-Court-Richter besteht ein Zusammenhang zwischen Kandidat:innen, die durch ein ehrliches Lächeln an der richtigen Stelle einen Vortrag oder eine Situation auflockern können und der Tendenz zu wohlwollender Bewertung. Das Lächeln eines Prüflings gibt Prüfer:innen das Gefühl, ihrerseits ihre Funktion gut zu erfüllen und lädt sie ein, Euch weitere Fragen zu stellen, mit denen Ihr punkten könnt.

Lächeln ist keinesfalls ausschließlich aus einer Sympathieperspektive wichtig. Das Lächeln hat darüber hinaus noch einige andere wichtige Funktionen. Denn bei einer mündlichen Leistung sind die Aufmerksamkeit des Publikums und die Fähigkeit von Redner:innen, mit ihren Inhalten zum Publikum *durchzudringen*, von zentraler Bedeutung. Beide Aspekte werden durch ein Lächeln gefördert. Das liegt daran, dass Lächeln eine zutiefst zwischenmenschliche Angelegenheit ist und automatisch eine Verbindung zwischen dem oder der Lächelnden und dem oder der Angelächelten schafft. Wer angelächelt wird, fühlt sich wahrgenommen und ist dann meist auch dazu bereit, das Gegenüber wahrzunehmen. Und das ist gerade bei Redebeiträgen enorm wichtig, denn hier ist das angesichts von möglichen Ablenkungen und kurzen Aufmerksamkeitsspannen keine Selbstverständlichkeit.

Neben seiner Signalwirkung hat ein Lächeln erfahrungsgemäß auch den Effekt, dass man die eigene Nervosität etwas reduzieren kann.

Wie ein Lächeln wirkt, hängt sehr davon ab, wann und wie ehrlich es fällt. Daher sei auch hier zunächst der wichtige Hinweis wiederholt: Gute Rhetorik ist authentische Rhetorik und ein verlegenes, gequältes oder gar erzwungenes Lächeln schadet mehr, als es nutzt. Aber auch ein nur zu 50% gefühltes Lächeln ist oft besser als keins. Doch wann sollte man am besten lächeln und wie findet man in einem Vortrag über Jura überhaupt Anlässe dazu, die nichts mit Galgenhumor zu tun haben?

Vorschlag Nr. 1 dazu, wann sich ein Lächeln gut anbietet, lautet: **Ganz zu Beginn, am besten parallel zur eigenen Vorstellung und der Begrüßung des Publikums.** Bei einem gelungenen Vortrag ist es wichtig, die Aufmerksamkeit des Publikums gleich am Anfang auf ein hohes Niveau zu bringen, denn hier werden oft bereits wichtige Pflöcke in Sachen Struktur, Thematik und zentraler Argumentation eingeschlagen, die entscheidend dafür sind, dass man Euch gut folgen kann. Das ist der erste Grund dafür, mit einem Lächeln in jeden Redebeitrag zu starten. Darüber hinaus ist der erste Eindruck, den man als Redner:in macht, wichtig dafür, mit welcher Grundhaltung das Gegenüber Euch in den ersten Minuten der Rede folgt. Und auch der nervositätsreduzierende Effekt des Lächelns ist gerade zu Beginn eines Vortrags am nützlichsten.

Vorschlag Nr. 2 ist das Spiegelbild des ersten Vorschlags und lautet: **Lächelt zum Ende des Vortrags**. Wenn der erste Eindruck Weichen für die Aufmerksamkeit und Grundhaltung des Publikums stellt, ist der letzte Eindruck derjenige, der in den Köpfen Eures Gegenübers lange nachhallen wird. Und je sympathischer dieser Eindruck ist, desto besser. Ein Lächeln macht zum Abschluss einer Redeleistung einen großen Unterschied dafür, ob eine Abschlussformel wie „Vielen Dank für Ihre/Eure Aufmerksamkeit." als bloßer Formalismus wahrgenommen wird oder einen ernstgemeinten Dank zum Ausdruck bringt.

Lächeln zu Beginn und zum Ende eines Vortrags gehört rhetorisch zum guten Ton und lässt sich in aller Regel ohne Weiteres umsetzen. Schwieriger und vor allem schwieriger zu lernen ist es, innerhalb eines Fachgesprächs oder -vortrags an passenden Stellen zu lächeln oder etwas Humor aufblitzen zu lassen. Voraussetzung dafür ist, dass man ein Gespür für die (soziale) Situation und die Gemütslage des Publikums bzw. der Prüfer:innen mitbringt.

Ein ganz fantastisches Beispiel dafür, wie das im Ernstfall gelingen kann, findet man in einem Video auf YouTube, das einen Ausschnitt der Finalrunde des Jessup International Law Moot Court aus dem Jahr 2011 zeigt. Der Redner, der einen extrem professionellen und der Situation absolut angemessenen Redestil an den Tag legt, bekommt darin eine kritische Rückfrage von einem echten Richter des Internationalen Gerichtshofs gestellt. Der Redner gesteht daraufhin ein, dass echte Beispiele für die rechtliche Konstruktion, die er dem Gericht vorschlägt, sehr selten sind. Dafür verwendet er einen englischen bildungssprachlichen Begriff, der Nicht-Muttersprachler:innen – wie seinem Gegenüber in diesem Fall – nicht unbedingt ohne Weiteres geläufig ist. Daher wiederholte auch der Richter in diesem Fall fragend den Begriff, den der Redner verwendet hatte. Die Situation muss sich für diesen sehr intensiv und stressig angefühlt haben. Nicht nur musste er recht schnell eingestehen, dass sein Argument in der Sache Schwächen hat. Er geriet darüber hinaus auch noch in die Verlegenheit, sein Publikum nicht abzuholen, da er Formulierungen verwendete, die nicht allen geläufig waren. Und all das im Finale des weltweit größten und prestigeträchtigsten Moot Courts. Auf diesem Level entscheiden die kleinsten Fehler über Sieg und Niederlage. Und wie reagierte der Redner? Er schaute dem Richter in die Augen, lächelte ihn aufrichtig an und übersetzte seinen ursprünglichen Euphemismus für den Mangel an praktischen Beispielen mit einem verschmitzten „there is not much". Sowohl der Richter als auch die hunderten Menschen im Saal konnten sich ein erleichtertes Lachen nicht verkneifen. Die Situation war nicht nur gerettet, sondern blieb als absolutes Highlight in Erinnerung. Der Redner selbst konnte von da aus übrigens ohne Probleme überleiten zu den wenigen praktischen Beispielen, die es zu diesem Zeitpunkt für sein Argument gab, was seine phänomenale Leistung erst abrundete (deshalb nicht vergessen: Abschnitt „C – Know your stuff!"). Schaut Euch die Szene unbedingt selbst mal an.[2] Was sie beweist, ist das ungeheure Potenzial eines Lächelns an der richtigen Stelle.

Die Fähigkeit, ein Lächeln genauso zielsicher und charmant einzustreuen, lässt sich nicht aus einem Buch erlernen. Aber was ich Euch an dieser Stelle mit auf den Weg geben möchte, ist ein Vorschlag dazu, wie man auch in einem Vortrag über Rechtsfragen Anlässe zum Lächeln findet. Mein Rat lautet: **Entwickelt Begeisterung für Argumente, die Euch wirklich überzeugen, und tragt diese Begeisterung beim Präsentieren dieser Argumente mit einem Lächeln nach außen.** Zugegebenermaßen ist das Wort „Begeisterung" ein großes Wort für das, was viele für die Inhalte des Studiums empfinden. Aber wahr ist doch auch, dass Jura sehr vom Gerechtigkeitsempfinden lebt. Zu vielen rechtlichen Problemen bringt man oft intuitiv eine argumentative Position mit, mit der man sich identifizieren kann. Für diese Sichtweise kann man besonders Begeisterung entwickeln. Begeisterung für juristische Argumente existiert aber auch abseits der Rechtspolitik. Ich persönlich ertappe mich immer mal wieder dabei – und da geht es vielen von Euch bestimmt ähnlich – dass ich mich über Argumente freuen, die auf einer technischen, dogmatischen oder logischen Ebene unglaublich viel Sinn ergeben und sich vielleicht sogar noch elegant formulieren lassen. Wenn ein Argument dogmatisch gut funktioniert und dann auch noch die Schwächen von Gegenargumenten ausmerzt, schließen wir uns doch im Zweifel mit einem guten Gefühl und Freude über seine intellektuelle Schönheit an.

2 https://www.youtube.com/watch?v=3bj0Oak-ku0, zuletzt geprüft am 18.12.2024.

Ich möchte Euch deshalb einladen, Begeisterung für das zu entwickeln, was ein juristisches Argument überzeugend macht. Das macht Euch zu besseren Jurist:innen in der Sache; allein schon deshalb, weil Ihr mehr Spaß daran haben werdet, rechtlich zu denken und zu argumentieren. Es erlaubt Euch aber auch auf einer rhetorischen Ebene, tiefer in die Trickkiste zu greifen. Ähnlich wie bei den verschiedenen Gesten, mit denen man Ausführungen begleitet, kann auch ein Lächeln dem Publikum signalisieren, welches der dargestellten Argumente das bessere ist. Selbst ein angedeutetes Lächeln kann dafür ausreichen, solange es aufrichtig ist. Wer sich bei der Darstellung eines wirklich gut verstandenen und überzeugenden Arguments ein Lächeln vor Freude über die Schönheit desselben nicht verkneifen kann, wer also im Ergebnis mit Leidenschaft bei der Sache ist, der wird auch immer einen guten Eindruck bei Prüfer:innen hinterlassen. Und sind wir doch mal ehrlich: So gerne wir, vor allem in der Examensvorbereitung, auch auf das Fach schimpfen: So ein Quäntchen Leidenschaft für gute Argumente steckt in uns allen. Also geht in Euch, findet das, was Euch an Jura Spaß macht, und strahlt es beim Reden aus.

F. Authentizität – Sich nicht verstellen

Kurzfristig: Natur von Rhetorik besser verstehen; eigenen Stil finden; Komfortzone verlassen trotz Authentizität
Langfristig: Eigenen Stil kultivieren

Authentizität kam bereits zwischendurch zur Sprache. Sie ist für erfolgreiche Rhetorik jedoch so wichtig, dass hierzu ein eigener Abschnitt sinnvoll ist. Hier geht es vor allem darum, *warum* authentische Rhetorik wichtig ist und *was* sie praktisch ausmacht.

Ob man Rhetorik nun als Redekunst oder als die Lehre von der wirkungsvollen Gestaltung der Rede definiert, am Ende läuft es darauf hinaus, dass Rhetorik ein Element der unmittelbaren zwischenmenschlichen Kommunikation ist. Und das bedeutet, dass sich dabei mindestens zwei Menschen – oder besser: Individuen – gegenüberstehen. Die Individualität von Menschen sorgt dafür, dass jedes Gespräch, jeder Vortrag, jede Rede und auch jedes Plädoyer angesichts der beteiligten Akteur:innen und ihrer persönlichen Eigenschaften einzigartig ist.

Einzigartigkeit *per se* muss nicht unbedingt etwas Gutes sein. Auf eine einzigartige Weise schrill, verängstigt oder unüberlegt aufzutreten, ist nicht hilfreich dabei, eine Rede erfolgreich zu gestalten. Rhetorik kann insofern ein Korrektiv für jene Eigenschaften sein, die in der zwischenmenschlichen Kommunikation eher hinderlich sind.

Gleichzeitig – und das gilt es wirklich zu beherzigen – kann zwischenmenschliche Kommunikation nur dann effektiv sein, wenn beide Seiten das Gefühl haben, es bei ihrem Gegenüber auch mit einem menschlichen *Individuum* zu tun zu haben. Ein Rhetorikroboter, der nach einem vermeintlich allgemeingültigen rhetorischen Schema F auftritt und spricht, wird in aller Regel befremdlich wirken und sein Auftreten als unangenehm gewollt. Wer bemerkt, dass das Gegenüber sichtlich darum bemüht ist, rhetorisch alles richtig zu machen, wird sich in einem Gespräch weniger verstanden fühlen und möglicherweise auch als Person weniger ernstgenommen. Nur wer sich auf eine Gesprächsebene von Individuum zu Individuum begibt, kann überzeugen. Aller Blickkontakt der Welt, alle Gesten, alle Betonung und alles Lächeln der Welt nützen wenig, wenn man sie leicht als mechanisch und einstudiert entlarven kann. Gute Rhetorik ist daher solche, die keinen auffälligen Bruch zur Persönlichkeit einer Person enthält. Diese Erkenntnis hat vor allem zwei Konsequenzen:

Die *erste* Konsequenz ist, dass gute Rhetorik individuell sehr verschieden aussehen kann. Durch Eure unterschiedlichen rhetorischen Ausgangsvoraussetzungen und Persönlichkeiten unterscheidet sich auch sehr, welche rhetorischen Mittel Ihr bereits gut beherrscht, an welchen Mitteln es sich zu arbeiten lohnt und welche weniger hilfreichen Tendenzen es zu erkennen und zu überwinden gilt. Das kann einzelne Details der rhetorischen Ausgangssituation betreffen, wie den Umstand, dass man vielleicht bereits gut gestikuliert, aber bei Rückfragen oder Gedankenlücken die Tendenz hat, den Blick zur Decke schweifen zu lassen. Sie betrifft aber vor allem auch die ganz grundlegende rhetorische Ausgangssituation einer Person, die sich zwischen introvertierten und extrovertierten Personen erfahrungsgemäß stark unterscheidet.

Die gute Nachricht ist: Sowohl introvertierte als auch extrovertierte Personen können fantastische Redner:innen werden, ohne ihre Persönlichkeit ändern zu müssen. Introvertierte und Extrovertierte stehen hier übrigens nur als Platzhalter für schüchternere und weniger schüchterne Personen, langsamer und schneller sprechende, leisere und lautere, nervösere und weniger nervöse sowie für solche, die sich weniger bewegen beim Reden und solche, die von Haus aus viel gestikulieren oder sich anderweitig beim Sprechen bewegen. Egal, von wo aus man startet: Mit authentischer Rhetorik kann man das eigene Wissen und Können in mündlichen Prüfungen effektiver herausstellen. Die Wege und nötigen Tipps auf dem Weg dahin mögen sich aber unterscheiden. Für introvertierte Personen ist es wichtig zu lernen, sich zu überwinden, überhaupt vor Menschen zu sprechen und sich dabei nicht unwohl zu fühlen. Nur dann ist Raum für den Einsatz rhetorischer Mittel wie Gesten, Blickkontakt oder bewusste Betonung. Einer introvertierten Person mögen Atemübungen und bestimmte Mindsets dabei helfen, die Nervosität zu überwinden (siehe dazu insbesondere unten Abschnitt „G – Der Umgang mit Lampenfieber“). Für extrovertierte Personen ist es dagegen oft nötig, zu lernen, sich zu bremsen und sich im Rahmen einer rhetorischen Leistung zu disziplinieren. Das lässt sich oft durch einen festen Stand und kontrollierte Gesten sowie durch angemessenes Sprechtempo erreichen (siehe oben Abschnitt „D – Körpersprache und Gesten“ und unten Abschnitt „I – Sprechtempo, Betonung, Lautstärke, Pausen“). Wichtig ist dabei für alle Rednertypen, dass sie sich für ihre

Ausgangssituation weder schämen noch sie zelebrieren, sondern sie zunächst erst einmal nüchtern zur Kenntnis nehmen und überlegen, was das für ihre rhetorische Arbeit bedeutet. Hierfür ist in aller Regel eine (am besten gleich mehrere) neutrale Perspektive von außen sehr hilfreich. Wenn Ihr die Gelegenheit bekommt, sprecht vor Menschen, denen Ihr eine neutrale Einschätzung Eures Rednertyps zutraut und nehmt mit, was sie Euch diesbezüglich spiegeln.

Die *zweite* Konsequenz ist, dass man das Thema Rhetorik nicht überanalysieren oder zu verkopft angehen sollte. Denn Rhetorik ist schon seiner Definition nach der Kunst viel näher als der Wissenschaft oder dem Handwerk. Das Arsenal an rhetorischen Mitteln sollte deswegen auch nicht als Checkliste, sondern als Palette an Möglichkeiten verstanden werden. Wichtiger als das Abarbeiten von Techniken aus jedem Bereich ist es, ein Gespür dafür zu bekommen, welche Techniken die *eigenen* Vorträge effektiver machen. Rhetorik ist am Ende eine zwischenmenschliche Kompetenz und die lässt sich weder schematisieren noch simulieren. Was dabei herauskommt, wenn man nach dem Baukastenprinzip an Rhetorik herangeht, hat Linda Yaccarino, CEO von X, in ihrem Statement zur Klage gegen den Boykott großer Werbepartner eindrucksvoll unter Beweis gestellt. Ich kann allen nur raten, sich das kurze Video einmal zu Gemüte zu führen, um ein klares Bild davon vor Augen zu haben, wie Rhetorik *nicht* aussehen darf.[3] Um Ergebnisse wie das besagte Statement zu vermeiden, empfehle ich Euch wärmstens, Vorträge, Plädoyers und Co. nach Möglichkeit immer vor anderen Menschen zu üben. Alleine vor dem Spiegel zu üben ist sinnvoll, um Bestandteile der Rede einzuschleifen und gutes Zeitmanagement zu trainieren. Sich selbst beim Sprechen im Spiegel zu sehen, hilft auch dabei, die eigene Körperhaltung, Gesten und Mimik analysieren zu können. Man freundet sich mit der eigenen Ruhepose an und bekommt ein Gespür dafür, ob die Vorstellungen über die eigene Mimik und Gestik mit der Realität übereinstimmen. Blickkontakt kann man im Spiegel mit sich selbst halten üben und wenn man immer denselben Abstand zum Spiegel einnimmt, kann man auf diesem mit etwas Klebeband den Bereich abstecken, den man mit Gesten räumlich voll ausschöpfen, aber nicht verlassen sollte.

Aber um zu lernen, wie man rhetorische Mittel einsetzt, um *effektiv* zu kommunizieren, ist das Training vor anderen unerlässlich. Lerngruppen bieten sich dafür sehr gut an, genau wie Probeplädoyers vor möglichst vielen verschiedenen Richter:innen in der Vorbereitung auf einen Moot Court. Ein Ziel dabei sollte sein, die Nervosität vor der Redesituation allmählich abzubauen und Routine zu entwickeln. Zum anderen – und das ist hier der wichtigere Punkt – muss das Ziel bei solchen Übungsvorträgen auch immer darin bestehen, ein Gespür dafür zu bekommen, *welche Elemente es im eigenen Redestil sind,* die das Gesagte beim Gegenüber wirklich ankommen und wirken lassen. Solche Übungen sind viel entscheidender für den Erfolg einer rhetorischen Leistung als eine schematische

3 https://tinyurl.com/46t4mmnu, zuletzt geprüft am 18.12.2024.

Herangehensweise, in der rhetorische Mittel nur deshalb benutzt werden, weil sie in einem Buch wie diesem stehen.

Das bedeutet natürlich nicht(!), dass man die eigene Komfortzone nicht verlassen muss, um sich zu verbessern. Man sollte auch rhetorische Werkzeuge *gezielt entwickeln*, die noch nicht in der eigenen Werkzeugkiste liegen. Das kann bedeuten, sich dazu zu zwingen, den Blick während 95% der Rede von den Notizen zu lösen, lauter zu sprechen oder Blickkontakt auszuhalten, auch wenn das Gegenüber nicht freundlich lächelt. Authentizität ist keine Ausrede dafür, alles beim Alten zu belassen. Denn ein Mehr an Blickkontakt oder ein Weniger an Gesten ändern zunächst erst einmal wenig daran, was Euch kommunikativ betrachtet im Kern ausmacht. Rhetorische Mittel können Elemente Eures Auftretens akzentuieren oder kaschieren, aber für sich allein verändern sie nicht, welche Person ans Rednerpult tritt oder wie sie denkt und kommuniziert. Das bedeutet, dass man authentisch auftreten und sich gleichzeitig zu Dingen überwinden kann, die einem eigentlich gar nicht liegen. Das gilt insbesondere für solche rhetorischen Mittel, die notwendige Bedingung für direkte zwischenmenschliche Kommunikation sind, wie stabiler Blickkontakt und eine natürliche Abwechslung in Tempo, Lautstärke und Betonung beim Sprechen. Solche rhetorischen Mindestvoraussetzungen könnte man als die wenigen Regeln der Kunst im engeren Sinne begreifen. Von den Mindestvoraussetzungen effektiver Kommunikation abgesehen, gibt es viele Wege, den eigenen Gedanken effektiv (also z.B. überzeugend, Verständnis beweisend, emotional berührend, unterhaltsam etc.) Ausdruck zu verleihen.

G. Der Umgang mit Lampenfieber

Kurzfristig: 3 Quellen von Nervosität und Techniken zu ihrer Bekämpfung; (Un)Sichtbarkeit von Nervosität; Phasen von Nervosität und wie man ihren Höhepunkt managed

Langfristig: Nervosität auf ein gesundes Maß reduzieren; Nervosität nutzen

Viele fühlen sich – unabhängig davon, wie gut vorbereitet sie inhaltlich sind – nicht wohl mit der Vorstellung, dass ein großer Teil ihrer Examensnoten von mündlichen Prüfungsleistungen abhängt. Die Situation, vor anderen sprechen zu müssen und dafür entscheidend bewertet zu werden, stresst die meisten angehenden Jurist:innen sehr. Nicht umsonst arbeiten engagierte Prüferinnen und Prüfern in den Vorgesprächen oft daran, ihren gut ausgebildeten Prüflingen die Angst vor der anstehenden Prüfung zu nehmen. Diese Angst oder Sorge ist in zweierlei Hinsicht nachvollziehbar: Einerseits, weil inhaltliche Fehler und kommunikative Unbeholfenheit nicht versteckt werden können und für alle im Raum ganz unmittelbar sichtbar sind. Andererseits, weil sie in der Sache eine Angst vor dem Unbekannten ist. Immerhin ist es auch heute noch an den allermeisten Universitäten möglich, das Studium zu absolvieren, ohne sich der Situation einer mündlichen Prüfung oder

der mündlichen Präsentation und Diskussion einer Seminararbeit auszusetzen. Das Gleiche gilt meines Wissens übrigens auch für die Kursprogramme vieler Repetitorien. Rhetorische Ausbildung ist immer optional.

Prüfungssimulationen sind dabei nur ein schwacher Trost. Versteht mich hier nicht falsch: Nehmt jede Gelegenheit zum Üben mit, je realistischer (und daher aufregender), desto besser. Aber seid Euch dabei bewusst: Prüfungssimulationen bieten nur einen einzelnen Erfahrungswert mit ganz speziellen Prüfer:innen und einer einzelnen Gesprächsdynamik. An den meisten Unis und in den meisten Repetitorien bekommt man in der Examensvorbereitung selten die Gelegenheit, an mehr als einer Simulation teilzunehmen. Bestenfalls führt so eine Simulation zur Erkenntnis, dass man die Situation trotz aller Nervosität überleben und sicherlich stellenweise auch meistern kann. Konstruktives und vor allem umfassendes rhetorisches Feedback aus einer *geschulten* Perspektive erhält man dabei aber meistens nicht. Denn auch die Prüfer:innen in der Simulation mussten ja auch ihrerseits nicht unbedingt in Rhetorik geschult werden, um an den Punkt zu gelangen, an dem sie sind. Ihr Weg wäre aber sicherlich einfacher und vor allem *stress- und angstfreier* gewesen, wenn sie mit einem Buch wie diesem an ihren rhetorischen Fähigkeiten vor mündlichen Prüfungen hätten arbeiten können.

Daher soll es in diesem Abschnitt vor allem darum gehen, wie man mit dem Gefühl umgeht, das ich für unsere Zwecke „Lampenfieber„ nennen möchte.

Oben habe ich die Ursachen für Lampenfieber bereits grob eingeordnet. Für die meisten Jurist:innen, denen eine rhetorische Leistung bevorsteht, besteht Lampenfieber aus

1. der Sorge, inhaltliche Fehler zu machen,
2. der Sorge, unbeholfen aufzutreten und damit das eigene Wissen nicht rüberbringen zu können und
3. der Sorge vor dem Unbekannten.

Sind Ursachen und Zusammensetzung des Lampenfiebers erst einmal identifiziert, können wir sie auch gezielt bekämpfen. Soweit Ihr selbst Lampenfieber empfindet, geht einmal in Euch und überlegt, wie sich Euer Lampenfieber aus den Komponenten zusammensetzt. Auf dieser Basis lässt sich viel besser sagen, was für Euch persönlich hilfreich sein mag, um das Lampenfieber zu bekämpfen. Und seid hierbei wirklich ehrlich zu Euch. Manche haben das Gefühl, selbst am Tag vor der Prüfung noch kein Lampenfieber zu spüren. Aber seid versichert: Wenn die Prüfung oder die Verhandlung erst einmal beginnt und man selbst an der Reihe ist, genau wissend, was von diesem Moment abhängt, wird auch die gelassenste Person Nervosität spüren. Versucht deshalb, Euch gedanklich genau in diesen Moment zu versetzen, wenn es darum geht, Euer Lampenfieber vorzufühlen und es zu analysieren.

Zunächst einmal eine kleine Entschuldigung an diejenigen, denen dieses Szenario schon beim Lesen schwitzige Hände beschert hat! Und im Anschluss direkt zwei gute Nachrichten:

Erstens: Die eigentliche Prüfungssituation ist nicht annähernd so aufreibend, wie man sie sich im Kopf oft vorstellt. *Zweitens*: Solange sie einen nicht lähmt oder auszehrt, ist Nervosität vor einer rhetorischen Leistung ein gutes Zeichen! Das Adrenalin macht Euch wacher, Eure Gedanken schärfer und sorgt dafür, dass Ihr die Situation auch körperlich besser durchsteht. In so einer Situation gar keine Nervosität zu empfinden, ist ein schlechtes Zeichen! Gerade dann, wenn man durch regelmäßiges Unterrichten oder viel Übung Routine im Sprechen vor anderen gewinnt, kann es passieren, dass man jegliche Aufregung verliert. Das kann dazu führen, dass man die Redesituation weniger ernst nimmt, als man vielleicht sollte – und das hat meistens auch negative Auswirkungen auf die Leistung. Deswegen ist es gerade für routiniertere oder schon von Haus aus entspannte Redner:innen von Vorteil, sich vor einem Vortrag, Plädoyer etc. kurz darauf zu besinnen, dass man eine gute Leistung erbringen möchte und dass man auch eine schlechte Figur machen kann, wenn man nicht aufpasst. Das reicht meistens, um trotz grundsätzlicher Sicherheit ein kleines Kribbeln im Bauch zu erzeugen, das beim Auftreten hilft.

Jetzt aber zu den einzelnen Möglichkeiten, um Lampenfieber erfolgreich in den Griff zu bekommen! Ich orientiere mich dabei an den drei Quellen von Lampenfieber. Je eher Ihr Euer individuelles Aufregungsgefühl einer oder mehrerer dieser Quellen zuordnen könnt, desto relevanter sollten die entsprechenden Methoden sein. Zum Umgang mit der ersten Quelle von Lampenfieber möchte ich an dieser Stelle auf die spezialisierten Kapitel verweisen, insbesondere auf die Erklärungen dazu, worauf es dabei jeweils ankommt. Formatunabhängig möchte ich nur drei kurze Tipps geben, mit denen man die Nervosität vor einer *schwachen inhaltlichen Performance* abmildern kann:

1. In mündlichen Prüfungen gilt für alle Prüfungsleistungen ein ziemlich knappes Zeitlimit. Gerade für Prüfungsgespräche und Aktenvorträge heißt das, dass man für viele Teile der Prüfung weniger vertiefte Kenntnisse benötigt und einfachere Probleme lösen muss als in langen schriftlichen Prüfungen.
2. In mündlichen Prüfungen habt Ihr meistens irgendeine Form von Feedback, anhand dessen Ihr Anpassungen vornehmen könnt. Wenn Ihr merkt, dass das Gegenüber die Stirn runzelt und plötzlich sehr kritisch schaut, dann ist das eine Gelegenheit zur Korrektur, die Ihr in Klausuren nicht habt. Und auch das sollte Grund zur Gelassenheit geben. Habt Ihr Euch zum Beispiel zwei Lösungsmöglichkeiten überlegt, für eine davon entschieden und löst dann Stirnrunzeln aus, könnt Ihr ohne Weiteres auf die andere Lösung umschwenken mit einer Pause und einer Formulierung wie: „Das Problem damit, wenn man so argumentiert, wie gerade, ist …". Und schon seid Ihr inhaltlich auf einem überzeugenden Weg und habt dazu noch Flexibilität und Souveränität bewiesen.
3. Konzentriert Euch nicht darauf, dass es Dinge gibt, die Ihr nicht wisst. Das ist völlig normal und geht auch den klügsten Köpfen so. Mündliche Prüfungen sind – wie alle juristischen Prüfungen – keine Abfrage von Wissen, sondern

von Verständnis und der Fähigkeit, dieses auszudrücken. Wenn Ihr trotz Unwissen kleinschrittig denkt, auslegt, abwägt und Euch nicht verrückt macht, könnt Ihr damit äußerst erfolgreich sein. Erlaubt Euch Zeit zum Nachdenken in Prüfungen und macht Gedankengänge explizit, dann werdet Ihr inhaltlich gut dastehen.

Zum Umgang mit der zweiten Quelle von Nervosität, also der Sorge vor *unbeholfenem Auftreten*, möchte ich Euch einige spezifische Handlungsvorschläge und einen Gedanken mit auf den Weg geben. Fangen wir mit dem Gedanken an. Dieser ist wahrscheinlich nicht anthropologisch belegt und eher ein hilfreiches Mindset als eine wissenschaftliche Erklärung. Aber nützlich finde ich ihn allemal. Die Überlegung ist diese:

Warum stresst es Menschen eigentlich so sehr, vor anderen Menschen zu sprechen? Warum ist dieser Stress so groß, dass manche sogar körperliche Symptome entwickeln und die Vortragssituation als Horror empfinden? Eine Erklärung, die ich sehr charmant finde, ist, dass diese Angst evolutionär in uns verankert ist und aus einer Zeit stammt, in der menschliches Zusammenleben noch sehr primitiv organisiert war. Menschen lebten in kleinen Gruppen zusammen, die auf der Suche nach Nahrung und Ressourcen umherzogen. In dieser Zeit gab es eigentlich nur eine Situation, in der es nötig wurde, einigermaßen förmlich vor den anderen zu sprechen. Und zwar dann, wenn man beschuldigt wurde, etwas verbrochen zu haben. Konnte man seine Unschuld nicht überzeugend beteuern, endeten diese Situationen oft tödlich oder mit dem Ausschluss aus der überlebenswichtigen Gemeinschaft. Und daher war der Stress, den Menschen empfanden, wenn sie vor anderen sprechen sollten, im wahrsten Sinne des Wortes existenziell. Die gute Nachricht daran ist: Dass wir diese Angst auch heute noch verspüren, obwohl in unserer Zeit nicht annähernd so viel von unseren Reden abhängt, liegt daran, dass unsere Vorfahren sich erfolgreich verteidigt haben! Wer den „Prozess“ verlor, wird sich in aller Regel danach nicht fortgepflanzt haben. In unserer DNA ist verankert, dass wir Redesituationen als stressig empfinden mögen, aber eben auch, dass wir sie schon immer gemeistert haben. Und deswegen steckt auch in Euch das Zeug dazu, jede Redesituation zu meistern!

Neben diesem Gedankenspiel zum Mindset für Redesituationen gibt es aber natürlich auch handfestere Tipps zum Umgang mit Nervosität. Der erste Tipp ist der wichtigste und betrifft den Umgang mit rhetorischem Verstolpern. Vieles von dem, was Euch während des Sprechens als rhetorische Unzulänglichkeit erscheinen mag, z.B. Versprecher, andere Formulierungen als die zurechtgelegten, kurze Hänger im Redefluss, Husten, Räuspern oder sogar kleine inhaltliche „Fehler“ wie das nicht vollständige Zitieren einer Norm, *fällt dem Publikum oft kaum auf.* Das heißt nicht, dass man nicht auch an den Details des eigenen Auftretens feilen sollte. Aber diese Kleinigkeiten fallen beim Gesamteindruck meistens kaum ins Gewicht. Der Grund dafür, warum sie uns beim Sprechen trotzdem so gravierend erscheinen, ist, dass viele in ihrer nervositätsbedingten Unsicherheit dazu tendieren, das eigene Auftreten besonders kritisch zu beurteilen. **Es besteht also eine große Diskrepanz zwischen dem, was uns in Redesituationen negativ auffällt und dem, was das Publikum davon *tatsächlich wahrnimmt.*** Meiner Erfahrung nach ist es sogar so, dass viele der kleinen Verstolperer überhaupt erst dadurch auffallen, dass verunsicherte Redner:innen die Aufmerksamkeit des Publikums darauf lenken, indem sie sich entschuldigen oder ärgern. Überzeugt Euch unbedingt einmal selbst von diesem Effekt, indem Ihr einen Vortrag vor anderen haltet und ihnen danach die Punkte offenbart, an denen Ihr das Gefühl hattet, rhetorisch daneben gegriffen zu haben. Ihr werdet (positiv!) überrascht sein, welche dieser Punkte anderen auffallen und welche nicht! Aus der Erkenntnis, dass viele Details, die einen in der Redesituation als negativ anspringen mögen, nach außen hin oft kaum wahrnehmbar sind, folgt eine konkrete Handlungsempfehlung für jeden Vortrag. Sie lautet: Versucht stets kurz einzuordnen, ob es sich bei dem, was Ihr als problematisch empfindet, wirklich um einen Fehler handelt! Das ist nur in zwei Fällen so. Bei inhaltlichen Fehlern, ohne deren Korrektur das Gesagte schlichtweg nicht stimmt. Und bei sprachlichen Fehlern, die so gravierend sind, dass sie die Aussage verdrehen, die Ihr treffen wollt. Nur in diesen beiden Fällen korrigiert Ihr die Fehler ganz ausdrücklich. Dadurch zeigt Ihr dem Publikum und insbesondere Prüfer:innen, dass Ihr geistig anwesend und dazu in der Lage seid, schnell zu denken und zu reagieren. Insbesondere in Fachvorträgen/-gesprächen ist das schließlich eine der Kernkompetenzen aller Redner:innen. Scheut Euch nicht, die Flexibilität, die mündliche Prüfungsszenarien bieten, als Vorteil zu nutzen. In allen anderen Fällen schenkt Ihr den als „Fehler" empfundenen Kleinigkeiten bitte keine weitere Beachtung, sondern fahrt einfach fort. Wenn die Situation es zulässt, weil der Versprecher zum Beispiel witzig war, könnt Ihr ihn auch einfach souverän weglächeln. Das signalisiert Souveränität, Gelassenheit in einer Prüfungssituation und sorgt bestenfalls für Sympathiepunkte beim Publikum.

Der zweite handfeste Tipp zur Bekämpfung von auftrittsbedingter Nervosität betrifft Atemübungen. Unmittelbar vor einem Vortrag ist es für viele möglich, ihre Nervosität durch die Konzentration auf die Atmung zu senken. Eine der Techniken ist die sogenannte 4-7-8-Technik. Diese funktioniert so, dass zunächst in einem Zug vier Sekunden lang tief eingeatmet wird, bevor man die eingezogene Luft dann sieben Sekunden anhält, um sie danach langsam und gleichmäßig über acht Sekunden lang wieder auszuatmen. Durch die Konzentration auf das Zählen und auf die Kontrolle der Atmung ist es möglich, die eigenen Gedanken wenigstens für einen Moment von Sorgen vor einem Vortrag zu befreien und sich etwas zu beruhigen. Der Puls wird dabei ebenfalls gesenkt. Auch für den Abend vor einer Redeleistung kann diese Technik sehr hilfreich sein, denn sie hilft zusätzlich beim Einschlafen.

Was tun gegen die dritte und letzte Nervositätsquelle: die Sorge vor dem Unbekannten? Dazu sei zunächst gesagt, dass sich bei aller Übung und Vorbereitung niemals gänzlich sicherstellen lässt, dass man vom konkreten Verlauf einer Prüfung oder eines Moot-Court-Plädoyers nicht überrascht wird. Während sich Vorträge auch im Detail planbar vorbereiten lassen, handelt es sich bei mündlichen Prüfungen und Plädoyers in Moot Courts um Rechtsgespräche, deren Verlauf sich organisch entwickelt und im Vorhinein niemals im Detail klar sein kann. Deshalb ist man darauf zurückgeworfen, sich inhaltlich möglichst breit vorzubereiten, indem man die eigenen Fähigkeiten so gut es geht schleift (siehe Abschnitte B und C). Daneben besteht die Möglichkeit, sich etwas mit den Rahmenbedingungen und Gegebenheiten der abzuliefernden Leistung vertraut zu machen, wie etwa dem Ort, Dresscode und dem Publikum (siehe Abschnitt „A – Vorbereitung auf die Situation"). Eine weitere, eher abstrakte Möglichkeit zur Vorbereitung auf unbekannte Redesituationen ist das Erlangen von Routine im öffentlichen Reden selbst (siehe hierzu auch Abschnitt „L – Routine – Gelegenheiten zum Sprechen nutzen"). Je häufiger man das Sprechen vor anderen üben konnte, desto höher ist die Wahrscheinlichkeit, auch in einer vorher nicht genau planbaren Redesituation rhetorisch eine gute Figur zu machen. Nicht umsonst rate ich abschnittsübergreifend immer wieder dazu, unsere Tipps in Vorträgen vor anderen auszuprobieren.

So weit, so allgemein. Darüber hinaus habe ich aber auch einen ziemlich mächtigen Tipp für Sicherheit in unbekannten Redesituationen auf Lager, den ich Euch keinesfalls vorenthalten will. Dieser Tipp hilft außerdem ebenfalls gegen die Sorge vor rhetorisch unbeholfenem Auftreten, also Nervositätsquelle Nummer 2. Er lautet: **Wo immer eine kurze Vorstellung und Einleitung möglich sind, sollte man beides einüben.**

Unmittelbar vor einem Vortrag ist die Nervosität erfahrungsgemäß am größten und gerade zu Beginn des Vortrags spürt man sie am stärksten. Der Weg zum Podium, das Aufstehen vor den Prüfer:innen, der Start eines Timers und auch das Vernehmen der eigenen Stimme gehören wohl zu den aufregendsten Momenten einer jeden Redeleistung vor anderen. Befindet man sich erst einmal im Vortrag, verfliegt die Nervosität dagegen vergleichsweise schnell. Und zum Ende hin kann die Erleichterung manche sogar regelrecht euphorisieren. Zu überbrücken gilt es also nervositätstechnisch vor allem den Beginn einer jeden Rede. Und da trifft es sich hervorragend, dass die ersten 60 bis 90 Sekunden einer Rede üblicherweise inhaltlich nichts weiter enthalten als eine Begrüßung, Eure Vorstellung und die sehr überblicksartige Vorstellung des Themas oder zentraler Argumente. Hierbei wird man – abgesehen von eher seltenen Fällen in Moot Courts – nicht unterbrochen. Und man ist auf keinerlei Notizen oder andere Hilfsmittel angewiesen. Das Intro zu nahezu jedem Vortrag kann man daher vorher so einüben, dass man es im Ernstfall geradezu meisterhaft abliefern kann. Ein freundliches „Guten Morgen, Frau Vorsitzende, sehr geehrte Mitglieder der Prüfungskommission, ...", den eigenen Namen sowie Dauer und Thema des eigenen Vortrags wird man immer souverän präsentieren können. Da man für diese Punkte keine Notizen braucht, bietet es sich an, im Intro Blickkontakt zu allen Prüfer:innen aufzubauen, den man auch durchgehend halten kann. Die Begrüßung lässt sich völlig organisch mit einem freundlichen Lächeln kombinieren und die Vorstellung der Struktur des Vortrags mit naheliegenden Gesten. Und ehe man sich versieht, hat man einen fantastischen ersten Eindruck hinterlassen, direkt mehrere rhetorische Register gezogen und den Teil des Vortrags überstanden, der naturgemäß mit der größten Nervosität verbunden ist. Das Wissen um diese Möglichkeit und darum, dass man wahrscheinlich einen guten ersten Eindruck hinterlassen wird, kann auch im Vorfeld die Nervosität mildern. Von Redner:innen, die von diesem simplen, aber sehr effektiven Trick keinen Gebrauch machen, wird man sich damit wesentlich abheben können.

Wichtig ist dabei allerdings, dass man das eigene Intro so einübt, dass es gerade nicht eingeübt wirkt. Das Lächeln sollte nicht gezwungen wirken, die Gesten nicht mechanisch und der Blickkontakt nicht durch einen entlarvenden Blick in die Notizen unterbrochen werden. Insbesondere Letzteres wäre sehr ärgerlich! Denn ob man nun offenbar für das „Guten Tag", den eigenen Namen oder die Grobstruktur des Vortrags in die Notizen schauen musste – der Eindruck ist in jedem Fall schlecht. Auch deshalb ist das Üben des Intros erforderlich. Wie man dabei formuliert, ist natürlich allen selbst überlassen. Ein gängiger Einstieg wäre:

Blickkontakt und Lächeln „Guten Morgen (ggf. Anrede). Mein Name ist ... und in den nächsten ... Minuten werde ich erklären/präsentieren/die Frage beantworten/etc.. Dabei stehen ... Punkte/Argumente/Probleme/Thesen/... im Vordergrund. *Gesten zur Aufzählung/Gegenüberstellung/etc.* Erstens, ... Zweitens, ... Zuletzt, ..."

Probiert unbedingt Euren eigenen Stil aus, denn eine gute Rede muss immer authentisch sein und zu Euch passen! Wichtig ist nur, dass die Komponenten Begrüßung, Vorstellung und Darstellung des Themas/der Struktur enthalten sind. Viel Spaß und Erfolg dabei – dieser einfache Tipp ist meiner Erfahrung nach für viele ein Gamechanger!

H. Grundregeln für den Umgang mit Rückfragen

Kurzfristig: Fragen einordnen; Fragen lesen; konstruktive Antworten formulieren; Was tun, wenn man die Frage nicht versteht?
Langfristig: Interaktion willkommen heißen und gezielt einsetzen

Solange nur man selbst spricht und das erzählen kann, was man vorbereitet hat, hat man den Erfolg einer Redeleistung allein in der Hand. Sobald kritische Rückfragen oder gar Gegenargumente dazwischenkommen, wird es schwieriger. Denn die sind kaum planbar und schüren daher Nervosität. Insbesondere in Moot Courts werden die Fragen auch meistens kritisch ausfallen, was die Schwierigkeit erhöht. Aber auch im Rahmen der mündlichen Verteidigung einer Seminararbeit oder in einem Prüfungsgespräch sind Fragen etwas, vor dem sich viele Studierende fürchten. Das ist verständlich, aber nicht nötig, wie dieser Abschnitt hoffentlich zeigen wird. Für den Umgang mit Fragen speziell in Moot Courts findet Ihr weiter unten noch einen eigenen Abschnitt.

Zunächst ist es wichtig zu verstehen, dass Fragen etwas Positives sind. Denn Fragen sind immer Gelegenheiten, mindestens eines von zwei Dingen zu tun: Entweder, sie sind eine Gelegenheit, mit dem eigenen Wissen bzw. Können zu glänzen oder sie sind eine Gelegenheit, sich zu korrigieren, sollte man doch mal falsch abgebogen sein. Ob man die Gelegenheit als solche erkennt und nutzt, steht natürlich auf einem anderen Blatt – dazu komme ich gleich! Aber zunächst einmal sollte man Fragen als Gelegenheit verstehen und nicht als Angriff oder unwägbare Gefahr, die einen vom Weg abbringt. Wer in einer Situation, in der Fragen üblich sind, keine bekommt, hat im Zweifel eher eine schlechte Figur gemacht. Denn dann konnte einem das Publikum entweder nicht folgen oder man traut Euch keine vernünftigen Antworten zu. Auch insofern ist es erst einmal etwas Positives, wenn Fragen gestellt werden!

Um Fragen auch als Chancen nutzen zu können, muss man erkennen können, woher eine Frage kommt. Denn es ist unfassbar ärgerlich, eine Steilvorlage oder auch eine gut gemeinte Hilfestellung in Form einer Frage nicht als solche zu erkennen. Auch die Person, die die Frage gestellt hat, wird das enttäuschen, was sich auf die Bewertung auswirken kann.

Im Umgang mit Fragen gilt daher zunächst: Nehmt Euch kurz Zeit, um zu überlegen, was die Frage von Euch möchte und ob der Frage ein Bedenken zugrunde liegt, das Ihr diskutieren solltet. Die Frage danach, ob ein Gericht schon einmal so entschieden hat, wie Ihr argumentiert, ist auf den ersten Blick eine nüchterne Wissensfrage. Wenn aber das Urteil, auf das die Frage zielt, kontrovers diskutiert wird, dann ist im Zweifel tatsächlich die Diskussion über das entsprechende Urteil gefragt. Überlegt Euch ebenfalls, ob die Frage Euch auf etwas hinweisen soll, das Ihr vielleicht vorher missverständlich artikuliert habt oder das aus anderen Gründen der Korrektur bedarf. Gute Redner:innen können Fragen *lesen*. Um eine Frage lesen zu können, ist das oberste Gebot, den Fragesteller oder die Fragestellerin zunächst einmal ausreden zu lassen. Das gebieten nicht nur die Grundregeln der Höflichkeit, sondern es erhöht auch Eure Chancen, die Frage richtig zu verstehen. Selbst wenn Ihr die Antwort schon auf der Zunge habt – nehmt Euch zurück, hört aufmerksam zu und gebt dem Gegenüber das Gefühl, dass Ihr die Frage ernst nehmt und darüber nachdenkt. Bestenfalls tut Ihr das auch tatsächlich. Zum „Lesen" von Fragen gehört außerdem, den Kontext der Frage zu berücksichtigen. Gibt es Anzeichen dafür, dass man Euch nur deshalb mit einer Gegenposition konfrontiert, um spielerisch in eine Diskussion zu kommen? Oder steckt ernsthafte Überzeugung hinter einem Einwand gegen Eure Position? Möchte man Euch vielleicht etwas in den Mund legen? Ist die Frage offen gestellt oder erwartet man eine verbindliche Positionierung? Um diese Fragen beantworten zu können, ist es nützlich, auf Mimik, Tonlage und Körpersprache der fragenden Person zu achten. Auch die Art und Weise, wie sie sich bisher verhalten hat, spielt eine Rolle. Einschätzungen dieser Art passieren natürlich unterbewusst und in Sekundenbruchteilen und sollen nicht dazu führen, dass Ihr während jeder Frage eine halbe Psychoanalyse Eures Gegenübers durchführt.

Aber ein gewisses (aktives) Bewusstsein dafür, dass man oft aus dem Kontext einer Frage ihre Stoßrichtung ableiten kann, ist von unschätzbarem Wert für die Qualität der Antworten, die Ihr geben könnt und dafür, wie viel Bezug zur Frage sie im Ergebnis haben.

Die nächste Regel, die man bei Rückfragen beachten sollte, ist, klare Antworten auf klare Fragen zu geben. Eine Frage, die man mit Ja oder Nein beantworten kann, sollte man auch mit Ja oder Nein beantworten. Im nächsten Schritt kann man relativierende Ausführungen machen oder die Komplexität hinter der einfachen Antwort beleuchten. Aber man sollte nie den zentralen Teil der Antwort schuldig bleiben, der eben mit einem Wort geliefert werden kann. Das heißt also im Zweifel: „Ja. Allerdings mit der Einschränkung, dass ..." oder „Nein, denn ...". Achtet dabei aber immer darauf – Stichwort: Fragen „lesen" – dass Ihr erkennt, wenn hinter einer einfachen Ja/Nein-Frage ein Problem steckt, über das vertiefter diskutiert werden kann und sollte. Eine mündliche Prüfung im Fach Jura ist nie das bloße Abfragen von Wissen, sondern es geht um das Abprüfen von Verständnis. Und das zeigt man am besten in einem Rechtsgespräch. Versucht daher, dass eine Prüfung trotz aller notwendigen Klarheit Eurer Antworten nicht zu einem Ping-Pong Spiel wird.

So weit, so einfach in der Theorie. Aber in der praktischen Redesituation kann es – vielleicht nervositätsbedingt, vielleicht wegen besonders ausschweifenden Fragen oder einer ganzen Fragenflut – passieren, dass man eine Frage nicht versteht. In dieser Situation zu sagen „Ich habe die Frage nicht verstanden.", ist natürlich besser, als ins Blaue hinein zu antworten. Es ist aber auch nicht die optimale Reaktion, denn die Formulierung kann so gedeutet werden, dass man intellektuell nicht folgen konnte. Besser ist es, folgendermaßen zu reagieren: Habt Ihr die Frage *akustisch* nicht verstanden, dann bittet darum, dass die Frage wiederholt wird. Habt ihr die Frage *inhaltlich* nicht verstanden, dann denkt kurz über die Frage nach. Gegebenenfalls könnt Ihr sie auch kurz für Euch laut wiederholen, um etwas Zeit zum Nachdenken herauszuschlagen. Fällt Euch dabei keine Antwort ein, dann bittet darum, die Frage noch einmal *umformuliert* bzw. *in anderen Worten* gestellt zu bekommen. Der andere Part wird dann in aller Regel versuchen, den Kern der Frage noch einmal aus einem etwas anderen Winkel deutlich zu machen. Oft genügt das schon, um vor dem Hintergrund der ersten Formulierung der Frage zu verstehen, in welche Richtung eine gute Antwort gehen könnte. Prüfer:innen sind oft schon dann glücklich, wenn Ihr eigene sinnvolle Gedanken zu einer Rechtsfrage anstellen könnt. Das gilt vor allem dann, wenn es keine etablierte Standardantwort auf eine Frage gibt. Aber auch in solchen Fällen ist es überhaupt nicht schlimm, wenn man sich durch eigenes lautes Nachdenken an die Antwort „heranquatschen" kann. Der ernsthafte Versuch, eine sinnvolle Antwort zu finden, ist schon viel wert. Aus demselben Grund macht auch die Bitte nach der Neuformulierung einer Frage einen besseren Eindruck, als direkt zu passen. Wenn man auch nach allen Versuchen keine gute Antwort findet, sollte man das aber dann schlussendlich einsehen und offen zugeben. Eine Prüfung scheitert nie an einer einzelnen Frage – meistens auch keine Notenstufe.

I. Sprechtempo, Betonung, Lautstärke, Pausen

Kurzfristig: Sein Tempo finden; Sprechtempo ≠ Zeitmanagement; Techniken, um das Sprechtempo trotz knapper Zeit beizubehalten; dem Thema entsprechend auftreten; Videoanalyse und „Klatschtraining"; Verlegenheitslaute abschalten

Langfristig: Besonders effektvoll sprechen; Selbstwirksamkeit in stressigen Situationen

Effektiv zu kommunizieren ist das, worum es bei Prüfungsrhetorik geht. Inhalte müssen klar verständlich sein, die Struktur des Vortrags eindeutig. Um dieses Ziel zu erreichen, ist es aus rhetorischer Sicht entscheidend, dass Ihr Eure Stimme richtig einsetzt. Wie schnell, laut und deutlich man spricht, entscheidet darüber, wie gut man Euch folgen kann. Deshalb liefert dieser Abschnitt einige wichtige Hinweise zu den Punkten Sprechtempo, Betonung, Lautstärke und Pausen.

Beginnen wir beim Tempo. Die direkte Konsequenz aus der Tatsache, dass jedes gesprochene Wort verhallt und deshalb beim Gegenüber wirken muss, ist, dass man nur so schnell sprechen darf, wie es unbedingt nötig ist. Einem schnell vorgetragenen Redeschwall ist kaum zu folgen und darin können die besten Inhalte untergehen. Für Vorträge gilt deshalb: Langsam zu sprechen ist im Zweifel besser. Gleichzeitig ist es wichtig, alle zentralen Punkte eines Vortrags innerhalb eines Zeitlimits rüberzubringen. Um eine gute Balance aus Verständlichkeit in der Form und Komplexität (in manchen Kontexten auch Vollständigkeit) in der Sache zu erreichen, ist es wichtig, den Vortrag inhaltlich nicht zu überfrachten. Als Faustregel gilt, dass in einem Vortrag von zehn Minuten drei Probleme oder zentrale Argumente behandelt werden sollten. Für fünf Minuten sind zwei zentrale Punkte völlig ausreichend. Falls es nicht möglich sein sollte, den Stoff eines Vortrags entsprechend zu begrenzen, muss man unbedingt auf inhaltlicher Ebene das Wesentliche vom Unwesentlichen trennen, um die Informationen in einem Rahmen zu halten, den man innerhalb der Zeit gut vermitteln kann. Eine Strategie, die man nicht verfolgen darf, ist es, einfach schneller zu sprechen. Für Vorträge gilt nicht nur: langsamer ist besser, sondern auf inhaltlicher Ebene meistens auch: weniger ist mehr.

Erfahrungsgemäß haben viele das Problem, dass sie im Ernstfall zu schnell sprechen und damit ihr Publikum ein Stück weit verlieren. Das liegt oft daran, dass man unter dem Einfluss von Adrenalin in einer Vortragssituation dazu tendiert, schneller zu sprechen als z.B. in Proben. Viele verfallen auch gegen Ende des Vortrags oder Plädoyers in ein höheres Tempo, wenn sie merken, dass ihnen die Zeit ausgeht. Gegen diese beiden Situationen sind hier einige kurzfristig umsetzbare Tipps für anstehende Prüfungen.

Gegen adrenalinbedingtes Zu-schnell-Sprechen hilft es, wenn man sich für die Vortragssituation vornimmt, so langsam zu sprechen, dass es einem selbst im Inneren als 10 bis 20% zu langsam erscheint. Die Toleranz für langsames Sprechen sinkt bei aufgeregten Redner:innen, was sich darin äußert, dass sie oft selbst gar nicht bemerken, wie viel zu schnell sie gesprochen haben. Mit der Faustregel, sich bewusst ein Stückchen unter das Tempo zu bremsen, das einem in einer aufregenden Vortragssituation angemessen erscheint, kann man einen positiven Effekt erzielen.

Gegen das Zu-schnell-Sprechen in Fällen, in denen einem die Zeit ausgeht, hilft am besten gute Vorbereitung und effizientes Vortragen über den Großteil einer Redeleistung, das heißt: zielorientiert und mit möglichst kurzen Sätzen. Wo sich das nicht bewerkstelligen ließ, sollte man versuchen, die verbleibenden Argumente stark zu kürzen, statt schneller zu sprechen. Der verständlich vorgetragene Kern eines Arguments wirkt in aller Regel viel stärker als ein unter Luftnot herausgeschossener Strom von Details und Rückausnahmen. Für Vorträge, zu deren Vorbereitung man viel Zeit hat, wie etwa Moot-Court-Plädoyers oder die Verteidigung der eigenen Seminararbeit, sollte man daher für alle zentralen Argumente jeweils eine Version einstudieren, die maximal 30 bis 60 Sekunden lang ist. Diese in der Hinterhand zu haben, kann in einer engen Vortragssituation den Unterschied ausmachen.

Ein weiterer Tipp betrifft das Erstellen von Vortragsnotizen. Was für mich immer gut funktioniert hat, war es, die letzten paar Minuten der Vorbereitungszeit (z.B. in der mündlichen Prüfung im ersten Examen) darauf zu verwenden, klare Markierungen mit Zeitzielen an den Rand der Notizen zu schreiben. Dabei ist es wichtig, auf die Schwerpunktsetzung zu achten und nicht zu detailliert zu planen. Während eines Vortrags kann man die tatsächliche Zeit dann gelegentlich mit der eigenen Zeitplanung abgleichen und entsprechend den Stoff raffen, zum nächsten Punkt übergehen oder gegebenenfalls auch tiefer ins Detail gehen, falls man doch mal zu schnell war.

Last but not least ist es in Vorträgen wichtig, dass man das Publikum nicht von der ersten Sekunde an mit Abkürzungen bombardiert. Es macht einen professionellen und verständigeren Eindruck, wenn man die Namen von Gesetzen, Verträgen oder rechtlichen Figuren wie dem Erlaubnistatbestandsirrtum zunächst ausspricht und dann „oder ETBI" hinterher schiebt. Diese Kleinigkeit kostet natürlich etwas Zeit, was berücksichtigt werden sollte.

Nun ist es so, dass manche Personen von Haus aus schnell sprechen, auch ganz unabhängig von Nervosität. Und das ist etwas, das auch erst einmal überhaupt nicht problematisch ist, denn gute Rhetorik ist und bleibt nach wie vor authentische Rhetorik, für die man sich nicht verbiegen muss. Auch Schnellsprecher:innen sind natürlich gut beraten, sich Feedback zum Vortragsstil einzuholen und zu versuchen, sich etwas zu bremsen. Aber es kann sein, dass auch dann eine hohe Grundgeschwindigkeit bleibt. Wenn das auf Euch zutreffen sollte, dann heißt der Ausweg glasklare(!) Aussprache und Betonung. Schnell vorgetragene Inhalte können in einem gewissen Maß dadurch verständlich gehalten werden, dass man sie beinahe überdeutlich artikuliert. Nuscheln und Füllwörter (beliebte Kandidaten: äh, sozusagen, quasi, genau) unbedingt vermeiden! Ein sehr gutes Beispiel für einen ausgezeichneten Schnellsprecher findet Ihr übrigens in Sebastián Machado, der im Jessup Finale 2009 als bester Redner der weltweiten Finalrunde ausgezeichnet wurde. Ein Beispiel für einen sehr ruhigen, aber nicht weniger beeindruckenden Vortragsstil findet Ihr in Christopher Beshara, der mit seinem Team das internationale Jessup Finale 2011 gewonnen hat. Wenn man die beiden bei YouTube[4] eingibt, findet man Mitschnitte aus den Finalplädoyers. Diese zeigen, dass es sowohl für schnelle als auch für langsame Redner:innen Wege zur rhetorischen Perfektion gibt. Lasst Euch davon inspirieren und schneidet Euch eine Scheibe von den herausragenden Vortragsstilen ab.

Die nächsten Aspekte, wie das gesprochene Wort effektiver kommuniziert werden kann, (auch aber nicht nur für die schnellen unter Euch) sind Lautstärke und Betonung. In einem Format, in dem man Vorträge vor einer Gruppe halten sollte, habe ich mal erlebt, dass einer Rednerin das „Kompliment“ gemacht wurde, dass sie sehr „gleichmäßig“ gesprochen habe. Damit war allerdings nicht ihr Tempo gemeint, sondern der Umstand, dass alles, was sie gesagt hat, gleich klang. Und das ist nichts, was ein Kompliment verdient! Vergewissert Euch noch einmal, wie dieser Abschnitt begonnen hat: Effektive Kommunikation ist entscheidend. Für das gesprochene Wort heißt das, dass man dafür sorgen muss, dass gesprochene Inhalte wirklich ankommen und beim Gegenüber *wirken*, bevor sie – anders als verstetigter Text – unweigerlich verhallen. Um das zu erreichen, muss man in einer Redeleistung nicht nur inhaltliche Schwerpunkte, sondern auch rhetorische Highlights setzen. Dass ein Argument das *stärkste* ist, dass eine bestimmte Konsequenz *untragbar* ist, dass sich Dinge *widersprechen*, dass ein gerügter Verstoß *nur einer von vielen* war, die in Rede stehen – all das sind Dinge, für die es sich lohnt, lauter zu sprechen oder mindestens mit einer intensiveren Betonung darauf aufmerksam zu machen.

Prüft man etwa, ob sich jemand wegen Mordes strafbar gemacht hat, dann kann man den Prüfer:innen ein wesentlich höheres Maß an Verständnis der Materie signalisieren, wenn man im wahrsten Sinne des Wortes *betont*, dass *gerade* wegen der hohen Mindeststrafe ein *hoher* Maßstab für das Erfüllen der Tatbestandsmerkmale heranzuziehen ist. Gleichzeitig ist es lohnenswert zu betonen, worin genau die besondere *Verwerflichkeit* einer Tat im Einzelnen liegt. Dass ein Thema rechtlich oder tatsächlich besonders wichtig ist und von Euch entsprechend besonders ernst genommen wird, lässt sich auch durch den Wechsel in einen *strengeren, genaueren* und *kritischeren* Vortragsstil signalisieren. Für einen Moment kann man die Intensität dadurch erhöhen, dass man statt des freundlichen Lächelns einen ernsteren Gesichtsausdruck wählt, unaufgeregter gestikuliert und Betonung etwas härter werden lässt. Versucht im Ergebnis, Euren Vortragsstil dem Thema

---

4 Beshara: https://www.youtube.com/watch?v=3bj0Oak-ku0;
Machado: https://www.youtube.com/watch?v=b7Kx8jBeyWI, jeweils zuletzt geprüft am 18.12.2024.

des Vortrags und der Bedeutung des Arguments anzupassen. Gleichmäßigkeit im Sinne von Monotonie kann nämlich schnell steif, distanziert vom Thema und befremdlich wirken.

Das letzte rhetorische Mittel aus der Kategorie Sprechen, das hier auf keinen Fall fehlen darf, ist der Einsatz von Pausen. Pausen lassen sich einsetzen, um das Tempo eines Vortrags angenehmer für das Publikum zu machen und um die Spannung vor einer zentralen Erwägung zu erhöhen, sodass sie umso intensiver und damit effektiver wirken kann. Ein weiterer Einsatzzweck für sinnvolle Pausen in Vorträgen ist das Kenntlichmachen von Übergängen von einem zentralen Punkt in Eurer Vortragsstruktur zum nächsten.

In einer Redeleistung, die unter Zeitdruck abgeliefert werden muss, innezuhalten, mag völlig kontraproduktiv erscheinen. Aber genau wie bei gerafften Argumenten gilt auch hier: die Verständlichkeit, Entzerrung, strukturelle Klarheit und Intensität, die man mit Pausen erzeugen kann, überwiegt die minimale Zeiteinbuße bei Weitem. Denn wenn ich „Pause" schreibe, meine ich eine Zeitspanne irgendwo zwischen einer halben und – je nach Situation – zwei Sekunden. Auf die wird es in Eurem Zeitmanagement nie entscheidend ankommen. Deswegen setzt bewusst Pausen im Vortrag. Der kurze Moment, in dem man die Spannung und Erwartung im Publikum wachsen spürt, hilft Euch auch beim Vortragen. Man hat kurz Zeit durchzuatmen, was die Nervosität senkt. Vor allem aber erzeugt man einen Moment, in dem man selbst deutlich spüren kann, dass man die Kontrolle über das Geschehen hat. Diese Selbstwirksamkeit in einer ansonsten stressigen und vielleicht manchmal fremdbestimmt wirkenden Situation wie einer Prüfung zu erfahren, kann Euer Selbstvertrauen steigern und Euch Rückenwind für die gesamte restliche Prüfung geben. Pausen eignen sich auch hervorragend als Ersatz für Laute, die man beim Nachdenken meistens unbewusst abgibt. Statt ein bis zwei „äähs" von sich zu geben einen Moment der Stille wirken zu lassen, wirkt deutlich souveräner und erweckt eher einen Eindruck von Gewissenhaftigkeit als davon, dass man gerade schwimmt.

Zum Abschluss möchte ich Euch zwei Übungen an die Hand geben, mit denen sich ein angemessenes Sprechtempo (inklusive der Benutzung von Pausen) und das Vermeiden von Füllwörtern sehr gut trainieren lassen. Die erste Übung, die primär für das Einpendeln des Sprechtempos nützlich ist, sind Videoanalysen. So unangenehm es auch sein mag, die eigene Stimme zu hören und sich beim Vortragen zu beobachten, so deutlich führt einem ein Video vor Augen, wie sehr sich die innere und äußere Wahrnehmung voneinander unterscheiden können. Beim Üben von Vorträgen und sonstigen Redeleistungen sollte man sich in regelmäßigen Abständen für kurze Zeiträume (vielleicht 3 bis 5 Minuten) in einer frontalen Perspektive filmen und beim Sprechen möglichst in die Kamera schauen. Auf solchen Videos erkennt man eigene Tendenzen, die einem vielleicht vorher gar nicht bewusst waren(!), sehr gut. Mit Veränderung der Wiedergabegeschwindigkeit kann man ausprobieren, ob das eigene Sprechtempo angemessen ist oder verlangsamt werden sollte. Und auch unwillkürliche Bewegungen, sei es das

Spielen an Brille, Ringen, Haaren etc. oder Wippen vom einen Fuß auf den anderen, erkennt man auf Videos bestens. Mit solchen Einsichten über den eigenen Vortragsstil kann man sich vor der nächsten Videoeinheit immer einen oder zwei Punkte vornehmen, auf die man gezielt achtet, bis sie irgendwann aus dem natürlichen Vortragsstil verschwunden sind.

Eine Übung, die besonders gut gegen Füllwörter und eher negativ zu bewertende Tendenzen beim Vortragen hilft, ist das sogenannte „Klatschtraining". Die Idee ist, dass Ihr Tendenzen identifiziert, die Ihr ändern wollt, die sich aber immer wieder einschleichen. Wenn Ihr diese Tendenzen identifiziert habt, übt Ihr zusammen mit einer anderen Person, die Ihr bittet, darauf zu achten, wenn Ihr beim Sprechen etwas tut, das Ihr Euch abgewöhnen wollt. Dann beginnt Ihr mit dem Vortragen und immer dann, wenn die andere Person einen Verstoß bemerkt, klatscht sie laut in die Hände, pfeift oder tut irgendetwas anderes Unangenehmes, das Euch auf den Verstoß hinweist. Darauf dürft Ihr dann aber nicht mit Lachen reagieren, sondern müsst den Vortrag professionell fortsetzen. Dadurch werdet Ihr sehr deutlich darauf aufmerksam, wie oft und an welchen Stellen Ihr zu Füllwörtern oder zu unpassender Bewegung neigt. Eine Variante dieser Übung besteht darin, dass nach jedem Verstoß ein Faktor hinzu kommt, der das Vortragen für Euch unangenehmer macht, so dass Ihr Euch noch stärker auf das bewusste Sprechen konzentriert. Man kann es z.B. so machen, dass man sich nach dem ersten Verstoß eine Hand auf den Kopf legen muss, sich nach dem zweiten auf ein Bein stellt, usw. Mir ist bewusst, dass diese Übung natürlich schnell ins Lächerliche abdriften kann. Aber wenn Ihr sie ernst nehmt, ist sie wirklich sehr hilfreich.

J. Blickkontakt

Kurzfristig: Was Blickkontakt (nicht) bedeutet; Wie man sich von den Notizen löst; Dos & Don'ts zu Blickkontakt; Training zum Umgang mit Notizen

Langfristig: Selbstbewusster auftreten; freie Rede meistern

Mittlerweile sollte klar geworden sein, wie entscheidend effektive Kommunikation für eine gelungene Redeleistung ist. Wer nicht zum Publikum bzw. zu Prüfer:innen durchdringen kann, wird in Wirkung und Bewertung hinter dem zurückbleiben, was das eigene juristische Können wert ist. Im Streben nach einer wirkungsvollen Präsentation von Inhalten kämpft man stets gegen die kurze Aufmerksamkeitsspanne des Gegenübers. Im Unterschied zum Lesen von Texten, bei denen man die Aufmerksamkeit aktiv auf die Inhalte lenken muss, gibt es in Vorträgen viele Dinge, auf die man die Aufmerksamkeit stattdessen lenken kann. Zum Beispiel auf Nervositätsventile, wie zitternde Finger! Und ist die Aufmerksamkeit erst einmal weg, verpasst man in einem Redeformat unweigerlich Inhalte. Das muss verhindert werden.

Vor diesem Hintergrund ist durchgehender Blickkontakt eines der mächtigsten rhetorischen Mittel, die Euch zur Verfügung stehen. Wenn Euch jemand direkt in die Augen schaut, während er oder sie mit Euch spricht, fühlt es sich unangenehm an, den Kontakt abzubrechen, indem man wegschaut. Das gilt umso mehr für Prüfer:innen und Moot-Court-Judges, deren Aufgabe es ja gerade ist, Euch zu folgen.

Mit stabilem Blickkontakt fühlt sich jeder Vortrag mehr nach einem Gespräch an, weil dem Gegenüber vermittelt wird, dass eine zwischenmenschliche Verbindung aufgebaut wird und man auch als bloßer Zuhörer ein wichtiger Teil des Gesprächs ist. Man fühlt sich als Gegenüber wahrgenommen und wertgeschätzt und ist im Gegenzug bereit, aufmerksamer zu folgen. Außerdem signalisiert das Aufrechterhalten von Blickkontakt Selbstvertrauen und Kompetenz. *Durchgehender* Blickkontakt ist daher ein Muss für jede gelungene Redeleistung.

Die Betonung von „durchgehend" kommt nicht von ungefähr. Es genügt nicht, die meiste Zeit auf die Notizen zu schauen und ab und an pflichtschuldig für ein paar Sekunden den Blick schweifen zu lassen. Solche verlegenen Versuche haben nicht das Geringste mit freier Rede oder Rhetorik zu tun und werden viel zu oft als akzeptabel durchgewunken.

Ich weiß, dass das hart klingt. Denn sich von den eigenen Notizen zu lösen ist eine furchteinflößende Vorstellung. Vor allem dann, wenn man nervös ist, weil viel vom Vortrag abhängt und insbesondere dann, wenn man den Vortrag spontan vorbereiten musste und keine Zeit zum Üben hatte. Blickkontakt wirklich zu meistern, erfordert Selbstvertrauen und für viele eine gehörige Überwindung. Aber das sind genau die Grenzen, die man überwinden muss, um zu einer besseren Rednerin oder einem besseren Redner zu werden. Wenn das einfach und ohne Widerstand möglich wäre, würde es von brillanten Redner:innen nur so wimmeln. Überwindung ist in vielen Fällen der Preis, den man zahlen muss, um besser auftreten zu können. Dazu kann ich Euch nur von Herzen ermutigen. In der eigenen Komfortzone zu bleiben, kann Euch nicht nennenswert verbessern. Schafft Ihr den Schritt, macht Ihr damit automatisch einen Sprung in einen viel kleineren Kreis deutlich erfolgreicherer Redner:innen und das wird sich für viele in besseren Noten niederschlagen.

Bevor es zu konkreten Tipps für einen durchgehenden Blickkontakt geht, möchte ich zur Motivation eine Anekdote erzählen. Als ich am Jessup Moot Court teilgenommen habe, gab es bei uns im Team verschiedene Strategien für die Vorbereitung auf Plädoyers. Manche von uns – und zu denen gehörte ich – haben sich die zentrale Struktur der Argumente und manche Zitate auf zwei Seiten ausgedruckt. Andere – und zu denen gehört meine beste Freundin Theresa – haben dicke Aktenordner angelegt, in denen alle wichtigen Dokumente gesammelt waren. Diese Ordner waren so vollständig, dass sich theoretisch jedes Argument und eine Antwort auf so ziemlich jede relevante Rückfrage darin finden ließ (Tipps für Moot-Court-Ordner, wenn man sie benutzen möchte, gibt es im Spezialkapitel ab Seite 144). Diejenigen, die mit einem Ordner ins Plädoyer gegangen sind, schätzten das Gefühl von Sicherheit, das sie durch die Ordner bekommen haben. Verständlicherweise, denn besonders in einem Moot Court ist es üblich, dass sich ein Plädoyer in alle möglichen Richtungen entwickeln kann und dadurch viele Unwägbarkeiten mit sich bringt. Theresa hat mit Ordner fantastisch plädiert. Sie konnte immer alle Fragen beantworten und kam so gut wie nie vom Weg ab. Aber eine Sache fiel dabei auf. Die mit Abstand stärksten Phasen in ihrem Plädoyer waren die, in denen sie den Ordner nicht brauchte und frei mit der Richterbank interagierte. Solche Interaktionen waren immer die, für die sie im Feedback – völlig zurecht! – am meisten gelobt wurde. Eines Tages habe ich ihr daher als Experiment vor einem Probeplädoyer mal den Ordner versteckt. Und alle – inklusive Theresa – waren sich danach einig: Das Plädoyer, was sie ohne Sicherheitsnetz gehalten hat, war mit Abstand das Beste bis zu diesem Zeitpunkt! Sie war so viel stärker im den Austausch mit der Richterbank, flexibel und empathisch und inhaltlich mindestens genauso gut wie mit Ordner. Am allerwichtigsten aber war, dass sie schnell gemerkt hat, dass sie ohne den vermeintlichen Sicherheitsanker ihrer Notizen in einem mündlichen Vortrag viel besser sein kann als mit. Das daraus gewonnene Selbstvertrauen hat sie zu einer noch besseren Rednerin gemacht, die im eigentlichen Wettbewerb *jede einzelne* ihrer Runden gewonnen hat.

Dieses Erlebnis hat mich sehr beeindruckt, weil es auf einmalige Weise gezeigt hat, wie viel mehr der eigenen Vorbereitung im Kopf verfügbar bleibt, als man denken und sich selbst zutrauen würde. Und das selbst dann, wenn es darauf ankommt! Es hat mich auch deshalb beeindruckt, weil das Erlebnis die Bedeutung von Blickkontakt und einer zwischenmenschlichen Interaktion zwischen Redner:in und Publikum so klar werden ließ. Ich verstehe, dass es viel Überwindung kostet, sich von den eigenen Notizen zu lösen und sich selbst und der eigenen Vorbereitung zu vertrauen. Aber so hoch diese Hürde gerade für die Schüchterneren unter Euch auch sein mag, so groß ist auch der Fortschritt auf rhetorischer Ebene. Deswegen ist mein dringlichster Ratschlag zum Thema Blickkontakt: Löst Euch so weit wie möglich von den Notizen, wenn Ihr vortragt! Und ringt Euch zu mindestens einer Übungseinheit für einen Vortrag vor anderen durch, in der Ihr ganz auf die Notizen verzichtet. Ihr werdet überrascht davon sein, wie gut das gelingen wird.

Der Grundsatz, sich von den Notizen zu lösen und stattdessen durchgehend zum Publikum zu sprechen, gilt in besonderem Maße für alle Formate, in denen viel Zeit zur Vorbereitung bleibt. Anlässe wie Präsentationen, Referate, Moot-Court-Plädoyers und die Verteidigung der Seminararbeit sind solche, bei denen Blicke in die Notizen im Ernstfall zu Gunsten einer höheren rhetorischen Präsenz auf ein absolutes Minimum zu begrenzen sind. Und selbst für spontane Vorträge, wie die Aktenvorträge im ersten und zweiten Examen, muss freie Rede das Ziel sein.

Nach dieser Einführung dazu, wie wichtig durchgehender Blickkontakt für Rhetorik ist und was es dafür braucht, ist es nun an der Zeit für je zwei konkrete Dos und Don'ts zum Thema Blickkontakt. Das erste Do lautet: Lasst den Blick zwischen allen Mitgliedern des Publikums bzw. der Prüfungskommission schweifen. Denkt daran, dass der Sinn von Blickkontakt am Ende des Tages der ist, das Gefühl einer zwischenmenschlichen Verbindung zwischen Euch und den Gegenübern zu erzeugen. Das ist die Voraussetzung dafür, Eure Inhalte wirklich effektiv zu kommunizieren. Wann immer Ihr vor mehreren Personen sprecht, ist es daher erforderlich, diese Verbindung nicht nur auf eine Person zu beschränken. Es kann sehr verlockend sein, den Blick hauptsächlich an der Person aufzuhängen, die am freundlichsten zurücklächelt, aufmunternd nickt oder wenigstens nicht skeptisch schaut. Genau davor sollte man sich aber in Acht nehmen. Wichtig ist, den Blick so regelmäßig schweifen zu lassen, dass man allen Prüfer:innen bzw. möglichst viele Mitglieder des Publikums beim Sprechen gleichmäßig ansieht. Dabei sollte man nicht mechanisch vorgehen, so dass die Bemühungen, alle mitzunehmen, als gewollt auffallen. Den Blick wie einen Scheibenwischer von Seite zu Seite schwenken zu lassen, ist als Grundidee nicht schlecht, aber sollte nicht zu wörtlich genommen werden. Das nächste Do betrifft vor allem diejenigen von Euch, die Schwierigkeiten damit haben, beim Blickkontakt die (mitunter kritischen oder neutralen) Mienen der anderen auszuhalten. Ein grimmig dreinblickender Prüfer erleichtert das Aufrechterhalten von Blickkontakt nicht und kann verunsichern. Was in solchen Fällen hilft, ist es, dem Gegenüber nicht direkt in die Augen zu schauen, sondern auf den Punkt dazwischen. Als die Person, die angeschaut wird, fällt einem der Unterschied kaum auf. Aus der Vortragendenperspektive kann es aber einen großen Unterschied machen, ob man in oder zwischen die Augen des Gegenübers schaut. Wer kann, sollte natürlich versuchen, in die Augen zu schauen. Aber falls das im Einzelfall zu viel Überwindung kostet oder zu viel Nervosität auslöst, ist auch ein Blick zwischen die Augen in Ordnung. Hauptsache, Ihr schaut nicht die ganze Zeit in die Notizen.

Das bringt uns zum ersten Don't: Lernt bitte Eure Beiträge nicht auswendig. Es ist natürlich wichtig, die Inhalte der eigenen Rede verinnerlicht zu haben. Aber in den einzelnen Formulierungen sollte man flexibel bleiben. Sich zu viele Formulierungen vorher zurechtzulegen, macht unflexibel im Umgang mit Fragen und anderen unvorhergesehenen Situationen wie Unterbrechungen/Störungen. Es kann auch für Störgefühle sorgen, wenn man mit dem tatsächlich gesprochenen Satz von der innerlichen Vorlage abweicht, obwohl der gesprochene Satz inhaltlich wie rhetorisch einwandfrei war. Zu guter Letzt kann vorher auswendig gelernter Inhalt auch im Vortrag schnell mechanisch wirken.

Das zweite Don't zum Thema Blickkontakt betrifft das Verhalten beim Nachdenken. Viele tendieren dazu, den Blick abzuwenden, zum Beispiel schräg nach oben, wenn sie während eines Vortrags nachdenken müssen. Das unterbricht nicht nur den Blickkontakt, sondern kann ein Publikum auch stark ablenken, wenn es nämlich Eurem Blick folgt und dann selbst für eine Weile an einen Punkt an der Decke schaut. Momente des Nachdenkens sind aus einer Blickkontaktperspektive auszuhalten. Zur Not kann man sich in so einer Situation dann auch doch einmal mit einem Blick in die Notizen über Wasser halten. Was auch funktioniert ist es, mit einem charmanten Lächeln, durchgehendem Blickkontakt und entwaffnender Ehrlichkeit auszusprechen, dass man kurz nachdenken muss. Hauptsache ist, man bleibt mit den Augen beim Publikum und bricht die Verbindung nicht ohne guten Grund ab.

Eine gute Übung zum Thema Blickkontakt, die man mit jeder anderen Vortragsübung kombinieren kann, ist das Limitieren der erlaubten Blicke in die Notizen. Probiert unbedingt einmal aus, Euch für einen Vortrag ein Limit von fünf Blicken in die Notizen zu setzen und testet, wie gut Ihr damit zurechtkommt. Für Vorträge, die spontan vorbereitet und gehalten werden müssen, kann man das Limit auch leicht nach oben anpassen. Bei dieser Übung wird sich relativ schnell zeigen, wie gut (und vollständig!) es ohne Notizen geht, ohne dass man für diese Erkenntnis gleich die maximale Überwindung aufbringen muss. Seht Eure Notizen als ein Sicherheitsnetz. Das Netz zu haben ist gut, aber es zu brauchen ist gefährlich. Und wer die ganze Zeit nur im Netz liegt, hat nie ernsthaft versucht, das Kunststück zu vollführen, für das das Publikum gekommen ist.

K. Zeitmanagement

Kurzfristig: Zeit richtig einteilen; Redezeit ausschöpfen; Wie man mit Zeitnot umgeht

Langfristig: Ein besseres Gespür für (Rede)Zeit entwickeln; Ohne Uhr die Redezeit einhalten

Gelungene Redeleistungen unterscheiden sich oft darin von (unter)durchschnittlichen, dass sie effektiv mit der gewährten Redezeit umgehen. In vielen Prüfungsformaten und Wettbewerben sind feste Zeitlimits vorgegeben, an die man sich halten muss und bei deren Überschreitung Eure Rede zu Euren Lasten abgebrochen wird. Denn solche Überschreitungen gefährden die Vergleichbarkeit zwischen den Kandidat:innen und damit am Ende die Fairness der ganzen Angelegenheit. Man muss also einen Weg finden, die eigenen Inhalte innerhalb der vorgegebenen Zeit effektiv zu kommunizieren, ohne dabei zu schnell zu werden, während man die Besonderheiten des mündlichen Vortrags berücksichtigt (kürzere Aufmerksamkeitsspannen, erhöhtes Bedürfnis an Deutlichkeit und Klarheit, Dramaturgie etc.). Das ist gar nicht so leicht und sollte von allen Redner:innen in der Vorbereitung bedacht werden.

Doch nicht nur das Überschreiten der Zeit gilt es zu vermeiden. Wenn man ein Zeitlimit von zehn bis zwölf Minuten für einen Vortrag erhält, z.B. im Rahmen des Aktenvortrags in der mündlichen Prüfung im ersten und zweiten Staatsexamen, sollte man diese Zeit unbedingt ausschöpfen. Wer hier nur acht Minuten spricht, hat 20% der Prüfungszeit ungenutzt gelassen. Und das ist bei einer so wichtigen Prüfung keine gute Idee, denn in dieser Zeit hätte man sicher noch etwas Sinnvolles sagen bzw. tun können.

Ein Faktor, der gutes Zeitmanagement erschwert, ist der Umstand, dass man im Ernstfall dazu tendiert, schneller zu sprechen (siehe Abschnitt „I – Sprechtempo, Betonung, Lautstärke, Pausen“). Es kommt also relativ oft vor, dass die Zeit während einer echten Prüfung adrenalinbedingt gefühlt anders abläuft als bei den Übungen.

Vor dem Hintergrund, wie wichtig aber auch wie schwierig gelungenes Zeitmanagement ist, kommen hier einige praktische Tipps dazu, wie man sich in diesem Punkt von vielen anderen positiv absetzen kann! Der Großteil dieser Tipps wird sich auf den Fall konzentrieren, in dem einem die Zeit ausgeht, weil das die mit Abstand häufigste Konstellation ist.

Die ersten zwei Tipps betreffen das Verhindern dieser Konstellation. Tipp Nummer 1 lautet: Setzt beim Vortragen dadurch Schwerpunkte, dass Ihr unwichtige Details weglasst. Dieser Tipp ist besonders wichtig für Aktenvorträge. Sowohl im ersten als auch im zweiten Examen wird es Details im Sachverhalt und der rechtlichen Würdigung geben, die weggelassen gehören, weil sie der Lösung nicht dienen. Im ersten Staatsexamen wird dabei noch ein größerer Fokus auf Vollständigkeit gelegt, da der Sachverhalt ja bereits feststeht und oft schon auf das Wesentliche begrenzt ist. Aus der Perspektive des Zeitmanagements gilt es daher besonders im Aktenvortrag des ersten Examens, die Schwerpunkte dadurch zu setzen, dass man bei unproblematischen Tatbestandsmerkmalen den Gutachtenstil aufgibt und sich nach kürzestem(!) Behandeln offensichtlich unproblematischer Punkte denjenigen Punkten zuwendet, bei denen Auslegung zu betreiben oder ein Meinungsstreit zu entscheiden ist. Ist im Rahmen einer Übereignung allein der Punkt der Berechtigung problematisch, sollte man zum Beispiel *alle Obersätze* zu den anderen Merkmalen von § 929 BGB weglassen. Gleiches gilt für unproblematische Tatbestandsmerkmale im Strafrecht und z.B. für unproblematische Zulässigkeitsprüfungen im öffentlichen Recht. Je nachdem, wie viele Probleme der Fall enthält und wie viel Zeit man dafür erfahrungsgemäß braucht, sollte man selbst das überblicksartige Subsumieren unter die Definitionen in den unproblematischen Punkten unterlassen. Ein Weg, das zu tun, ist zum Beispiel, die üblichen Prüfungspunkte kurz aufzuzählen, verbunden mit der Einschätzung, dass dort in Eurem konkreten Fall jeweils keine Probleme liegen. Denkt immer daran: Der Grund dafür, dass man überhaupt eine mündliche Prüfung hat, liegt nicht darin, dass man von Euch die Fähigkeit sehen möchte, das auszusprechen, was Ihr ansonsten aufgeschrieben hättet. Die Nachweise (juristischer) Kompetenzen, wegen derer man mündliche Prüfungen abhält, sind gerichtet auf den *Prozess* des juristischen Denkens bzw. das Zeigen von *Verständnis* und das *Unterscheiden* wesentlicher von unwesentlichen Inhalten. All das äußert sich auch darin, worüber Ihr wie lange sprecht. Vor diesem Hintergrund lässt sich auch noch einmal gut aufzeigen, warum zu viele Notizen und ein Haften an diesen sehr schnell kontraproduktiv wird. Weglassen und Schwerpunktesetzen wird umso schwieriger, je mehr Informationen Ihr in der Vorbereitung für relevant erachtet und aufgeschrieben habt!

Tipp Nummer 2 lautet: Passt – wenn möglich – die Anzahl Eurer Argumente/Schwerpunkte dem Zeitlimit an. Dieser Tipp ist in erster Linie für Vorträge gedacht, die keine Aktenvorträge sind, denn bei diesem (s.o.) kann es schädlich sein, nötige Prüfungsschritte vollkommen unerwähnt zu lassen. Für die Verteidigung der Seminararbeit, Moot-Court-Plädoyers und Referate gilt das aber nicht. Hier kann und muss man noch radikaler Dinge weglassen, auf die es nicht ankommt, bzw. die nicht zu den stärksten Argumenten zählen oder sich eher für die Beantwortung von Rückfragen eignen. Als Faustregel für die Anzahl von Schwerpunkten/Hauptargumenten gilt: zwei Punkte für fünf Minuten und drei Punkte für zehn Minuten. Unter Umständen lässt sich auch ein vierter Schwerpunkt in zehn Minuten unterbringen, aber damit sollte man eher zurückhaltend umgehen. Auch deshalb, weil das Publikum sich an drei Punkte deutlich besser erinnern können wird.

Die nächsten Tipps betreffen den Fall, dass einem doch die Zeit auszugehen droht. Wenn Ihr feststellt, dass es eng werden könnte, lohnt es sich meistens, die Situation offensiv anzusprechen. Dadurch zeigt Ihr, dass Ihr den Überblick behalten habt und die Situation nach wie vor unter Kontrolle zu sein scheint. Jedenfalls kann man Euch dann nicht vorwerfen, die Zeit aus den Augen verloren zu haben. Formulierungen wie „im Interesse der Zeit" oder „ich sehe, dass sich meine zehn Minuten dem Ende zuneigen" könnt Ihr – ohne dabei viel Redezeit zu verlieren – Bewusstsein für das wichtige Thema Zeitmanagement zeigen und gleichzeitig rechtfertigen, warum Eure letzten Punkte eher in Kurzform abgehandelt werden. Um dann auch abliefern zu können, ist es bei solchen Redeleistungen, die man im Vorfeld vorbereiten kann, sehr sinnvoll, sich Kurzversionen der wichtigsten Argumente zurechtzulegen, die man jeweils in 30 Sekunden abspulen kann. Diese Kurzversionen kann man so schleifen, dass ihre Komplexität nicht zu sehr reduziert wird und damit am Ende den durchaus positiven Eindruck von Zielgerichtetheit und Anpassungsfähigkeit beim Publikum hinterlassen. Mit gelungenen Kurzversionen der eigenen Argumente kann man aus der Zeitnot eine regelrechte Tugend machen. Was man dagegen vermeiden sollte, ist, das Sprechtempo signifikant zu erhöhen. Gehetzt ins Ziel zu kommen, macht keinen guten Eindruck und geht immer auf Kosten des Arguments und Eurer Souveränität. Und da der letzte Eindruck als frischester beim Publikum immer stark in Erinnerung bleiben wird, gilt es das unbedingt zu vermeiden.

Zeitmanagement kann auch dann zu einer Herausforderung werden, wenn einem nicht die Vortragszeit, sondern der Inhalt ausgeht. Wie bereits in der Einleitung dieses Abschnitts angesprochen, ist das Nicht-Nutzen von Redezeit vor allem in Prüfungen und Wettbewerben ein großes Problem. Deshalb nun zuletzt einige Tipps dazu, wie man mit der Situation umgehen kann.

Sollten am Ende Eurer inhaltlichen Ausführungen noch mehr als ein paar Sekunden übrig sein, bieten sich verschiedenen Vorgehensweisen an. Sind noch etwa 30 bis 60 Sekunden offen und es handelt sich um einen Vortrag, den Ihr vorher vorbereiten konntet, dann lohnt sich ein vorher zurecht gelegtes passendes

Zitat. Dieses sollte den Vortrag so abrunden, dass es die Stimmung einfängt, die man beim Publikum erzeugen möchte. In einem Vortrag über Staatsangehörigkeit könnte man z.B. Hannah Arendt in diesem Kontext mit *dem Recht, Rechte zu haben* zitieren. Zitate, die nicht unmittelbar einen rechtlichen Zugang zu einem Thema haben und stattdessen eine neue und für Eure Zwecke passende Perspektive hinzufügen, sind besonders ansprechend. Ist noch mehr als eine Minute Zeit übrig, ist es in aller Regel sinnvoll, die vorgetragenen Inhalte noch einmal in aller Kürze zu rekapitulieren und sie noch einmal zur Ausgangsfrage/-these in Bezug zu setzen. Das ist nicht nur eine Serviceleistung für das Publikum, das den Beginn Eurer Rede vielleicht am Ende schon wieder vergessen hat. Neben der Anpassung an die Aufmerksamkeitsspannen des Publikums eignet sich eine kurze Rekapitulation der Inhalte auch zur Untermauerung der gesetzten Schwerpunkte.

L. Routine – Gelegenheiten zum Sprechen nutzen

Langfristig: Rhetorik verinnerlichen; Chancen ergreifen

Rhetorik ist eine Kompetenz, die man erlernen kann. Damit man sich darin verbessern kann, ist eine Sensibilisierung dafür, was gute Rhetorik (für Jurist:innen) ausmacht, ein zwingend notwendiger erster Schritt. Aber das Gespür für gelungene Rhetorik zu haben und abstrakt zu wissen, was man tun müsste, hilft wenig, wenn man dieses Wissen nicht in die Tat umsetzen kann. Was eine gelungene Redeleistung ausmacht, kann von Format zu Format sehr verschieden sein. Viele Aspekte einer gelungenen Rede erfordern Erfahrung und manchmal etwas Überwindung. Und all das lässt sich nicht allein aus einem Buch lernen, sondern erfordert zwangsläufig auch praktische Übung. In diesem Buch sind zahlreiche praktische Tipps und Vorschläge enthalten, die Ihr dazu benutzen könnt, an Eurer rhetorischen Kompetenz zu arbeiten. Denkt etwa an das Ausprobieren von Gesten (Ruhegesten, Gesten im sichtbaren Bereich), das Sensibilisieren für Tendenzen in der eigenen Körpersprache, dem Sprechtempo und hinsichtlich oft genutzter Füllwörter (Videoanalyse, Klatschtraining), Atemübungen gegen Nervosität, den richtigen Umgang mit Notizen und Rückfragen und nicht zuletzt ein gelungenes Intro für jeden Vortrag. Um das Potenzial der Tipps und Übungen aus diesem Buch nutzen zu können, müsst Ihr sie trainieren. Das Trainieren sollte zum einen darin bestehen, die Tipps auszuprobieren, am besten zusammen mit anderen, so dass Ihr von außen gespiegelt bekommen könnt, wie Ihr beim Reden wirkt. Zum anderen ist es sinnvoll, die wenigen Gelegenheiten zum öffentlichen Sprechen, die sich Euch während des Studiums bieten, aktiv zu nutzen. Meldet Euch für Referate, nehmt an Prüfungssimulationen teil und bewerbt Euch für Moot Courts! Je routinierter Ihr seid, desto sicherer werdet Ihr Euch auch in unbekannteren Redeformaten fühlen, weil Ihr um Eure Wirkung wisst und darum, was gut funktioniert und was nicht. Wer wenig Zeit hat, kann mit den Tipps aus diesem Buch immer noch dafür sorgen, dass mündliche Prüfungen deutlich weniger bedrohlich sind und sich mit wenigen wirksamen rhetorischen Mitteln vom Großteil der anderen Studierenden positiv abheben. Wer viel Zeit investiert, hat die Chance, mündliche Prüfungen zu einem Heimspiel und zu einer echten Stärke zu machen! Dann traut man sich viel eher zu, sich zu beteiligen und die eigenen Kompetenzen sichtbar zu machen.

M. Argumentative Leuchttürme und das Erstellen von Notizen

Kurzfristig: Wie vermeide ich einen Blackout?; Zeitsparen beim Erstellen von Notizen; Blickkontakt und freie Rede fördern; Wie ausführlich dürfen Notizen sein?; Zeitmanagement schon bei der Vorbereitung; Minutenmarker

Langfristig: Den eigenen Kenntnissen vertrauen lernen; Kompetenzen zur Schau stellen

Um in einem Vortrag Blackouts zu vermeiden und den roten Faden nicht zu verlieren, hilft das Konzept der argumentativen Leuchttürme. In diesem Abschnitt soll es genauer erläutert werden, verbunden mit der Erklärung, wie man die eigenen Vortragsnotizen mit diesem Konzept auf ein sinnvolles Maß begrenzen kann.

Hinter argumentativen Leuchttürmen verbirgt sich die Idee, den eigenen Vortrag auf wenige Kernpunkte herunterzubrechen, die jeden Blackout überstehen und den roten Faden sichern. Für einen fünfminütigen Vortrag sind das oft nur zwei bis drei kurze(!) Punkte oder Argumente und für einen zehnminütigen Vortrag vielleicht drei bis vier. In juristischen Prüfungen korrelieren diese Punkte nicht mit dem Prüfungsschema eines Anspruchs oder Tatbestands, sondern eher mit den entscheidenden Argumenten im Rahmen einer bestimmten Fallkonstellation. Die argumentativen Leuchttürme dienen dazu, mit wenigen, leicht zu merkenden Gedanken einen Vortrag mit guter Schwerpunktsetzung abliefern zu können, ohne dafür viele Notizen zu brauchen. In einem Vortrag, in dem man verschiedene Anspruchsgrundlagen oder Tatbestände prüft, können argumentative Leuchttürme daraus bestehen, zu jedem Anspruch bzw. jedem Tatbestand nur einen kurzen Satz zum problematischen Merkmal zu verinnerlichen oder aufzuschreiben.

In einem Moot-Court-Plädoyer korrelieren die argumentativen Leuchttürme mit denjenigen Argumenten, die Ihr zwingend bringen müsst, um Eure Position zu vertreten. Dabei geht es aber nicht um die Details, sondern um die Makrostruktur Eurer Position. Sollte man von zu vielen Fragen vom Kurs der eigenen Argumentation weggeführt werden oder in schwieriges Fahrwasser geraten sein, kann man sich durch das Zurückbesinnen auf die Leuchttürme wieder an einen Punkt in der eigenen Argumentation bringen, der Euer Anliegen fördert.

Um argumentative Leuchttürme ausfindig zu machen, ist es wichtig, einen Fall bzw. die eigene Position gut zu verstehen. Dafür muss man erkennen, in welchen Teilen ein Fall wie jeder andere behandelt werden muss und wo er diskussionsbedürftig und vielleicht etwas exotischer gestrickt ist. Nur an den Stellen, an denen ein Fall schwierig oder interessant wird, lohnt es sich, argumentative Leuchttürme aufzustellen. Denn an allen anderen Stellen sind Standardschemata, Standarddefinitionen und Standardsubsumtionen gefragt. Das sind Dinge, die Ihr durch bloßes Lernen im Verlauf des Studiums unzählige Male aufgenommen habt und wahrscheinlich vergleichsweise einfach abspulen könnt, wenn Ihr Euch vernünftig auf die Prüfung vorbereitet habt (s.o. Abschnitt „C – Know your stuff!"). Wenn Ihr die Lösung eines Falls durchdenkt oder ein Argument für ein Plädoyer baut, müsst Ihr natürlich im Kopf die Standardpunkte der Sorgfalt halber einmal durchdenken, um nichts zu übersehen. Aber mit diesen wird man in aller Regel keine nennenswerten Punkte einfahren, weil diese Dinge jeder können sollte und es deshalb auch nicht besonders positiv auffällt, wenn man sie beherrscht. Das, was alle beherrschen, bringt keine Punkte. Man verliert nur welche, wenn man hinter dem üblichen Standard in diesen Dingen zurückbleibt. Für die Falllösung und die Plädoyervorbereitung bedeutet das, dass diese Punkte zwar mitbedacht werden sollten, aber als reine Selbstverständlichkeiten im Rahmen Eurer Notizen – wenn überhaupt – so wenig Platz wie möglich einnehmen sollten. Bei Standardproblemen und Definitionen ist es wichtig, sich selbst und dem eigenen Gedächtnis zu vertrauen. Selbst wenn nicht jede Definition und jedes Problem zu jeder Zeit reproduziert werden kann, wird man sich meistens an die wesentlichen Dinge erinnern, wenn eine Fallkonstellation das verlangt. Das Prüfungsschema von §§ 280, 281 BGB, die Theorien zum Erlaubnistatbestandsirrtum oder die Zulässigkeit einer Verfassungsbeschwerde wird man in einer Prüfung immer ohne großes Nachdenken zustande bringen. Zur Not schaut man einfach kurz ins Gesetz und hilft sich damit im Notfall weiter. Der Blick ins Gesetz macht in *keiner* juristischen Redeleistung einen schlechten Eindruck und signalisiert viel stärker, dass wirklich juristisch gearbeitet wird, als es ein Blick in die Notizen könnte.

Sind die entscheidenden Aspekte einer rechtlichen Lösung bzw. die tragenden Pfeiler einer Argumentation identifiziert, gilt es, diese wie ein Mantra zu verinnerlichen. Im Rahmen Eurer Notizen sollten sich diese Punkte deutlich von dem inhaltsverzeichnisartig gehaltenen Teil der unwesentlichen Gedankenstützen abheben. Hat man die argumentativen Leuchttürme im Kurzzeitgedächtnis und zur Not auf einem Zettel, kann man auch beim schlimmsten Blackout wieder zum Thema zurückfinden. Und zwar nicht nur irgendwie durch verlegenes Klammern an einen beliebigen und im Zweifel richtigen, aber kaum entscheidenden Prüfungspunkt, sondern an eine Stelle, die wichtig ist und die man mit einem knackigen Satz auf den Punkt bringen kann.

Argumentative Leuchtürme sind nicht nur eine Lebensversicherung gegen Blackouts, sie versetzen Euch auch in die Lage, möglichst viel Blickkontakt zu halten. Denn wenn Ihr Euch beim Erstellen der Notizen auf argumentative Leuchttürme konzentriert und den Rest im Stil von bloßen Überschriften notiert, kommt Ihr gar nicht erst in die Verlegenheit, für jede Kleinigkeit auf die Notizen zu schauen. Das freiere Sprechen hilft wiederum bei der richtigen Schwerpunktsetzung, denn durch das Hervorstechen der wenigen argumentativen Leuchttürme auf dem Notizzettel hat man in der Regel nicht den Drang, sich in dem inhaltlichen Pflichtprogramm zwischen den Leuchttürmen zu verlieren.

Sich auf argumentative Leuchttürme zu konzentrieren, ist wahrscheinlich der wichtigste Tipp in Sachen Vortragsvorbereitung und -notizen. Daneben gibt es aber noch einige weitere, die die argumentativen Leuchttürmen gut ergänzen und ebenfalls in Richtung Blickkontakt und Zeitmanagement wirken.

In diesem Zusammenhang zunächst ein ganz konkreter Tipp für das Erstellen von Notizen: Die Notizen dürfen nicht dazu führen, dass eine Zettelwirtschaft entsteht, die unübersichtlich werden kann und bei der mehrfach geblättert werden muss. Für einen Vortrag, der nur zehn Minuten dauern soll, sollte ein DIN A4 Blatt mit Vorder- und Rückseite ausreichen. Dabei ist schon berücksichtigt, dass die Schrift groß genug sein sollte, um sie auch mit einem eher beiläufigen Blick gut lesen zu können. Für wen das kontraintuitiv erscheint, der sei an den Abschnitt zum Blickkontakt erinnert: Notizen sind als ein Sicherheitsnetz für den Vortrag gedacht und nicht als seine Grundlage. Die Idee ist, dass man nicht ständig in die Notizen blicken muss und sollte. Vor allem nur an solchen Stellen, die eines Sicherheitsnetzes bedürfen, weil sie nicht selbstverständlich sind. Das heißt, Basisdefinitionen, unproblematische Prüfungspunkte, etc. sollten ohnehin – wenn überhaupt! – nur minimalen Platz auf dem Notizzettel einnehmen. Und wenn man diese Regel beherzigt, sind Notizen auf einem DIN A4 Blatt nicht nur völlig ausreichend, sondern verbessern auch den Vortrag durch ein Mehr an Blickkontakt. In diesem Zusammenhang gilt ebenfalls, dass man in erster Linie die Dinge aufschreiben sollte, bei denen es auf eine besonders genaue Wiedergabe ankommt. Das können gestellte Anträge, Wortlaute von Normen oder Passagen aus Urteilen sowie beispielsweise Zitate zum Abrunden eines Vortrags sein. Eben alles, was man nicht ohne Weiteres aus dem Kopf reproduzieren kann.

Der nächste Tipp lautet: Denkt schon in den Notizen an das Zeitmanagement. Schwerpunktsetzung lebt am Ende des Tages auch davon, wie viel Gedanken und Zeit man welchem Thema widmet. Die Gewichtung einzelner Argumente oder Probleme in einem Vortrag kann man durch entsprechende Breite der Notizen steuern. Man kann und sollte aber auch ganz bewusst vorher kurz darüber nachdenken, wie viel Zeit man für welchen Punkt aufwenden muss, um ihm gerecht zu werden. Wenn man nur ein bestimmtes Zeitkontingent zur Verfügung hat, lohnt sich eine grobe Zeiteinteilung sehr. Denn damit gewährleistet man einerseits die Schwerpunktsetzung und schafft andererseits gute Ausgangsbedingungen dafür, dass man den Zeitrahmen nicht überspannt. Beides sind Punkte, die vielen Prüflingen bzw. Vortragenden regelmäßig sehr schwer fallen und mit denen man sich gut positiv abheben kann. Die vorherige Zeiteinteilung ist daher ein sehr wirksames Mittel zur Erstellung von Notizen. Zur Umsetzung des Tipps empfiehlt es sich, an den Rand der Notizen gut sichtbare Minutenmarker zu setzen. Das Intro sollte erfahrungsgemäß maximal eine Minute dauern, ein Schwerpunkt zwei bis drei Minuten und die Stellen zwischen den Schwerpunkten sollten so kurz wie möglich sein. Ich setze mir in meinen Notizen regelmäßig Marker hinter Schwerpunkte oder zentrale Thesen. Dann versuche ich, bis zu den geplanten Zeitpunkten mit dem entsprechenden Teil des Vortrags fertig zu sein. Nach meiner Erfahrung funktioniert das gut und hat mir sowohl im Aktenvortrag des ersten Examens als auch in verschiedenen Vorträgen gute Dienste geleistet. Wenn man die Möglichkeit hat, den Vortrag zu proben, sollte man diese Gelegenheit auch dazu nutzen, das vorher geplante Zeitmanagement zu überprüfen und gegebenenfalls anzupassen.

Ein letzter Tipp für brauchbare Notizen ist es, Freiräume zu lassen für Rückfragen oder für gegnerischen Vortrag. Dieser Tipp ist in erster Linie nützlich für Moot Courts und die Verteidigung von Seminararbeiten. Überall dort, wo eine Redeleistung nicht mit dem Abspulen von Inhalten erledigt ist und man frei diskutieren muss, ist es eine gute Idee, sich Raum für spontane Notizen zu lassen. Denn oft sorgen ein gewisser Adrenalinspiegel oder eine ganze Reihe von Fragen hintereinander dafür, dass man nicht jedes Detail mitbekommt oder die erste Frage schon wieder halb vergessen hat, wenn die letzte zu Ende formuliert wurde. Mit einer schnellen Gedankenstütze in Form einer spontanen Notiz kann man diese Probleme leicht lösen – vorausgesetzt, man findet Platz dafür auf dem Notizzettel. Um Platz für Fragen zu finden, bietet es sich an, Notizen entweder in Tabellenform mit einer freien Spalte anzulegen oder mit großem Abstand zwischen einzelnen Gliederungspunkten. Natürlich nicht so viel Abstand, dass man über die zwei Seiten pro zehn Minuten Inhalt kommt, aber genug, um hier und da einen Gedanken kurz festhalten zu können.

N. Die Länge der Sätze

Kurzfristig: Verständlichkeit erhöhen; Komplexität reduzieren
Langfristig: Trotz fachlichem Kontext organisch formulieren

Gesprochenes Wort verhallt schnell und muss deshalb besonders wirksam kommuniziert werden. Auch aus Gründen der Überzeugungskraft ist es wichtig, dass man Eure Inhalte wirklich nachvollziehen kann. Rhetorische Werkzeuge helfen dabei. Aber alle Gesten, Betonung, Authentizität und Blickkontakt nützen wenig, wenn die Sätze so kompliziert und verschachtelt formuliert werden, dass man ihnen nur mit größter Konzentration folgen kann. Deswegen setzt ein erfolgreicher Vortrag voraus, dass man seine Sätze nicht überfrachtet. Diese Regel ist im

Grunde keine, die der Redekunst eigen ist. Denn sie gilt für alle juristischen Ausführungen. Wertungen und Argumente auf kurze, und doch richtige Formulierungen herunterzubrechen, ist eine der höchsten Künste und gleichzeitig eine der wichtigsten Kompetenzen guter Jurist:innen. Denn sie bringt einerseits tiefes Verständnis der Materie zum Ausdruck (wichtig für Prüfungen!) und macht das Folgen deutlich einfacher (wichtig für die Überzeugungskraft!). Mir ist es wichtig, für die Bedeutung kurzer Formulierungen zu sensibilisieren, weil nach meiner Erfahrung in juristischer Ausbildungsliteratur überwiegend wenig Wert auf gute Kommunikation gelegt wird. In vielen Lehrbüchern finden sich Sätze, die sich über eine halbe Seite ziehen. Solche Sätze muss man oft viermal lesen, bevor man anfängt, ihre Bedeutung zu verstehen.

In Vorträgen und bei anderen Redeleistungen hat man keine Möglichkeit zum Nachlesen. Jeder Satz wird nur einmal ausgesprochen. Versteht man ihn als Zuhörer:in nicht auf Anhieb, dann verliert man sehr schnell den Anschluss. Und das gilt es unbedingt zu verhindern!

Eine Sache, die man dafür verinnerlicht haben muss(!), ist diese: Es gibt **keinen** standesgemäßen juristischen Duktus dahingehend, sich möglichst kompliziert, verschachtelt oder geschwollen auszudrücken! Man darf und sollte Rücksicht auf die (rechtliche) Bedeutung von Begriffen und Formulierungen legen. Gleiches gilt für die Komplexität mancher Fragen. Aber es ist keineswegs eine besonders „juristische" Ausdrucksweise, Worte wie „fraglich", „mithin" und „obschon" in jedem zweiten Satz zu verwenden. Genauso wenig ist es ein sprachliches Qualitätsmerkmal, das Fassungsvermögen deutscher Sätze auszureizen. *Bitte formuliert nicht so, wie Nichtjuristen befürchten würden, dass Juristen formulieren.* Das erleichtert Rechtsgespräche nicht und es bescheinigt auch keine Kompetenzen, die man unter dem Begriff „juristisch" subsumieren würde. Um Sätze auf ein verständliches Maß zu bringen, hat mir immer ein Ratschlag geholfen, den ich von einer unserer Sprachcoaches während des Moot Courts bekommen habe: Frage jedes Komma danach, ob es nicht lieber ein Punkt wäre. Denn wichtiger als die Länge und Komplexität von Sätzen ist ihre Aussagekraft und Präzision. Ein besonders ausdrucksstarkes Wort übertrumpft lange Umschreibungen. Das gilt ganz besonders für das gesprochene Wort.

Kurze Sätze sind nebenbei bemerkt auch ein gutes Mittel, um die eigenen Argumente wasserdicht(er) zu machen und keine wichtigen Aspekte zu übersehen. Hinter langen und komplizierten Sätzen, denen kaum jemand folgen kann, kann man sich gut verstecken. Bei kurzen und leicht verständlichen Sätzen geht das nicht. Hier würde es sofort auffallen, wenn etwas Unsinn ist oder fehlt. Und deshalb zwingen Euch kurze Sätze öfter zum Innehalten. Wenn man kleinschrittiger formuliert, denkt man auch automatisch kleinschrittiger und das ist in einer Disziplin wie Jura besonders wichtig.

O. Kritisches Feedback geben und aufnehmen können

Kurzfristig: Dinge beim Namen nennen können; Guter Ton beim Geben und Erhalten von Feedback
Langfristig: Rhetorische Lerneffekte bei sich und anderen maximieren

Wir sind beinahe am Ende des allgemeinen Teils gelungener Rhetorik angelangt. Ab hier kommen keine neuen Tipps mehr dazu, wie man in der Redesituation selbst eine bessere Figur macht. Aber ich habe noch einige Ratschläge dazu, wie man besonders wirksam an der *Umsetzung* der rhetorischen Tipps arbeiten kann. In nicht wenigen der Abschnitte oben habe ich dazu geraten, Dinge auszuprobieren und Routine im öffentlichen Präsentieren/Sprechen zu entwickeln. In der Vorbereitung auf mündliche Prüfungen wird dieses Ausprobieren und Üben oft vor Leuten stattfinden, vor denen man sich traut, Dinge auszuprobieren. Aktenvorträge in der eigenen Lerngruppe, Präsentationen vor Freunden oder der Familie und vielleicht auch die eine oder andere Simulation gehören zu den typischen Übungssituationen. Diese Übungen sind besonders wertvoll, weil man Feedback von außen bekommt. Und dieses Feedback ist entscheidend, weil es von denen kommt, auf die Eure Rede wirken soll und die Ihr überzeugen müsst. Wie ein Publikum einen Vortrag wahrnimmt, ist der beste Indikator dafür, wie gut man dasteht und wo man sich weiterentwickeln sollte.

Damit dieser wertvolle Spiegel Eurer Fähigkeiten kein verzerrtes Bild zurückwirft, ist es wichtig, dass nichts beschönigt oder kleingeredet wird. Mit anderen Worten: Nur ehrliches – und das heißt vor allem: kritisches – Feedback bringt Euch weiter. Es ist daher wichtig, kritisches Feedback aufnehmen zu können, ohne sich jedes Mal zu ärgern oder sich selbst grundlegend anzuzweifeln. Und genau so wichtig ist es, kritisches Feedback geben zu können, ohne unsachlich zu werden.

Hierbei ist mir eine Sache besonders wichtig: Vortragssituationen sind für viele Leute mit großer Anspannung verbunden. Sicherlich auch deshalb, weil im juristischen Studium viel von ihnen abhängt, man sie davor aber so gut wie gar nicht übt. So verständlich das auch ist – die Folge dessen ist oft, dass das Publikum in Übungsvorträgen besonders empathisch ist und dazu neigt, zu viel zu loben und zu wenig zu kritisieren. Vielleicht, weil sie selbst noch kein gutes Gespür dafür haben, wo es rhetorische Schwächen gibt. Vielleicht auch deshalb, weil sie sich unbewusst wünschen, ähnlich ermutigendes Feedback zu erhalten, wenn sie selbst an der Reihe sind.

Diese Feedbackkultur ist schädlich, wenn man sich verbessern und realistisch vorbereiten möchte. Vielleicht senkt sie die Hemmschwelle vor Vorträgen und ermutigt dazu, Routine zu gewinnen. Aber das eigene Auftreten kann man mit Lob oder beschönigtem Feedback nicht verbessern. Seid ehrlich, wenn Ihr Feedback gebt. Wenn jemand immer nur alle paar Sekunden für einen kurzen Moment von den Notizen aufschaut während eines Vortrags, dann ist die Konsequenz nicht, dass „ein bisschen mehr Blickkontakt“ gut wäre, sondern dass ganz erhebliche Sprünge in Sachen Blickkontakt nötig sind. Und wenn jemand viel zu schnell spricht, dann ist mit der Diagnose, dass „ein bisschen zu schnell“ gesprochen wurde, nicht viel geholfen. Man muss die Dinge beim Namen nennen und bestenfalls auch gleich einen konstruktiven Vorschlag machen, wie eine Verbesserung aussehen könnte.

Weil kritisches Feedback zu geben und zu erhalten nicht immer angenehm ist, sollte man einige Grundregeln beachten. Das Wichtigste ist, Feedback niemals destruktiv zu formulieren, sondern immer konstruktiv. Das ist sicher keine Überraschung, aber weil kritisches Feedback manchmal auch dann hart klingt, wenn es sachlich bleibt, lohnt es sich, hierbei besonders auf den Ton zu achten. Zum guten Ton gehört es auch, kritisches Feedback nach Möglichkeit in ein Sandwich aus Lob zu verpacken. Fangt am besten mit etwas an, das Euch positiv aufgefallen ist. Dann nehmt Ihr den Block aus Kritik und Verbesserungsvorschlägen in die Mitte und endet wieder mit etwas, das gut war. Auf diese Art wird sowohl das Geben als auch das Empfangen von Feedback etwas, das positiv beginnt und endet, was das Ganze deutlich angenehmer und effektiver macht. Auch ein Dank für den Vortrag oder einen Glückwunsch zum Ablegen der Leistung ist sehr üblich. Dies sollte aber nicht zu einer Floskel verkommen. Wenn man die Nettigkeit nicht ehrlich meint, lässt man sie besser weg.

Diese Regeln zum Geben von Feedback lassen sich mit nur kleinen Anpassungen auch auf das Erhalten von Feedback ummünzen. Hier gilt an erster Stelle: Nehmt kritisches Feedback nicht persönlich und verfallt vor allem nicht sofort in eine defensive, rechtfertigende oder apologetische Haltung. Hört geduldig zu und nehmt die Kritik einfach erstmal hin. Denkt wirklich darüber nach und räumt Euch Verbesserungspotenzial ein. Bedenkt auch, dass sich die Anforderungen an gelungene Vorträge von Format zu Format unterscheiden können. Was in einem Format gut passt, ist im anderen vielleicht nicht optimal. Im nächsten Schritt kann man dann noch einmal mit etwas Distanz darüber nachdenken, mit welchem Ratschlag man mehr anfangen kann und mit welchem weniger. Weil Authentizität für gelungene Rhetorik essentiell ist und damit zu einem gewissen Maß notwendigerweise subjektiv geprägt ist, kann es sein, dass ein gewisser Teil des Feedbacks in die Kategorie „Geschmackssache“ einzuordnen ist. Wenn Euer Stil ein anderer ist als der Eurer Feedbackgeber:innen, macht das ihr Feedback nicht nutzlos. Denn es nützt jedenfalls als Erfahrungswert dafür, wo sich das rhetorische Spektrum befindet, das als angemessen empfunden wird. Auch beim Erhalten von Feedback gehört ein Dank dazu. Sei es für die Zeit und Geduld, die das Publikum aufgewendet hat oder für den Versuch, Euch mit sinnvollem Feedback weiterzuhelfen.

P. Visualisieren

Kurzfristig: Vorfreude entwickeln; positives Mindset kultivieren; Ziele setzen
Langfristig: Angst vor dem öffentlichen Sprechen verlieren

Aus lauter Sorge vor einer Vortragssituation neigen viele dazu, sich den worst case vor Augen zu führen. Solche Gedanken erhöhen den Druck, ohne dass sie der Vorbereitung nutzen. Denn Worst-Case-Szenarios machen vielleicht besonders klar, welche Situationen man vermeiden will. Aber diese Klarheit lässt sich meistens nicht in konkrete Handlungsvorschläge übersetzen. Sie fokussiert Euch zu sehr darauf, nicht *besonders schlecht* abzuschneiden. Aber sie hilft nicht dabei, *gut* abzuschneiden. Dieser Fokus auf das Vermeiden von Problemen wird Euren Anstrengungen und auch Euren Fähigkeiten nicht gerecht. Am Ende des langen und entbehrungsreichen Jurastudiums, für das Ihr viel gegeben habt, wäre es tragisch, einen zentrale Prüfung nur im Zeichen des Nicht-Versagens anzugehen, als könnte man nichts gewinnen! Deshalb möchte ich eine Technik mit Euch teilen, die mir vor Vorträgen aller Art schon oft gegen negative Gedanken geholfen hat. Die Rede ist davon, sich im Vorfeld vorzustellen, wie der *Optimalfall* Eures Vortrags aussähe und vor allem, wie *Ihr* darin wirkt. Was löst Ihr beim Publikum aus? Wie macht Ihr das in der Optimalvorstellung? Wie fühlt Ihr Euch dabei? Wie viel Spaß habt Ihr? An welchen Stellen, mit welchen rhetorischen Mitteln und mit welcher Stimmlage zieht Ihr Prüfungskommission und Publikum in Euren Bann?

Je öfter und je konkreter man sich mit positiven Szenarios auseinandersetzt, desto genauer hat man ein Ziel vor Augen, auf das man hinarbeiten kann. Eine Dimension dieser Vorstellungen ist sicherlich die inhaltliche. In erster Linie wird man sich vorstellen, alle Fragen beantworten zu können und alle relevanten Argumente machen zu können. Inwieweit man Optimalvorstellungen in dieser Hinsicht erfüllen kann, ist aber keine Frage der Rhetorik, sondern eine von Verständnis, Fleiß und zu einem nicht unerheblichen Teil auch Glück. Inwieweit man dagegen die rhetorische Dimension der Optimalvorstellung verwirklichen kann, hängt deutlich weniger mit Glück zusammen. Die entsprechenden Fähigkeiten zu erlangen und zu optimieren ist deutlich einfacher als das Beherrschen des gesamten Prüfungsstoffs. Und auch wenn die inhaltliche Dimension sicherlich die bedeutendere ist, kann die rhetorische Dimension im Positiven wie Negativen einen in Punkten messbaren Unterschied machen. Deshalb solltet Ihr sie bei den Visualisierungen der Optimalsituation nicht vernachlässigen.

Die Vorstellung des rhetorischen Optimalfalls ist auch deshalb besonders lohnenswert, weil man hieraus schnell konkrete Handlungsvorgaben für die Vorbereitung ableiten kann. Welche Fragen man gestellt bekommen wird, kann man sich nicht vorab vorstellen. Auch Prüfungsprotokolle für die beiden Staatsexamina sind insoweit nicht immer hilfreich (siehe hierzu Kapitel III). Aber dass man möglichst durchgehenden Blickkontakt halten oder auch mal in der Lage sein möchte, charmant zu reagieren, ist etwas, an dem man unabhängig von der inhaltlichen Dimension arbeiten kann. Und hier wird man erfahrungsgemäß auch relativ schnell Fortschritte machen können. Achtet nur darauf, die rhetorische Optimalvorstellung nicht zu einem perfektionistischen Maßstab werden zu lassen, der Euch verunsichert, wenn etwas nicht genau so läuft. Seht sie einfach als einen konstruktiven Gegenentwurf zu Horrorszenarien, den man deutlich gewinnbringender (und entspannter!) verfolgen kann.

III. Die Mündliche Prüfung im Examen

Ich vermute, dass dieses Kapitel zur Vorbereitung auf die mündlichen Prüfungen in den Staatsexamina das meistgelesene dieses Buchs sein wird. Und das aus gutem Grund. Die mündliche Prüfung im ersten, aber auch im zweiten juristischen Staatsexamen gehört zu den wichtigsten Bestandteilen der gesamten Examensprüfung. Im ersten Staatsexamen macht sie zwischen 25 und 40% der Note im staatlichen Teil aus und im zweiten Examen je nach Bundesland zwischen 30 und 40% der Gesamtnote. Trotz ihrer absolut entscheidenden Bedeutung für die juristischen Staatsexamina fließt der Großteil der Vorbereitungszeit allein in die schriftlichen Leistungen. Während man über das gesamte Studium hinweg und ganz besonders in der Examensvorbereitung unzählige Klausuren ausformuliert, beschränkt sich die Vorbereitung auf die mündliche Prüfung meistens auf das Üben von Aktenvorträgen und das Studieren von Prüfungsprotokollen wenige Wochen vor dem Termin. Während des Studiums sammeln die meisten sonst keinerlei nützliche Erfahrungen zum Thema Rhetorik im Allgemeinen oder mündlichen Prüfungen im Besonderen.

Das soll keine Angst erzeugen. Mir geht es vielmehr darum, klarzumachen, dass Ihr vor einer großen Chance steht. Dass sich die meisten traditionell knapp, sorgenvoll und hauptsächlich inhaltlich auf die mündlichen Prüfungen vorbereiten, sorgt dafür, dass man sich mit nur ein wenig Mühe an der rhetorischen Front *deutlich* und bewertungsrelevant von den anderen Prüflingen abheben kann, ohne dass dies auf ihre Kosten geht. Und auch für die Prüfungskommissionen wird eine rhetorisch ansprechende Leistung wie eine willkommene Erfrischung sein. Um es einmal in aller Deutlichkeit zu sagen: Prüfungskommissionen sind rhetorisch so gut wie gar nichts Gutes aus den Prüfungen gewohnt! Hier mit wenigen effektiven Techniken positiv aufzufallen, ist einfach! Und ich spreche hier nicht von irgendwelcher Effekthascherei. Denn alle Tipps aus diesem Buch haben in erster Linie den Zweck, das juristische Wissen, das Ihr Euch lange und hart erarbeitet habt, möglichst effektiv und verständig zu kommunizieren. Ihr schlagt also bestenfalls zwei Fliegen mit einer Klappe: rhetorisch aus 99% der Prüflinge positiv hervorstechen und dabei mehr aus Eurem juristischen Können machen. Und all das in einer Prüfung, die richtig viel zählt!

Nachdem Ihr jetzt hoffentlich motiviert seid, Euch mit der Prüfungsvorbereitung auch aus rhetorischer Sicht zu beschäftigen, möchte ich hier kurz erklären, wie das Kapitel zur Vorbereitung auf die mündlichen Prüfungen aufgebaut ist. Das Kapitel widmet sich in erster Linie der mündlichen Prüfung im ersten Staatsexamen, ist aber in weiten Teilen auch auf die Prüfung im zweiten Staatsexamen übertragbar. Um sich auf diese Prüfungen optimal vorbereiten zu können, beginnt das Kapitel mit einer Übersicht über die Bestandteile der Prüfung und worauf es dabei jeweils ankommt. Je besser Ihr das Prüfungsformat und seine Bestandteile versteht, desto spezifischer könnt Ihr Euch rhetorisch, aber auch inhaltlich auf die verschiedenen Situationen vorbereiten, mit denen Ihr konfrontiert werdet.

Für diejenigen, die die Einleitung übersprungen haben: Das Buch ist als Nachschlagewerk für gelungene juristische Rhetorik in Prüfungen im Allgemeinen gedacht. Das Fundament dieses Nachschlagewerks bilden die rhetorischen Tipps aus Kapitel II – Allgemeine Elemente und Voraussetzungen gelungener Rhetorik. Einen Blick in diesen allgemeinen Teil gelungener Rhetorik zu werfen, lohnt sich auch ganz unabhängig davon, auf welche Prüfung Ihr Euch gerade konkret vorbereiten möchtet. Die Kapitel zu den besonderen Redeformaten nehmen deshalb – wie auch dieses Kapitel – immer wieder Bezug auf die Abschnitte aus Kapitel II. Auf deren Grundlage werden die Tipps und Übungen für die verschiedenen Prüfungs- und Vortragsformate dann in den jeweiligen Kapiteln präzisiert und auf den jeweiligen Kontext zugeschnitten. Ihr könnt dieses Kapitel hier daher im Grundsatz für die spezifische Prüfungsvorbereitung auch losgelöst vom allgemeinen Teil lesen. Aber am sinnvollsten wird es sein, hier und da trotzdem noch einmal den allgemeinen Teil aufzuschlagen. Themen, die keine besondere Ausprägung durch die jeweiligen Prüfungsformate erfahren (z.B. Umgang mit Lampenfieber, Visualisierung, Authentizität, inhaltliche Vorbereitung) werden nicht noch einmal gesondert bei den Prüfungsformaten behandelt. Hierfür lohnt sich in jedem Fall der Blick in den allgemeinen Teil!

Einen ganz allgemeinen Tipp zur Vorbereitung auf alle mündlichen Prüfungen möchte ich Euch schon an dieser Stelle mit auf den Weg geben:

Der Prüfungstag ist anstrengend, mental wie auch körperlich. Und inhaltlich kann man ohnehin nie garantieren, dass etwas drankommt, das Ihr vorbereitet habt. Ihr müsst flexibel und wach sein, um eine gute Figur machen zu können. Daher rate ich immer: Lernt unmittelbar vor dem Tag der Prüfung nicht mehr! Die Chance, dass das drankommt, was Ihr am Tag vor der Prüfung noch lernt, geht gegen Null. Fit und ausgeruht zu sein, wird Euch aber unter Garantie das Abliefern einer guten Leistung erleichtern. Achtet also kurz vor der Prüfung eher auf Schlaf, Ernährung und Eure mentale Gesundheit, statt bis zuletzt zu versuchen, vermeintliche Lücken zu schließen. Um sich zu beruhigen, kann man sicherlich zwischendurch noch einmal ein paar Karteikarten in die Hand nehmen oder durch ein paar Prüfungsprotokolle blättern. Aber denkt daran: Spontanität, Flexibilität, Wachheit und Genauigkeit sind das, was Ihr in einer großen Prüfung braucht, um eine gute Figur zu machen. Nichts wäre ärgerlicher, als alles zu wissen, aber sich vor lauter Hunger oder Müdigkeit nicht konzentrieren zu können. Versucht am Prüfungstag in Eurer besten Form zu sein. So maximiert Ihr die Chance, das Meiste aus Eurem Wissen und Können herauszuholen.

A. Bestandteile und worauf es jeweils ankommt

Bitte lest diesen Abschnitt zu Ende; er ist wahrscheinlich der wichtigste des gesamten Buchs!

Die mündlichen Prüfungen in den juristischen Staatsexamina bestehen im Allgemeinen aus zwei Teilen. Der erste ist – im ersten Examen jedenfalls noch in Hamburg, Berlin/Brandenburg und in NRW für alle, die sich bis zum 16.02.2025 zum Examen angemeldet haben – ein (Akten-)Vortrag, in dem man in den allermeisten Fällen die Lösung (und im zweiten Examen auch den Sachverhalt) eines Rechtsstreits präsentiert. Im ersten Examen liegt der Schwerpunkt allein auf der rechtlichen Lösung und man präsentiert in gutachterlicher Logik. Im zweiten Examen präsentiert man aus der Perspektive eines Gerichts, der Staatsanwaltschaft, einer Behörde oder der Rechtsberatung. Der Vortrag darf maximal zwölf Minuten dauern und man bekommt eine Vorbereitungszeit von einer Stunde. Im zweiten Teil der Prüfung findet dann ein Rechtsgespräch statt, in dem Ihr in den Rechtsgebieten Zivilrecht, Strafrecht und öffentliches Recht geprüft werdet. Grundlage dieser Rechtsgespräche sind oft einige Wissensfragen zum Einstieg und dann fiktive Fälle, die man gemeinsam mit den anderen Prüflingen der Reihe nach löst bzw. diskutiert. Pro Rechtsgebiet werden alle Prüflinge insgesamt je nach Bundesland zwischen zehn und 15 Minuten lang geprüft, wobei versucht wird, darauf zu achten, dass alle Prüflinge ähnlich viele Redeanteile haben. Der Prüfung geht ein kurzes Vorgespräch mit dem oder der Vorsitzenden der Kommission voran, in dem es darum geht, sich einen kurzen Eindruck von Euch zu verschaffen, Fragen zu klären und Erwartungen sowie Ziele zu kommunizieren. Bestenfalls verliert man auch etwas Nervosität.

Das **Vorgespräch** wird selbstverständlich nicht benotet. Dennoch sollte man sich im Vorfeld überlegen, wozu man es nutzen möchte. Ein Punkt könnte sein, die Rahmenbedingungen für den Aktenvortrag abzusprechen. Wenn Ihr unsicher seid, ob Eure Stoppuhr für die Kommission in Ordnung ist, Ihr den Vortrag im Stehen oder im Sitzen halten sollt oder sonstige organisatorische Fragen habt, sprecht sie unbedingt an. Was Ihr in jedem Fall besprechen solltet, – und meistens wird das Gespräch ohnehin auf das Thema gelenkt – ist das, was Ihr Euch von der Prüfung notentechnisch erhofft. Manchmal wird diese Frage auch als Frage nach den späteren Berufswünschen getarnt, denn für manche Jobs bzw. Arbeitgeber gibt es mal mehr und mal weniger strenge Notenschwellen. Seid hier ruhig ehrlich und habt keine Sorge, tief stapeln zu müssen oder vermessen zu wirken, wenn Ihr Euch hohe Ziele steckt. Wie immer macht auch hier natürlich der Ton die Musik und je weiter Eure Zielnoten von dem entfernt liegen, was Ihr in den schriftlichen Leistungen erzielen konntet, desto mehr Fingerspitzengefühl kann nötig sein. Als Reaktion kommt in aller Regel so etwas wie die Aussage, dass man natürlich keinen Anspruch auf eine bestimmte Note hat, aber die Kommission gerne versuchen wird, Eure Ziele zu berücksichtigen. Es gebe nichts geschenkt, aber wenn die Leistungen in der mündlichen Prüfung gut sind, könne man eben auch die entsprechenden Noten erreichen – unabhängig von den Vornoten. Natürlich gibt es auch immer wieder Prüfer:innen, die sich stark an den Vornoten orientieren. Aber je offensiver man das Thema anspricht, desto besser sind die Aussichten, dass man auch eine entsprechende Chance bekommt. Mein Vorgespräch lief so ab, dass wir recht lange über meinen Lebenslauf und Interessen gesprochen haben, bevor die Frage kam, was ich mir vom heutigen Tag erhoffe. Ein Teil meiner Antwort war, dass ich mich über die Noten im schriftlichen Teil gefreut habe und ich gerne versuchen möchte, daran anzuknüpfen. Wenn ich insgesamt Note X erreichen würde, wäre ich heute der glücklichste Typ im ganzen OLG-Bezirk. Der Vorsitzende meiner Kommission hat das mit einem Schmunzeln notiert und dann das gesagt, was ich oben als Beispiel gegeben habe. Aber auch aus den Berichten vieler anderer Kandidatinnen und Kandidaten weiß ich, dass es oft so läuft. Nutzt also Eure Chance im Vorgespräch, Ziele zu kommunizieren und Fragen zu klären.

Eine wichtige(!) Anmerkung noch für alle, die mit eher bescheidenen Vornoten ins Rennen gehen: Bittet im Vorgespräch *ausdrücklich* darum, dass Ihr nicht nur reine Wissensfragen bekommt – die juristisch gesehen oft recht banal sind – sondern unbedingt solche, bei denen Ihr argumentieren und methodisch arbeiten könnt. Die vergleichsweise einfachen Wissensfragen, die man üblicherweise solchen Kandidat:innen stellt, deren Vornoten aus welchen Gründen auch immer nicht so gut ausgefallen sind, halten einen sicherlich über der Vier-Punkte-Hürde. Aber sie erlauben kaum Verbesserung. Die Frage nach einer Definition kann man nur richtig oder falsch beantworten, aber nur ganz selten in verschiedenen *Güteklassen*, die eine Notendifferenzierung zulassen. Hierzu sind offene Fragen bzw. Sprechgelegenheiten nötig, die über bloße Wissensabfragen hinausgehen und juristisches Verständnis erfordern. Hier könnt auch Ihr garantiert Beiträge liefern, für deren Qualität Prüfungskommissionen bei höher vorbenoteten Kandidat:innen mindestens das Halten der starken Vornote ohne Weiteres rechtfertigen würden. Bittet den Vorsitz der Kommission also nicht nur um Fragen, die über stumpfe Wissensabfrage hinausgehen, sondern auch darum, die Qualität der Antworten mit dem gleichen Maß zu messen, das auch an höher vorbenotete Prüflinge angelegt wird. Für die zweite Bitte mag im Einzelfall etwas Fingerspitzengefühl erforderlich sein und Ihr solltet vermeiden, sie nach einer Unterstellung oder einer Konfrontation klingen zu lassen. Aber in der Sache ist sie unbedingt berechtigt und wird die Prüfungskommission sicherlich zu Euren Gunsten sensibilisieren.

Nach dem Vorgespräch folgt mit dem der **Aktenvortrag** der erste richtige i.S.v. inhaltliche Schritt der Prüfung. Dieser der längste ununterbrochene Einblick in Euer juristisches Denken. Auch dann, wenn in Eurem Bundesland kein Aktenvortrag (mehr) im ersten Staatsexamen verlangt werden sollte, möchte ich Euch dringend raten, an dieser Stelle weiter zu lesen! Denn die Perspektive zu dem, worauf es in den Aktenvorträgen im ersten Examen ankommt, lässt sich verallgemeinern und auf alle juristischen Prüfungen übertragen, in denen die Lösung materiell-rechtlicher Probleme im Vordergrund steht. Auch wenn die inhaltliche Beherrschung des Rechts nicht Kern dieses Buches ist, bin ich der Überzeugung, dass die Umsetzung der folgenden Gedanken zum Aktenvortrag die meisten von Euch in allen juristischen Prüfungen erfolgreicher machen wird! Denkt Euch also meinetwegen beim Lesen einfach „Klausur" statt „Aktenvortrag", falls in Eurem Bundesland kein Aktenvortrag in der mündlichen Prüfung des ersten Staatsexamens verlangt wird.

Diejenigen von Euch, die auch in der mündlichen Prüfung des ersten Examens noch einen Aktenvortrag halten müssen bzw. dürfen, sollten diesen dazu nutzen – und hier beginnt bereits der abstrahierbare Teil! – der Prüfungskommission Euer juristisches Können zu *beweisen*. Denn darauf kommt es in diesem Format besonders an, wie man auch den Juristenausbildungsgesetzen der Bundesländer entnehmen kann, die noch einen Aktenvortrag verlangen. Wenn ich vom *Beweisen* spreche, dann meine ich damit vor allem eines: Eure Ausführungen dürfen *keinen Zweifel daran lassen*, dass sie Eurem Kopf entsprungen sind bzw. hätten entspringen können. Das heißt konkret: Es ist nicht gut genug, eine richtige Lösung zu präsentieren. Viel entscheidender ist der Weg dahin und die Begründungen dahinter. Viele Studierende lernen Fallkonstellationen, Meinungsstreits und Argumente auswendig und können sie abspulen. Das ist eine große Leistung und den Fokus auf diese Art des Lernens und Reproduzierens zu richten, ist angesichts der großen Stoffmenge auch nachvollziehbar. Denn Ihr könnt in Prüfungen schließlich nicht anfangen, Euch jedes Argument selbst auszudenken. So weit so gut.

Aber – und das ist vielleicht die *wichtigste Erkenntnis* aus diesem Buch für Euer Studium im Allgemeinen: Wenn man Gelerntes als die *bloßen Produkte* juristischer Gedanken einfach abspult, dann kann niemand unterscheiden, ob ein Argument bloß in Fleißarbeit auswendig gelernt und im richtigen Moment (vielleicht sogar zufällig?!) wiedergegeben wurde oder ob hinter einem Argument echte juristische Fähigkeiten stecken. Wie soll man als Prüfer:in entscheiden, ob jemand vier oder 18 Punkte für den Satz „das Erfüllen der Tatbestandsmerkmale indiziert die Rechtswidrigkeit der Tat" verdient? Wie würdet Ihr selbst zwischen Noten differenzieren, wenn Ihr mit bekanntermaßen richtigen, aber eben auch durch Fleiß und ein gutes Gedächtnis allein erlernbaren Floskeln konfrontiert werdet? Sicher, die Lösungsskizze ist ein gutes Indiz! Aber auch die ist als Maßstab vage. Denn einerseits gibt es viele Standardfälle und -konstellationen, bei denen es keine große Kunst mehr ist, die Lösungsskizze zu treffen. Und andererseits ist die Lösungsskizze in aller Regel nur einer der vielen Wege ins sprichwörtliche Rom.

Der Schlüssel zum Erfolg in jeder juristischen Prüfung bis einschließlich des zweiten Staatsexamens lautet daher: In der Art und Weise, wie Ihr über Jura sprecht und schreibt, müsst Ihr denjenigen, die Eure Leistungen bewerten dürfen, Anhaltspunkte dafür geben, dass Ihr *nicht nur wisst, sondern versteht*. In diesem

Buch geht es zwar nicht um juristische Inhalte, aber ich möchte dennoch ein paar inhaltliche Beispiele geben, damit der Punkt auch wirklich rüberkommt. Wichtiger als die *Produkte* juristischer Gedanken darzubieten, sind die *Prozesse* der juristischen Gedanken. Das ist der Unterschied zwischen Wissen und dem oft beschworenen, aber meist nicht näher definierten (System-)Verständnis. Aus meiner Sicht helfen vor allem die folgenden zwei Dinge dabei, Letzteres zum Tragen zu bringen (in no particular order):

1. Stellt Probleme, nicht Lösungen, voran

Meinungsstreits kann im Examen jeder abspulen. Dabei werden aber die Probleme, zu deren Lösung ausführlichst argumentiert wird, oft unter den Teppich gekehrt. Klassisches Beispiel: „... Somit liegt hier ein sogenannter Erlaubnistatbestandsirrtum (ETBI) vor. Fraglich ist, wie dieser zu behandeln ist. Nach einer Ansicht ...". Hier bekäme man Punkte dafür, dass man den ETBI erkannt hat. Das kann sicher mal mehr und mal weniger kompliziert sein, aber am Ende werden die meisten wohl irgendwie darauf stoßen und etwas Vergleichbares formulieren. Um jetzt zwischen denen, die den ETBI finden, differenzieren zu können, hilft ein einfacher, aber sehr wesentlicher Halbsatz, den so gut wie niemand schreibt. Dieser Halbsatz betrifft die Frage, warum denn überhaupt fraglich ist, wie man den ETBI behandelt. Ihr kennt alle die vielen Theorien zu dem Thema, könnt einen ETBI identifizieren und wisst, dass man hier zwischen den Theorien entscheiden muss. Aber warum ist das so? Was ist eigentlich das *Problem* mit dem ETBI? Hier kommt die Lösung: „... Somit liegt ein sogenannter Erlaubnistatbestandsirrtum (ETBI) vor, also ein Irrtum über die sachlichen Voraussetzungen eines anerkannten Rechtfertigungsgrundes. *Diese Konstellation ist gesetzlich nicht ausdrücklich geregelt. Daher ist fraglich, wie der ETBI zu behandeln ist.* Nach einer Ansicht ...". Der ETBI steht schlicht nicht im Gesetz. Und aus diesem kleinen, aber entscheidenden Grund diskutieren wir überhaupt so viel darüber. Aus diesem Grund ist überhaupt Raum (oder gravierender: Daseinsberechtigung) für die vielen Theorien, mit denen dann gearbeitet wird. Erst vor diesem Hintergrund ergibt die ausführliche Diskussion dieses Klausurklassikers Sinn. Ihr seht: Die Erklärung des Problems erfordert hier keinen Sprung ans juristische Hochreck und kostet Euch vielleicht zwei extra Sekunden Schreib- bzw. Sprechzeit. Aber Ihr habt damit einen Hintergrund geliefert, der ungleich mehr Verständnis *beweist*, und einen echten Anlass dafür geliefert, Eure Bearbeitung an dieser Stelle besser zu bewerten. Anderes Beispiel: § 816 I 1 BGB. Ihr kennt vermutlich alle den Streit darüber, was damit gemeint ist, dass der Schuldner zur Herausgabe des „durch die Verfügung Erlangten" verpflichtet ist. Nur der Sachwert oder der gesamte Erlös? Die Positionen und die Argumente werden viele kennen. Aber Wenige werden das Problem kennen, das mit den Argumenten gelöst werden soll. Und noch Weniger machen diese Kenntnis in der Falllösung explizit. Ruft Euch an dieser Stelle am besten einmal die Definition der Verfügung ins Gedächtnis:

Verfügungen sind Rechtsgeschäfte, die unmittelbar darauf gerichtet sind, auf ein bestehendes Recht einzuwirken, es zu verändern, zu übertragen oder aufzuheben.[5] Bei der Anwendung dieser Definition im Rahmen des § 816 I 1 BGB muss man eines feststellen: Von einem „Erlangen" ist im Rahmen der Definition an keiner Stelle die Rede. Mit anderen Worten: *Durch eine Verfügung* erlangt erstmal niemand irgendetwas. Und *deswegen* ist es fraglich, was mit dem *„durch die Verfügung* Erlangten" in dieser Vorschrift gemeint ist. Wieder mal kein Hochreck und nur ein kleiner Zusatz. Aber auch hier schafft Ihr wieder mit dem Fokus auf das Problem einen unschätzbar wertvollen Kontext für Eure Argumente, der *beweist*, dass Ihr *versteht*, warum überhaupt ein Streit geführt werden muss. Wenn Ihr so an Meinungsstreits herangeht, hebt Ihr Euch positiv von anderen ab – *das garantiere ich Euch.*

2. Macht Methoden und Wertungen explizit

Das juristische Argumentieren erfolgt nicht im luftleeren Raum, sondern folgt anerkannten Maßstäben und Methoden. Dazu zählen z.B. Auslegungsmethoden, Regel-Ausnahme-Verhältnisse, Verhältnisse von Regeln zu Prinzipien und Kollisionsregeln, aber auch gesetzgeberische (politische) Entscheidungen über das gesellschaftliche Zusammenleben. Um Verständnis dafür zu *beweisen*, wie Argumente entstehen und was sie überzeugend macht, ist es wichtig, den Prozess ihres Entstehens anreißen zu können. Wenn Ihr Argumente macht, dann bemüht Euch darum, die Art des Arguments zu qualifizieren (Wortlautargument, teleologisches Argument etc.). Gerade bei Wortlautargumenten ist es außerdem sehr wichtig, den Wortlaut auch an der entsprechenden Stelle zu zitieren und sich damit auseinanderzusetzen, damit Ihr nicht bloß ein Wortlautargument behauptet.[6] Denn das wiederum hätte man sich – ohne jedes juristische Verständnis – schlicht merken und abspulen können. Hier kommt ein Beispiel zu § 280 I BGB mit Anmerkungen:

„Der X müsste – „ –. Der Wortlaut **(ich wende die juristische Methodik an und bin mir dessen bewusst!)** des § 280 I 2 BGB, in dem das Erfordernis des Vertretenmüssens geregelt ist, **(*deshalb* ist es überhaupt Teil meines Prüfungsschemas!)** verwendet eine doppelte Verneinung: „Dies gilt *nicht*, wenn der Schuldner die Pflichtverletzung *nicht* zu vertreten hat.„ **(Wortlaut analysieren!)** Dieser Satz, der das Fehlen des Vertretenmüssens behandelt, ist als Ausnahme zum Bestehen des Anspruchs aus § 280 I 1 BGB formuliert (*„Dies gilt nicht, wenn...„*).

5 Grüneberg/Ellenberger, BGB Kommentar, 83. Auflage 2024, Vorbemerkungen zu § 104, Rn. 16.

6 An dieser Stelle ein kleiner Tipp zu Wortlautargumenten: Man kann nicht nur mit dem Wortlaut arbeiten, den der Gesetzgeber gewählt hat. Sondern auch mit dem, der ebenfalls möglich gewesen wäre, den der Gesetzgeber aber dennoch *nicht* gewählt hat.

(Jetzt kommt die logische = überzeugende Schlussfolgerung aus der sauberen Methodik!) Das Vertretenmüssen *begründet* also nicht den Anspruch aus § 280 I 1 BGB, sondern *sein Fehlen vereitelt* ihn. Mit anderen Worten: Das Vertretenmüssen des Schuldners i.R.v. § 280 I 1 BGB wird widerleglich zu Gunsten des Gläubigers vermutet."

So ausführlich macht man das natürlich nur, wenn § 280 I BGB Dreh- und Angelpunkt des Falls ist. Aber um die Idee zu verstehen, funktioniert das Beispiel sehr gut.

Ich hoffe, diese beiden Punkte haben deutlich gemacht, was ich meine, wenn ich schreibe: Im Aktenvortrag und in allen anderen juristischen Prüfungen kommt es darauf an, *Verständnis* zu *beweisen*. Unterschiede auf dieser Ebene sind nebenbei bemerkt auch der Grund dafür, warum sich nach Klausuren viele über unterschiedliche Noten wundern, obwohl sie doch scheinbar „dasselbe" geschrieben haben.

Neben diesem sehr ausführlichen, aber absolut entscheidenden inhaltlichen Aspekt ist es im Aktenvortrag außerdem wichtig, eine gute Balance zwischen Vollständigkeit und Schwerpunktsetzung zu finden. Schwerpunktsetzung ist unmittelbarer Ausdruck von Verständnis. Aber logisch oder sonstwie normativ notwendige Zwischenschritte dürfen nicht übersprungen werden. Die „richtige" oder wenigstens eine kluge Lösung zu finden, bleibt natürlich Kern der Prüfung. Ihr solltet dafür kleinschrittig vorgehen und keine logischen Lücken in der Prüfung lassen. Ihr solltet argumentieren und zeigen, dass Ihr die Probleme des Falls nicht nur kennt, sondern *versteht*.

Obwohl hier die korrekte Lösung der Schwerpunkt ist, ist es aber vor allem der Aktenvortrag, in dem man durch eine gelungene *rhetorische* Leistung besonders positiv auffallen kann. Ihr dürft nicht vergessen, dass jede Prüfungskommission mehr oder weniger den gleichen Vortrag bis zu fünfmal hintereinander hört. Wenn Ihr zuerst dran seid, ist die Erinnerung an Euren Vortrag am wenigsten frisch, wenn der letzte Vortrag durch ist. Und seid Ihr am Ende dran, ist die Wahrscheinlichkeit hoch, dass es unter den drei oder vier Vorträgen vor Eurem wenigstens einen gute Leistung gab, die dann unterbewusst bei der Kommission als Maßstab für Eure Leistung mitschwingen kann. Daher ist es in jedem Fall hilfreich, nicht nur inhaltlich, sondern auch rhetorisch positiv aufzufallen. Das kann sich ganz handfest auswirken: In der Notenverkündung nach meiner eigenen mündlichen Prüfung im ersten Staatsexamen wurde mir die Einzelnote für meinen Vortrag mit der Bemerkung: „Gerade auch unter Berücksichtigung, *wie* Sie vorgetragen haben..." mitgeteilt. Wie man es schaffen kann, rhetorisch positiv aufzufallen und sein juristisches Können effektiver zu kommunizieren, wird Gegenstand von Abschnitt „B – Aktenvortrag" sein.

Neben der Chance, durch Rhetorik positiv aufzufallen, ist gelungene Rhetorik für den Aktenvortrag aus einem anderen Grund sogar eine absolute Notwendigkeit. Denn anders als bei geschriebenen Leistungen, ist es beim gesprochenen Wort deutlich schwieriger, Inhalte rüberzubringen. Die Gründe dafür sind vielfältig: Ihr könnt schwieriger gliedern, einmal Gesprochenes verhallt und kann nicht noch einmal nachgelesen werden und die Aufmerksamkeit des Publikums kann (viel) leichter abschweifen, um nur einige zu nennen. Diesen Eigenheiten des Vortrags entgegenzuwirken, muss Ziel einer gewissenhaften Examensvorbereitung sein. Das Gute dabei ist, dass der Aktenvortrag gerade im ersten Examen viel Flexibilität auf rhetorischer Ebene bietet, denn verglichen mit dem Aktenvortrag im zweiten Examen kommt es hier deutlich weniger auf übliche und teils verklausulierte Formulierungen an, deren Nichtverwendung oft negativ auffällt. Im ersten Examen führen also rhetorisch mehr Wege nach Rom und das sollte man ausnutzen.

Auch im Aktenvortrag im zweiten Examen kommt es darauf an, das Recht strukturiert und unter Beweis von Verständnis zu kommunizieren. Daneben sind Schwerpunktsetzung und gelungenes Zeitmanagement genau wie im ersten Examen entscheidend. Darüber hinaus zeichnet sich ein gelungener Vortrag dadurch aus, dass er die relevanten tatsächlichen Gegebenheiten, die einem Fall zugrundeliegen, übersichtlich und im entscheidungsrelevanten Umfang vollständig wiedergibt. Besonders in Fällen, in denen die Entscheidung eines Gerichts vorzubereiten ist, ist es wichtig, bestimmte Zeitformen und den klassischen Aufbau einzuhalten. Daneben werden Aktenvorträge für das zweite Staatsexamen notwendigerweise einen über das materielle Recht hinausgehenden prozessualen Teil haben. Hierin werden aber meistens nicht die entscheidenden Probleme liegen, da man ansonsten nur hilfsweise zur materiellen Würdigung des Falls käme. Dennoch kann es sein, dass sich ein wesentlicher Teil eines Falls auf prozessualer Ebene abspielt. Für das Gelingen des Vortrags macht das aber nur insoweit einen Unterschied zu dem im ersten Examen, dass man einen weitere Ebene rechtlicher Erwägungen berücksichtigen muss. Das Zeitmanagement wird hierdurch noch einmal deutlich wichtiger. Das bedeutet praktisch zum Beispiel, dass man, wenn man rhetorisch ansprechend auftreten möchte, noch stärker darauf achten muss, was man weglässt und verknappt. Beim Ordnen des Prozessstoffs, der im zweiten Staatsexamen nicht selten aus über zehn Seiten „Akte" besteht, ist daher umso stärker der Blick für das Wesentliche gefragt.

Um zu erkennen, was das Wesentliche aus Sicht der Justizprüfungsämter ist, ist es im ersten wie im zweiten Staatsexamen wichtig, die Aufgabenstellung bzw. den Bearbeitervermerk und die dazugehörigen Hinweise genau zu lesen. Damit sollte man die Arbeit am Vortrag beginnen. Oft werden auf dieser Ebene schon Eingrenzungen bezüglich der zu prüfenden Normen vorgenommen oder andere Dinge ausgeklammert, die man ansonsten vielleicht bearbeitet hätte.

Die Zeit zur Ausarbeitung des Aktenvortrags ist in beiden Staatsexamina äußerst knapp. Das gilt selbst dann, wenn man viel Routine im Ausarbeiten und Halten dieser Vorträge hat. Grund dafür ist, dass man von Euch in kurzer Zeit möglichst viel juristisches Wissen und Können abprüfen möchte. Zwar ist es gut möglich, in der zur Verfügung stehenden Zeit alle entscheidenden Aspekte zu erkennen und vorzutragen, ohne dabei zu schnell zu sprechen. Aber weil die

Aktenvorträge inhaltlich immer sehr voll sind, ist es wichtig, rhetorisch gegenzusteuern. Auf rhetorischer Ebene sind daher Techniken, die zu einer besonders effektiven und strukturierten Kommunikation beitragen, besonders nützlich: Blickkontakt, Gesten, kurze Sätze, Betonung von entscheidenden Aspekten und kurze überblicksartige Gliederungen von Abschnitten der Prüfung sind hier wichtige Techniken.

Den größten und auch notenmäßig entscheidendsten Teil der mündlichen Prüfungen machen die Prüfungsgespräche in den drei Rechtsgebieten Zivilrecht, öffentliches Recht und Strafrecht aus, wobei es im zweiten Staatsexamen vor allem – aber nicht nur – um ihre prozessualen Dimensionen geht. Anders als für die Aktenvorträge sind Format und Stil der Prüfungsgespräche deutlich freier und damit auch schwieriger zu antizipieren. Je nachdem, aus welchen Mitgliedern sich eine Prüfungskommission zusammensetzt, kann die Dynamik eines Prüfungsgesprächs ganz unterschiedlich ausfallen. Auch der Umstand, dass Ihr parallel mit anderen Kandidat:innen geprüft werdet, macht eine spezifische Vorbereitung auf die Prüfungssituation schwierig. Nichtsdestoweniger ist es möglich, zu erklären, worauf es allgemein in den Gesprächen als Prüfungsleistung ankommt. Die beste Art, die Prüfungsgespräche gedanklich einzuordnen, ist als Rechtsgespräche. Das soll bedeuten, dass es bei den Gesprächen nicht um ein stumpfes Abfragen von Wissen geht. Statt eines einfachen Frage-Antwort-Spiels – mit denen Prüfungen manchmal starten können – geht es schwerpunktmäßig darum, der Prüfungskommission zu zeigen, wie Ihr juristisch denkt. In diesem Zusammenhang bedeutet „Rechtsgespräch", dass es um das Erkennen und Bewerten von juristischen Problemen und in einem zweiten Schritt um ihre Diskussion geht. In Euren Antworten und Beiträgen solltet Ihr entsprechend darauf achten, nicht nur die Ergebnisse/Lösungen oder herrschenden Meinungen zu präsentieren, sondern vor allem den Weg dorthin einmal laut zu denken. Zeigt der Prüfungskommission, dass Ihr in der Lage seid zu verstehen, was juristische Probleme ausmacht und welche Schritte man in Richtung einer Lösung gehen könnte. Arbeitet dabei eng am Gesetz und macht deutlich, wenn Ihr Methoden der juristischen Auslegung anwendet. Signalisiert ein Bewusstsein dafür, dass Ihr das Handwerk Jura anwendet. Diese Ausführungen gelten vor allem dann, wenn Ihr mal eine Lösung nicht kennt. Das kann bei der Menge an Prüfungsstoff immer vorkommen und in Klausuren ziemlich hässlich werden. In der mündlichen Prüfung hat Nichtwissen, wenn es nicht gerade um Standardprobleme geht, eine deutlich geringere Brisanz und sollte Euch entsprechend auch nicht lähmen. Man hat immer die Möglichkeit, eine Wissenslücke einzuräumen und dann trotzdem reichlich Punkte zu sammeln, indem man die Prüfungskommission in den eigenen Kopf mitnimmt und sich darin juristisch fundierte Gedanken über die Lösung einer Rechtsfrage macht – die man auch nie alleine finden muss! Wo Ihr etwas nicht wisst, denkt laut und kleinschrittig. Und wo Ihr etwas wisst, begründet Eure Lösung und leitet sie her, statt sie nur auszusprechen.

Wissen zu haben ist im Prüfungsgespräch weniger entscheidend als in anderen Prüfungsformaten. Wichtiger ist die Fähigkeit, jederzeit in der Lage zu sein, sich fundierte juristische Gedanken machen zu können. Und diese Fähigkeit ist auch in zwei weiteren typischen Prüfungssituationen gefragt. Die erste davon ist, dass Ihr spontan drangenommen werden könnt und daher immer mitüberlegen müsst, wenn anderen eine Frage gestellt wird oder sie an der Reihe sind, eine Falllösung weiterzuentwickeln. In den Prüfungsgesprächen sollte man sich nach eigenen Beiträgen nicht zurücklehnen und stattdessen versuchen zu antizipieren, zu welchem Thema oder Prüfungspunkt man als nächstes gefragt wird. Auch wenn alle Prüflinge die gleiche Zeit zur Verfügung haben sollen und man das oft dadurch zu realisieren versucht, dass der Reihe nach gefragt wird, kommt es immer mal wieder vor, dass die Kommissionen zufällig jemanden ansprechen oder die anderen passen müssen und eine Frage dann plötzlich bei einem selbst landet. Um in solchen Situationen optimal reagieren zu können, sollte man daher stets mitdenken und das erfordert ein ständiges Nachdenken darüber, wie man die Lösung am sinnvollsten präsentiert oder wie man versuchen würde, eine zu entwickeln. Die andere Situation ist die, dass man in Diskussionen gebeten werden kann, für oder gegen die eine oder andere Seite zu argumentieren. Hierbei muss man öfter mal eine Position entwickeln, die man vielleicht selbst gar nicht gelernt hat oder im Ergebnis auch nicht überzeugend findet. Dennoch sollte man dazu in der Lage sein, denn am Ende des Tages ist das nichts anderes als eine Übung in juristischem Denken.

Einen letzten Punkt möchte ich noch für ein sinnvolles Herangehen an die Prüfungsgespräche erwähnen: Die mündliche Prüfung ist kein Wettbewerb! Dass man mit anderen zusammen geprüft wird, heißt auf keinen Fall, dass man sich auf deren Kosten hervorheben sollte. Die Augen zu verdrehen, hörbar zu seufzen oder sonstige abwertende Reaktionen zu zeigen, wenn jemand etwas nicht beantworten kann, wird von den Prüfungskommissionen sehr negativ wahrgenommen und ist nicht zu rechtfertigen. Auch in Diskussionen sollte man Gegenargumente keinesfalls persönlich nehmen. Im Gegenteil: Wenn sich die Gelegenheit bietet, greift die Beiträge der anderen auf und lasst sie gut dastehen! Wer trotz der Drucksituation noch kollegial und unterstützend auftreten kann, wird als kompetenter wahrgenommen und ist auch einfach die sympathischere Person, der man im Zweifel gerne den Punkt mehr gönnt.

Aus rhetorischer Sicht ist es für ein gelungenes Prüfungsgespräch neben den allgemeinen Grundlagen vor allem wichtig, dass man einen angemessenen Umgang mit (kritischen) Rückfragen entwickelt, die eigene Redezeit möglichst effektiv nutzt, indem man nicht passt, sondern immer laut denkt und sich im Redefluss nicht zwanghaft an die klassischen Stile klammert.

B. Der Aktenvortrag

Der Aktenvortrag im Rahmen der mündlichen Prüfung ist der Teil der Prüfungsleistung, den man am besten vorbereiten kann. Es gilt zwar grundsätzlich nach wie vor, dass Prüferinnen und Prüfer von den Prüflingen auf der rhetorischen Ebene hier wenig Gutes gewohnt sind. Nichtsdestoweniger wird im Durchschnitt immer noch ein Auftreten erwartet, dem man eine gewisse Routine und Übung beim Vortragen anmerkt. In den Unterabschnitten erkläre ich, wie man dieses rhetorische Niveau erreicht und übersteigt. Zeitmanagement ist dabei kein eigener Punkt, schwingt aber in den folgenden Abschnitten immer mit. Die folgenden Punkte funktionieren weit überwiegend für die Aktenvorträge im ersten – soweit in Eurem Bundesland erforderlich – und zweiten Staatsexamen.

1. Notizen

Um den Vortrag erfolgreich halten zu können, ist es ausgesprochen nützlich, auf maßgeschneiderte Notizen zurückgreifen zu können. Bezüglich des Erstellens gelungener Notizen solltet Ihr am besten einen Blick in Abschnitt „M – Argumentative Leuchttürme und das Erstellen von Notizen" aus Kapitel II werfen. Insbesondere die zweite Hälfte des Abschnitts ist für unsere Zwecke relevant. Kurz zusammengefasst steht dort: Gute Notizen für den Aktenvortrag zeichnen sich insbesondere dadurch aus, dass sie:

1. den Blickkontakt nicht abreißen lassen, indem sie nur das Wesentliche enthalten. Bei einem Vortrag von maximal zwölf Minuten Dauer sollten sie nicht über zwei DIN-A4-Seiten hinausgehen. Ein Blatt mit Vorder- und Rückseite sollte ausreichen!
2. ausreichend groß und lesbar beschrieben sind. Keinesfalls dürfen Sätze ausformuliert sein.
3. Zeitmarken am Rand haben. Sie erlauben wichtige Anpassungen während des Vortrags.

Im Folgenden geht es darum, warum es diese Aspekte sind, durch die Notizen brauchbar werden und was Ihr tun könnt, um Eure Notizen für den Aktenvortrag möglichst gezielt zu erstellen.

Der erste Aspekt (Reduktion auf das Wesentliche) ist entscheidend vor dem Hintergrund des Prüfungsformats. Die Prüfung heißt „Akten*vortrag*" und nicht „*Vorlesen* von Notizen". Besinnt Euch darauf, was der Sinn einer mündlichen Prüfung, vor allem in Abgrenzung zu den schriftlichen Prüfungsteilen des Examens ist! Die mündliche Prüfung wird deshalb abgehalten, um Eure Fähigkeiten im juristischen Denken und vor allem in der *Kommunikation* Eures juristischen Denkens zu evaluieren. Recht ist ein *intellektuelles Konstrukt*, das man nicht anfassen oder messen kann. Als intellektuelles Konstrukt und normative Ordnung lebt Recht davon, in Sprache manifestiert und argumentiert zu werden. In der mündlichen Prüfung möchte man von Euch sehen, wie leicht es Euch fällt, über Recht zu sprechen. Man möchte sehen, wie gut Ihr in der Lage seid, rechtliche Wertungen zu erklären und andere davon zu überzeugen.

Als Jurist:innen werdet Ihr Euch nie darauf verlassen können, nur schriftlich zu arbeiten. Ihr müsst Eure Rechtsauffassung auf der Richterbank, gegenüber der Mandantschaft, als Staatsanwält:innen oder gegenüber Mitarbeitenden in einem Unternehmen immer wieder darlegen. Und selbst das, was am Ende in Urteilen, Schriftsätzen, Gutachten oder Gesetzen landet, muss vorher präsentiert, erklärt und diskutiert werden. Oft wird es auch so sein, dass Ihr Eure Rechtsauffassung verteidigen oder rechtfertigen müsst. Und in keiner dieser Situationen könnt Ihr Euch hinter schriftlichen Ausführungen verstecken. Im Gegenteil – als echte Juris:tinnen sollte es Euch leichtfallen, über Recht zu sprechen.

Langer Rede kurzer Sinn: Wer lediglich die eigenen Notizen vorliest – und pflichtschuldiges Aufschauen für zwei Sekunden alle paar Sätze ändern daran gar nichts! – beweist eben nicht, mit Recht in allen relevanten Situationen umgehen zu können. Für den Aktenvortrag heißt das, dass ein guter Aktenvortrag eben ein *Vortrag* im Sinne einer echten verbalen Kommunikation sein muss. Und genau so wenig wie Sprecher:innen eines Hörbuchs wirklich mit Euch kommunizieren, so wenig kommuniziert Ihr mit der Prüfungskommission, wenn Ihr an den Notizen klebt. Blickkontakt ist also entscheidend (daher unbedingt Abschnitt „J – Blickkontakt" aus Kapitel II lesen!). Wegen der zu erbringenden Leistung einerseits und andererseits wegen der deutlich höheren Intensität, mit der Eure Inhalte ankommen werden, wenn Ihr *zu* jemandem sprecht, statt bloß *vor* jemandem.

Nun zurück zu den Notizen: Damit Ihr nicht an den Notizen haftet und Euch damit die Möglichkeit nehmt, frei zu sprechen, solltet Ihr die Notizen von vornherein so gestalten, dass sie sich nicht für das Vorlesen eignen. Dazu gehört etwa, die Obersätze wegzulassen. Arbeitet idealerweise nur mit Überschriften/Gliederungsebenen und ergänzt hier und da die tatsächlichen oder rechtlichen Details, die für die Lösung entscheidend sind. Dort, wo Schwerpunkte oder Probleme des Falls liegen, dürfen die Notizen ausführlicher werden. Für die Aktenvorträge im ersten und zweiten Staatsexamen wird zwar vergleichsweise großer Wert auf Vollständigkeit gelegt. Das bedeutet aber nicht, dass alles gleichermaßen lang und breit vorgetragen bzw. notiert werden muss!

Kennzeichnet die fallentscheidenden bzw. punktebringenden Stellen am besten so, dass Ihr sie auch mit einem beiläufigen Blick findet. Die fallentscheidenden Aspekte jederzeit im Blick haben zu können, ist die beste Versicherung gegen Blackouts während eines Vortrags. Wenn Ihr erst lange blättern oder in einem Wust aus ohne Rücksicht auf die inhaltliche Bedeutung erstellten Notizen suchen müsst, um die entscheidenden Punkte zu finden, schadet Euch das nur. Zu guter Letzt lohnt es sich sehr, am Rand der Notizen mit gut sichtbaren Zeitmarken zu arbeiten. Mit Hilfe dieser Markierungen könnt Ihr Euer Zeitmanagement beim Vortragen selbst kontrollieren und Aspekte je nach verfügbarer Zeit raffen oder ausbreiten.

Mir ist bewusst, dass dieses Plädoyer zu Gunsten von kurzen Notizen manche verunsichern wird. Denn aus meiner Erfahrung weiß ich, dass die meisten mit vollständigen und ausführlichen Notizen Sicherheit für die ungewohnte und aufregende Situation des Vortrags verbinden. Nicht selten werden zehn DIN-A4-Seiten an Notizen für einen zehnminütigen Vortrag mitgebracht. Bestimmt haben einige sogar die Erfahrung gemacht, auch mit einem sehr notizenlastigen Vortrag eine ordentliche Note im Vortrag erzielen zu können. In einer Sache bin ich mir aber sicher: Mehr als eine bloß „ordentliche" Note ist ohne einen guten Vortragsstil nicht zu erreichen. Und zu diesem gehört einfach das freie Sprechen. Tut Euch den Gefallen und arbeitet daran, Euch nicht in die Heerschar der Verängstigten einzureihen, die nur antreten, um nicht zu scheitern. Erlaubt Euch, über diese sehr niedrige Messlatte und über den eigenen Schatten zu springen, um positiv hervorzustechen. Sprecht so frei wie es irgendwie möglich ist und arbeitet mit Notizen, die freies Sprechen fördern.

Zum Schluss dieses ersten Punkts möchte ich Euch noch drei nützliche Gedanken und zwei praktische Tipps zum Üben des freien Vortrags an die Hand geben. Gedanke Nummer 1 lautet: Selbstverständlich sind Blicke in die Notizen nicht verboten! So frei wie möglich zu sprechen, verlangt von Euch nicht, jeden Vortrag zu freestylen. Ihr werdet auch in einem Vortrag in freier Rede Notizen bei Euch haben, die Sicherheit geben können. Das senkt hoffentlich die Hemmschwelle, sich an (zu 95%) freien Vorträgen zu versuchen. In diesem Zusammenhang kommt Gedanke Nummer 2 ins Spiel: Betrachtet die Notizen nicht als Garant für den Erfolg, sondern als Sicherheitsnetz, das den Misserfolg verhindert. Wie bei allen Aktivitäten, die man über einem Sicherheitsnetz veranstaltet, ist das Ziel, das Netz nicht zu benötigen. Man braucht es beim Üben und sollte als vernünftiger Mensch immer eins gespannt haben. Aber wer nur im Netz liegt, wird damit niemanden begeistern können. Gedanke Nummer 3 betrifft den Punkt Selbstvertrauen: Wenn Ihr den Stoff nicht ohnehin gut genug kennen würdet, könntet Ihr gar keine ausführlichen Notizen erstellen! Und weil das so ist, solltet Ihr Euch die Ausrede nicht durchgehen lassen, dass Ihr Euch nicht alles Nötige merken könntet! Mit dem Erstellen ausführlicher Notizen – die ja mangels Hilfsmittel gerade im ersten Staatsexamen *ausschließlich* aus Eurem Kopf kommen – beweist Ihr das Gegenteil. Eine verzerrte Selbstwahrnehmung ist bei vielen Jurist:innen eine Art Berufskrankheit. Manche halten zu viel von sich, aber sehr viele – vor allem Examenskandidat:innen – viel zu wenig! Nach all der Vorbereitung seid Ihr besser, als Ihr glaubt. Natürlich kann niemand alles wissen und das ist auch völlig ok. Aber Ihr dürft davon ausgehen, dass kaum ein Fall drankommen kann, zu dem Euch nichts Sinnvolles einfällt. Also arbeitet damit und nutzt diese Gegebenheit, nicht nur inhaltlich, sondern auch rhetorisch eine gute Figur zu machen.

Zu guter Letzt nun die versprochenen praktischen Tipps für das Erlernen der freien Rede und das Erstellen zielführender Notizen: Um Euch zu beweisen, dass Ihr Vorträge auch in über 90% freier Rede halten könnt, würde es mich sehr freuen, wenn Ihr in der Übung der Aktenvorträge mit möglichst prägnanten

Notizen arbeitet und Euch nach jedem Vortrag überlegt, auf welche Notizen es ankam und auf welche nicht. Sich nach einem Vortrag reflektiert und kritisch mit den eigenen Notizen auseinanderzusetzen, hilft zu verstehen, wofür Ihr im Zweifel Gedankenstützen braucht und wofür nicht. Je kürzer Ihr die eigenen Notizen mit dieser Herangehensweise halten könnt, desto positiver wirkt sich das auch auf das Zeitmanagement in der knappen Ausarbeitungszeit für den Aktenvortrag aus! Wichtig ist, dass Ihr nicht alles hinschreibt, was Ihr zum Fall wisst. Natürlich stimmt es, dass man Notizen gerade für den Fall schreibt, dass einem etwas doch mal nicht einfallen möchte. Aber es ist auch nicht sinnvoll, Zeit darin zu investieren, sich mit den Notizen für die unwahrscheinlichsten Fälle des Vergessens abzusichern. Es ist natürlich erlaubt und auch sinnvoll, „mit dem Stift zu denken" und in gutachterlicher Logik alle nötigen Zwischenschritte in aller Kürze mit einer Überschrift und (+) oder (-) zu versehen. In die Tiefe gehen sollten die Notizen nur dann, wenn es um einen Schwerpunkt des Falls geht und wichtige Argumente präsentiert werden müssen oder wenn Ihr bereits im Vorfeld wisst, dass es bestimmte Dinge gibt, die Ihr Euch nur schwer merken könnt.

Der zweite praktische Tipp an dieser Stelle lautet: Setzt Euch von jetzt an Limits dafür, wie oft Ihr pro Vortrag in die Notizen schauen dürft. Ihr könnt ruhig großzügig beginnen und zehn Blicke pro Vortrag zulassen und Euch dann sukzessive runterarbeiten. Ich verspreche Euch, Ihr werdet positiv überrascht davon sein, zu welchem freien Auftreten Ihr jetzt schon in der Lage seid!

Der zweite Punkt, der gute Notizen ausmacht, ist Lesbarkeit. Nimmt man das Bild der Notizen als Sicherheitsnetz ernst, dann möchte man darin so wenig Zeit wie möglich verbringen. Und wenn man es dann mal braucht, dann muss es verlässlich Sicherheit spenden. Das ist im Fall von Vortragsnotizen nur dann gewährleistet, wenn Ihr die relevanten Informationen mit einem kurzen, gegebenenfalls sogar nur beiläufigen Blick in die Notizen finden und auch lesen könnt. Hier gilt es, den Baum nicht vor lauter Wald zu übersehen. Bemüht Euch daher in der Erstellung der Notizen darum, sauber und vergleichsweise groß zu schreiben. Auch Abstände sind Eure Freunde. Vollständige Sätze auszuformulieren ist dabei nur selten sinnvoll. Wenn es mal auf Details aus dem Sachverhalt ankommt, könnt Ihr auch aus diesem direkt zitieren. Die Aufgabentexte habt Ihr nämlich während des Vortrags zur Hand. Hütet Euch vor allem davor, ein Gutachten zu formulieren! Ihr habt gar nicht die Zeit, den Fall schriftlich zu lösen und wenn doch, dann bleibt Euch nur das Vorlesen. Fertige Formulierungen machen Euch außerdem schlimmstenfalls unflexibel, indem sie Euch verunsichern, wann immer eine spontan gewählte Formulierung nicht mit der vorgefertigten übereinstimmt. Überschriften und Stichpunkte, sinnvollerweise orientiert an den Problemen des Falls und den Schemata der einschlägigen Normen sind für Notizen der eleganteste und effektivste Weg zum Ziel.

Den dritten Punkt, der gute Notizen ausmacht, haben aufmerksame Leser:innen vielleicht schon im Allgemeinen Teil (Kapitel II, Abschnitt „I – Sprechtempo, Betonung, Lautstärke, Pausen") entdeckt: Verseht die Vortragsnotizen am Rand mit gut sichtbaren Nummern, anhand derer Ihr Eure Zeit planen und einhalten könnt. Die meisten Vortragenden machen sich keine Gedanken darüber, bis wann sie mit welchem Punkt fertig sein sollten, um den gesamten Vortrag in angemessenem Tempo und trotzdem mit angemessener inhaltlicher Tiefe über die Bühne zu bringen. Dabei kostet diese Überlegung bei der Vorbereitung kaum Zeit und erweist sich meistens als sehr nützlich! Nicht erforderlich ist es, den Aktenvortrag im wahrsten Sinne des Wortes minutiös durchzuplanen. Was aber hilft, sind Zeitmarken nach jedem unproblematischen Block, mit dem Ihr schnell durchkommen solltet und nach jedem Schwerpunkt, dem Ihr Aufmerksamkeit schenken solltet. Findet eine gute Balance aus gewissenhafter Strukturierung und Praktikabilität, die Euch beim Zeitmanagement hilft, ohne dass sie Euch vor lauter Details ständig panisch auf die Uhr schauen lässt. Als Minimum empfehlen sich drei bis vier Zeitmarken für einen Vortrag von zwölf Minuten. Das funktioniert dann, wenn man Schwerpunkte und die weniger relevanten Passagen dazwischen verbindet und dann Zeitmarken nur ans Ende der relevanten Blöcke setzt. Statt also z.B. eine Minute für den unproblematischen Abschnitt und zwei für einen großen Streit gesondert mit Zeitmarken zu versehen, schreibt einfach eine um drei Minuten höhere Zeitmarke hinter den Streitentscheid. Man kann das aber auch aufteilen und insgesamt sechs bis sieben Marken setzen. Das hat den Vorteil, dass man sich innerhalb der Blöcke aus relevantem und weniger relevantem Inhalt nicht so einfach im irrelevanten Teil verrennen kann. Wichtiger Tipp noch zum Schluss: Vergesst nicht, auch Zeit für die Begrüßung der Kommission, Eure Vorstellung und eine kurze Einordnung des Falls einzuplanen. Ich empfehle dafür einen kleinen Puffer von 30 bis 60 Sekunden. Auch für das Ergebnis (z.B. in Form eines ggf. längeren Tenors im zweiten Staatsexamen!) und einen Dank sollte man zum Ende des Vortrags etwa 30 Sekunden einplanen.

2. Sitzen oder Stehen?

Die Frage, ob man den Aktenvortrag im Stehen oder im Sitzen halten sollte, spaltet die Geister und hat schon einige verunsichert. Dieser Abschnitt will daher aus rhetorischer Perspektive eine nachvollziehbare Empfehlung geben, die Unsicherheit nimmt und Mut macht.

In einer Handreichung von Prof. Dr. Fabian Wittreck der Uni Münster aus dem Jahr 2017 für die mündliche Prüfung im ersten Staatsexamen (NRW) heißt es:

> „Es empfiehlt sich zunächst, den Vortrag **im Stehen** zu halten – bitte sprechen Sie diesbezüglich den Vorsitzenden im Vorgespräch an (es steht nirgendwo geschrieben, daß man sitzen muß). Der Vorteil: Sie wirken souveräner, und Sie können lauter und klarer sprechen, weil Sie nicht (wie im Sitzen) Ihr Zwerchfell einklemmen; ferner können Sie gezielt die Hände einsetzen, was im Sitzen leicht überzogen wirkt. Umgekehrt gilt: Wenn Sie entweder sehr aufgeregt sind oder tatsächlich mit dem Gesetz arbeiten müssen (dies dürfte allerdings die

> Ausnahme sein), hat eine Tischplatte zur Ablage (oder zum Umklammern) einigen Charme. […]
>
> Zur Form des Vortrags gehört auch die **Rhetorik** (hier ist einzuräumen, daß viele Prüfungskommissionen dieses äußere Kriterium eher stiefmütterlich behandeln – der Verfasser erinnert sich an mehrere Fälle, in denen er die positive Berücksichtigung einer gelungenen Präsentation vergleichsweise massiv einfordern mußte). Wie gerade durch *Kursivdruck* angedeutet, geht es einmal um das Unterstreichen wichtiger Fragen durch Lautstärke, Betonung oder Gesten (deshalb nochmals: stehen!). Hierher gehört auch der Versuch, Augenkontakt zur Prüfungskommission aufzunehmen (viele Prüfer halten sich für verpflichtet, ihr „Pokerface„ hervorzukehren; falls Sie jedoch jemand anlächelt, schadet es mit einiger Sicherheit nicht, es dem- oder derjenigen gleichzutun …).„

Diesen Ratschlägen ist kaum etwas hinzuzufügen, denn sie enthalten die wesentlichen Vorteile des Vortragens im Stehen. Es sei jedoch darauf hingewiesen, dass es manche Prüfungskommissionen gibt, die während Eures Vortrags so sehr mit Mitschreiben beschäftigt sind, dass sie Euch gar nicht richtig zusehen. Ein Grund dafür ist meistens, dass sie es nicht gewohnt sind, einen Vortrag aufgrund gelungener Rhetorik in Erinnerung behalten zu können. Das ist zwar bedauerlich, aber selbst dann bietet der Vortrag im Stehen noch den Vorteil einer lauteren Stimme und besseren Atmung. Es soll auch nicht verschwiegen werden, dass es wohl auch heute, einige Jahre nach Erscheinen der Handreichung von Prof. Dr. Wittreck, noch weitgehend üblich ist, den Vortrag im Sitzen zu halten. Das ist aber keinesfalls so, weil ein Vortrag im Sitzen die bessere Option wäre. Viele kommen einfach nicht auf den Gedanken, im Stehen vorzutragen. Ihnen kann die erhöhte Sichtbarkeit unangenehm sein oder sie mögen so viele Notizen haben, dass sie die Tischplatte als Ablage brauchen. Im Ergebnis heißt das einfach nur, dass die Latte für einen rhetorisch gelungenen Vortrag nach wie vor niedrig liegt. Ihr könnt also mit wenig Aufwand positiv auffallen.

Bei allem Charme, den ein Vortrag im Stehen hat – bleibt flexibel. Nicht jeder Prüfungsraum ist groß genug, um darin sinnvoll im Stehen vortragen zu können. Wenn Ihr nur einen Meter von den Prüferinnen und Prüfern entfernt stehen könnt, weil der Raum einfach zu eng ist, dann erzwingt keinen Vortrag im Stehen. Schaut Euch am besten während des Vorgesprächs den Raum an, falls möglich, und sprecht das Thema Stehen kurz an. Es steht nirgends geschrieben, dass man im Sitzen vortragen muss und Prüfer:innen, die das Format der mündlichen Prüfung verstehen, werden nichts dagegen haben.

Was das zweite Staatsexamen angeht, ist es so, dass auch hier ein Vortrag im Stehen grundsätzlich viele Vorteile bietet. Gleichzeitig ist hier der Vortrag im Sitzen aber noch einmal üblicher als im ersten Examen. Das betrifft jedenfalls diejenigen Aktenvorträge, in denen die Entscheidung eines Gerichts vorzubereiten ist. Diese Vorträge unterliegen einem besonders hohen Maß an formellen

Voraussetzungen und bieten weniger Raum für rhetorische Techniken. Was den Stil betrifft, ist der Aktenvortrag im zweiten Staatsexamen deutlich näher an einer geschriebenen Leistung als im ersten Examen. Um rhetorisch positiv aufzufallen, die Aufmerksamkeit der Prüfungskommission hochzuhalten und um von den Vorteilen in puncto Gestik und Stimmkraft profitieren zu können, würde ich Euch dennoch empfehlen, auch den Aktenvortrag im zweiten Staatsexamen nach Möglichkeit im Stehen zu halten.

3. Die Kunst des Kürzens

In den Aktenvorträgen ist das Einhalten der Redezeit von maximal zehn bis zwölf Minuten von fundamentaler Bedeutung, denn die Prüfungskommissionen brechen Euren Vortrag nach dem Ablauf des Zeitlimits ab. Selbst dann, wenn Ihr alle weiteren Probleme des Falls perfekt gelöst hättet. Um innerhalb der gewährten Vortragszeit zu bleiben und darin die richtigen Schwerpunkte zu setzen, hilft nur eines: Lasst weg, was nicht unbedingt gesagt werden muss. Im ersten Staatsexamen heißt das zunächst einmal: Verliert kein Wort zum Sachverhalt und setzt ihn als bekannt voraus. Ein Satz dazu, was den Fall aus rechtlicher Sicht ausmacht, ist dagegen zu Anfang sehr sinnvoll. Daneben bedeutet Weglassen vor allem, in stilistischer und inhaltlicher Hinsicht reduzierter vorzugehen, als Ihr es in einem geschriebenen Gutachten tun würdet.

Für den Stil bedeutet das im ersten Examen: Denkt gutachterlich, aber formuliert freier. Auch im Aktenvortrag ist es wichtig, die Punkte in der richtigen Reihenfolge anzusprechen, zu definieren, subsumieren und das Ergebnis nicht vorweg zu nehmen. Wenn man diese Art des Denkens aber sklavisch im Stil von Gutachtenklausuren durchzuhalten versucht, bekommt man zwei Probleme. Problem Nummer 1: Man kann nicht mehr rechtfertigen, warum man überhaupt spricht, statt zu schreiben. Das Format der Prüfung wird negiert. Und Problem Nummer 2: Man kommt in große Schwierigkeiten mit der Zeit, denn jeden einzelnen Prüfungspunkt gewissenhaft mit Obersatz, Definition, Subsumtion und Ergebnis abzuarbeiten, macht das Setzen von Schwerpunkten schwierig und bläht eine Prüfung sehr auf.

Mein Vorschlag für den Vortragsstil ist deshalb folgender: Nehmt Euch in der Prüfung einerseits an einigen Stellen bewusst Zeit dafür, besonders sorgfältig und kleinschrittig vorzugehen und so nah wie möglich am Gutachtenstil zu bleiben. Gerade der Beginn einer Prüfung bietet sich dafür an. Zeigt der Prüfungskommission ganz bewusst, dass Ihr versteht, wie der Gutachtenstil funktioniert. Auch bei den Schwerpunkten bzw. Problemen des Falls lohnt sich diese Herangehensweise sehr. Kombiniert diese Sorgfalt andererseits damit, dass Ihr immer wieder nach dem Obersatz einen Satz einfügt, der die Prüfung auf das problematische Merkmal fokussiert. Prüft Ihr also beispielsweise einen Mord und im Fall hat T den O erschlagen und die Prüfung dreht sich um das Merkmal der Arglist, dann solltet Ihr nicht so vortragen:

> „Der T könnte sich nach §§ 212, 211 StGB wegen Mordes strafbar gemacht haben, indem er ... Hierfür müsste T einen anderen Menschen getötet haben. O ist ein anderer Mensch. O ist tot. Der Tod des O müsste kausal auf ein Tun des T zurückzuführen sein. Nach der „Conditio sine qua non„-Formel ist ein Handeln dann kausal für den Eintritt eines Erfolges, wenn es nicht hinweggedacht werden könnte, ... Fraglich ist sodann, ob T auch heimtückisch gehandelt hat."

Viel zweckdienlicher ist es, folgendermaßen vorzugehen:

> „T könnte sich wegen Heimtückemordes nach §§ 212, 211 Abs. 2, Gruppe 2 StGB strafbar gemacht haben, indem er O ... Nach Lage des Falls besteht kein Zweifel daran, dass T durch sein Tun den Tod eines anderen Menschen kausal herbeigeführt hat. Besondere Aufmerksamkeit müssen wir hier allerdings dem Tatbestandsmerkmal der Heimtücke und ganz konkret der darin vorausgesetzten Arglist widmen. Heimtücke ist ... und Arglist in diesem Zusammenhang ist definiert als ..."

Wenn etwa die Kausalität wie im obigen Beispiel überhaupt gar kein Problem darstellt, dann lohnt es sich nicht, hierfür eine bekannte Standarddefinition herunterzubeten, von der jeder weiß, dass Ihr sie könnt. Die Sekunden, die hierfür draufgehen, fehlen Euch später. Aus dem gleichen Grund lohnt es sich auch meistens nicht, solche Definitionen in Euren Notizen aufzuschreiben. Ganz im Allgemeinen sollte man vermeiden, in eine Art Autopilot zu verfallen. Das passiert häufig im Zusammenhang mit Themen, bei denen klassischerweise bestimmte Definitionen oder Streitigkeiten zum Tragen kommen. Bei den Brandstiftungsdelikten im Strafrecht ist es zum Beispiel ein absoluter Klassiker, dass man zwischen dem In-Brand-Setzen und der Brandlegung unterscheidet und dafür die entsprechenden Definitionen anbietet. Darauf kann man nicht nur, sondern sollte man jedoch unbedingt verzichten, wenn ein Tatobjekt im Ergebnis völlig abgebrannt ist. Zündet ein Täter z.B. mit Hilfe von Grillanzündern ein Auto an und es brennt vollständig ab, dann ist es völlig egal, ob nun Brandlegung oder ein In-Brand-Setzen stattgefunden hat. Diese Unterscheidung ist angesichts des eindeutigen Taterfolgs völlig akademischer Natur und ändert für die Lösung des Falls nichts. Daher ist es nicht hilfreich, sich hier über das Mindestmaß hinaus mit Definitionen zu beschäftigen. Nach dem gleichen Prinzip ist es im Zivilrecht unklug, bei einem unproblematisch erfolgten Vertragsschluss die Voraussetzungen der §§ 145 ff. BGB herunterzubeten, wenn die relevanten Rechtsfragen augenscheinlich im Bereich der Mängelgewährleistung liegen.

Es ist erlaubt, all das zu verkürzen, zusammenzufassen und festzustellen, was nicht entscheidend ist. Kündigt also Schwerpunkte an, nehmt die Zwischenschritte der Vollständigkeit halber *en passant* mit und kümmert Euch um die wichtigen Fragen. Das hilft nicht nur beim Zeitmanagement, sondern beweist den Blick für das Wesentliche, auf den es bei allen Formaten mit Zeitlimit *als echten Teil der*

Prüfungsleistung ankommt. Mit dieser Technik hebt Ihr Euch außerdem rhetorisch stark vom Standardvortrag ab, der meistens lediglich aus einem verlesenen Gutachten besteht. In diesem Zusammenhang möchte ich auch dafür sensibilisieren, nur das als „fraglich" anzukündigen und zu behandeln, was auch tatsächlich diskussionsbedürftig ist. Wann immer Ihr zum Beispiel ein Tatobjekt, eine Klausel oder eine Bebauung in einem Katalog aufgelistet findet und es mit dem Prototyp des aufgezählten Etwas zu tun habt, dann schafft kein künstliches Problem mit einer Rhetorik, die Diskussionsbedürftigkeit suggeriert. Denkt daran: Juristische Ausführungen werden niemals dadurch juristisch, dass sie bestimmte Worte enthalten. Man kann in jedem Rechtsgebiet 18 Punkte erreichen, ohne einmal „fraglich", „mithin" oder dergleichen benutzt zu haben. Diese Worte, die einen bestimmten Zusammenhang zwischen Gedanken suggerieren, können sogar eher schaden, wenn man sie an Stellen benutzt, an denen der suggerierte Zusammenhang gar nicht besteht.

Für den Aktenvortrag im zweiten Examen ist das Weglassen noch entscheidender, da neben der prozessualen und materiellen rechtlichen Wertung meistens auch noch eine Tatsachenebene darzustellen ist. Gerade in Vorträgen, in denen die Entscheidung eines Zivilgerichts vorzubereiten ist, ist die Devise ohnehin, nur das anzusprechen, was entscheidungserheblich ist. Das bedeutet oft, dass es nicht auf jedes Datum ankommt, das Ihr in der Akte findet. Auch Details wie die Anschriften der Parteien (abgesehen vom Ort des [Wohn-]Sitzes) oder das Vorkommen von Zeugen, auf deren Aussage sich die Entscheidung nicht stützt, gehören nicht in den Tatbestand. In rechtlicher Hinsicht ist entscheidend, nicht zu kompliziert zu denken und einen klaren Lösungsweg vorzuschlagen, in dem nicht jede Eventualität mitgedacht wird – so verlockend das bei entsprechendem Wissen zu diesen Eventualitäten auch sein mag! Macht nur das zum Gegenstand des Vortrags, auf dem die Entscheidung des Gerichts am Ende ruht und lasst weg, was dafür unerheblich ist.

Vor allem nach dem Studium ist es sehr kontraintuitiv, juristische Inhalte verkürzt und mit besonders starker Schwerpunktsetzung darzustellen. Auch das damit verbundene an die Grenzen bringen des Gutachtenstils ist nichts, was auf Anhieb einfach gelingt. Deshalb ist es wichtig, diese Techniken in so vielen Aktenvorträgen wie möglich zu üben. Achtet dabei vor allem darauf, dass Ihr das Weglassen nicht zugunsten eines schnelleren Sprechtempos vernachlässigt. Auch hierzu möchte ich Prof. Dr. Wittreck zitieren:

> „Schließlich erfolgt die große Mehrzahl der Vorträge schlicht in einem zu schnellen Sprechtempo. Hier gilt die einfache Regel: Reicht die Zeit nicht für das, was man sich vorgenommen hat, hilft nur Kürzen, nicht Beschleunigen."

In Prüfungen tendieren viele dazu, zu schnell zu sprechen. Meistens sprechen sie unter Adrenalin auch etwas schneller als während der Übungen. Um das Sprechtempo während des Ernstfalls im Griff zu behalten, gilt das, was ich oben in Kapitel II unter Abschnitt „I – Sprechtempo, Betonung, Lautstärke, Pausen" auch empfohlen habe: Sprecht in einem Tempo, das Euch im Inneren als etwa 10 bis 20% zu langsam erscheint. Durch diese leichte Verzögerung gewährleistet Ihr, dass Ihr nicht zu schnell sprecht, ohne künstlich oder fahrig zu wirken. Wer das Tempo gar nicht oder nur sehr schwierig reduzieren kann, weil schnelles Sprechen einfach Eure Art des Auftretens ist (= grundsätzlich völlig ok, siehe Kapitel II, Abschnitt „F – Authentizität"), muss dann umso klarer und deutlicher aussprechen, betonen und strukturieren. In jedem Fall ist ein angemessenes Sprechtempo aber nur einer der entscheidenden Faktoren in Hinblick auf das im Vortrag so wichtige Zeitmanagement. Die Arbeit mit Zeitmarken ist ebenfalls so ein Faktor. Mit Abstand am wichtigsten aber ist es, den Vortrag inhaltlich und stilistisch schlanker zu halten, als Ihr es in einer Klausur tun würdet.

4. Ein gelungener Einstieg

In der Übung von Aktenvorträgen konzentrieren sich die allermeisten nur auf das Inhaltliche. Das ist verständlich, denn die inhaltliche Leistung macht den Großteil der Punkte aus, die man erzielen kann. Gleichzeitig ist es aber auch so, dass der erste Eindruck sehr wichtig dafür ist, wie Euer Vortrag wahrgenommen wird. Und abgesehen von dem oder der Vorsitzenden der Prüfungskommission ist der Aktenvortrag der erste Eindruck, den die Kommission von Euch bekommt. Daher lohnt es sich, ein paar Gedanken darauf zu verwenden, wie man den ersten Eindruck gestalten möchte. Wie begrüßt man die Prüfungskommission? Wie leitet man in den inhaltlichen Teil über? Was sollte man ansprechen und was besser nicht? Über diese Fragen macht man sich im Zweifel gar keine Gedanken oder erst kurz bevor es ernst wird und kann dann leicht verunsichert sein, wenn es Zeit ist, den Mund aufzumachen. Ein gelungener Einstieg in den Aktenvortrag ist daher nicht nur wichtig für den ersten Eindruck, sondern auch dafür, mit wie viel Selbstvertrauen oder Unsicherheit Ihr in den restlichen Vortrag geht. Im Folgenden kommen daher einige Tipps dazu, wie man am besten in den Aktenvortrag einsteigt.

Für alle, die es bislang nicht getan haben, möchte ich als erstes einen Blick in Kapitel II, Abschnitt „G – Der Umgang mit Lampenfieber" empfehlen. Konkret geht es um den Teil zum Etablieren eines Intros, das einen guten Eindruck macht und Sicherheit gibt. Erfahrungsgemäß ist die Nervosität zu Beginn eines Vortrags am größten. Denn an diesem Punkt wird es erst so richtig ernst. Umso besser ist es, dass man diese Spitze an Nervosität in ihr Gegenteil verkehren kann! Der Beginn eines jeden Vortrags sollte in Zukunft der Teil sein, bei dem Ihr Euch am sichersten fühlen könnt. Die Sicherheit sollte aus zwei Quellen kommen. Quelle Nummer 1: Ihr wisst, dass der Einstieg angemessen ist und Ihr hier nichts falsch machen werdet. Und Quelle Nummer 2: Ihr wisst, dass Ihr Euch mit dem gelungenen Einstieg von der großen Mehrheit der Prüflinge abhebt, die nicht kreativer, charmanter oder eleganter einsteigen werden als mit: „Frau Vorsitzende, verehrte

Prüfungkommission, in meinem Vortrag geht es um Probleme aus dem Mängelgewährleistungsrecht."

Um den Beginn des Vortrag zu einer Stärke zu machen, bieten sich drei Dinge an, die man nicht falsch machen kann und mit denen man garantiert positiv auffällt. Zwei davon sind in erster Linie rhetorischer Natur. Ein weiterer betrifft den inhaltlichen Einstieg.

Punkte Nummer 1 und 2 betreffen Umgangsformen. Diese fallen in dem Format mündliche Prüfung vor Nervosität und Ernsthaftigkeit oft unter den Tisch. Dabei sind sie für den ersten Eindruck gar nicht mal unwichtig. Das gilt umso mehr für den Aktenvortrag in der mündlichen Prüfung, denn eines müsst Ihr stets bedenken: Die Prüfungskommission hört denselben Vortrag über eine ganze Stunde lang immer wieder. Das wird sehr schnell langweilig. Vor allem dann, wenn Kandidat:innen so gar kein Gespür für das Format der Prüfung mitbringen und vor lauter Förmlichkeit und Unbeholfenheit nicht wissen, wohin mit sich. Und aus dieser Monotonie stechen dann auch Kleinigkeiten, die ansonsten vielleicht untergehen würden, schneller positiv hervor.

Deshalb ist meine Empfehlung für den Einstieg in den Vortrag: Beginnt in aller Kürze damit, die Kommission freundlich zu begrüßen und Euch kurz mit Namen vorzustellen. Klar wissen die Prüfer:innen wie Ihr heißt. Aber es ist trotzdem Euer erster Kontakt mit zwei Dritteln der Kommission und da gehört es sich einfach, sich kurz vorzustellen. Ihr werdet auch feststellen, dass sich die Prüfungskommission spätestens zu Beginn der Prüfungsgespräche *Euch gegenüber* vorstellen wird. Also tut ihr es doch einfach gleich. Das erleichtert den Aufbau einer empathischen Verbindung, die das Kommunizieren viel einfacher und effektiver macht. Also: Statt „Frau Vorsitzende, verehrte Prüfungskommission, in meinem Vortrag geht es um Probleme aus dem Mängelgewährleistungsrecht" steigt doch einfach mit einem ungezwungenen Lächeln und einem Intro ein, das die Worte „Guten Morgen" und „Mein Name ist XY" enthält. Das kostet Euch keine Zeit, bleibt aber auf jeden Fall positiv im Gedächtnis. Verlegene Begrüßungen wie „Ja, also, hallo erstmal" oder dergleichen solltet Ihr dabei allerdings vermeiden. Wie auch sonst in der Rhetorik gilt auch hier: Redekunst ist kein Baukasten und keine Checkliste, die man abarbeiten und damit ein gutes Auftreten erzwingen kann. Weiche Faktoren wie Charme, Lässigkeit, Empathie, Humor und Schlagfertigkeit sind gefragt. Beziehungsweise die Kombination solcher Elemente, die Euch persönlich zur Verfügung stehen und die man als Authentizität beschreiben könnte. Wenn Ihr etwas auch mit aller Übung und Überwindung nicht rüberbringen könnt, dann erzwingt es nicht. Viele Wege führen nach Rom. Für ein „Guten Morgen" und Euren Namen wird es aber garantiert bei allen reichen.

Nun habt Ihr die Prüfungskommission also freundlich begrüßt und Ihnen die Höflichkeit erwiesen, sie anzuschauen und Euch vorzustellen. Damit habt Ihr Euch schon einmal gut verkauft und einen guten ersten Eindruck gemacht. Als nächstes gilt es, möglichst effektiv zum inhaltlichen Teil des Vortrags überzuleiten. Hierfür gilt es, möglichst zwei Aspekte in den zweiten Satz Eures Vortrags zu bringen: Schwerpunktsetzung und Struktur. Hierzu möchte ich wieder die Handreichung von Prof. Dr. Wittreck zitieren:

> „Beginnen Sie den Vortrag eingedenk der Bedeutung der Schwerpunktsetzung (s.o.) bitte nicht mit Banalitäten wie „Mein Vortrag aus dem Strafrecht behandelt die Frage, ob sich A und B strafbar gemacht haben„. Zeigen Sie vielmehr, daß Sie die zentrale Anforderung erstens kennen und zweitens gemeistert haben, indem Sie eröffnen mit „Im Zentrum meines strafrechtlichen Vortrags stehen Fragen der Brandstiftungsdelikte sowie des Rücktritts vom Versuch„ (Sie machen also eingangs den Schwerpunkt des Falls *explizit*)."

Dem ist im Grundsatz nichts hinzuzufügen. Aber ich möchte hier kurz in einem kleinen Exkurs das Bewusstsein dafür schaffen, dass die Schwerpunktsetzung nicht nur am Anfang des Vortrags für die inhaltliche Marschrichtung wichtig ist. Auch während des Vortrags ist es wichtig, eine Art „Binnenschwerpunktsetzung" zu verfolgen. Denn das hilft dabei, durchgehend den Blick für das Wesentliche zu behalten (= Zeitmanagement) und zu beweisen (= inhaltliche Kompetenz). Orientiert Euch dabei an den Zeitmarken aus den Notizen. Wenn Ihr dann Delikte, Ansprüche oder Eingriffe zu prüfen beginnt, bei denen auch ein Problemschwerpunkt liegt, dann kann es sich sehr lohnen, auch diesen explizit zu machen. Eine Art das zu tun, ist es, nach einer Definition die subsumtionsbedürftigen rechtlichen Voraussetzungen der Definition zunächst aufzuzählen – was Übersicht beweist, und das Folgen vereinfacht – um dann zu unterscheiden zwischen den Merkmalen, die unproblematisch erfüllt sind und die hervorzuheben, bei der diskutiert/argumentiert werden muss. Eine andere Variante, die sich bei weniger komplexen Voraussetzungen anbietet, ist eine sehr knappe und fast urteilsartige Subsumtion der unproblematischen Merkmale, gefolgt von einer expliziten Überleitung auf die problematischen Punkte. Also etwa:

> „A könnte sich zunächst nach § 242 Abs. 1 StGB wegen Diebstahls strafbar gemacht haben, indem er das Handy von B aus dessen Rucksack an sich genommen und damit die Umkleidekabine verlassen hat. Hierzu müsste er in objektiver Hinsicht eine fremde bewegliche Sache weggenommen haben, wobei Wegnahme den Bruch fremden und die Begründung neuen, nicht notwendigerweise tätereigenen Gewahrsams ohne oder gegen den Willen des bisherigen Gewahrsamsinhabers voraussetzt. An den Voraussetzungen fremde bewegliche Sache bestehen vorliegend keine Zweifel, denn bei dem Handy handelt es sich völlig unproblematisch um eine bewegliche Sache im Sinne von § 90 BGB, die für A auch fremd war, weil sie nicht in dessen Alleineigentum befand oder herrenlos war.
>
> *Viel spannender, aber auch problematischer ist hier die Frage der Wegnahme, insbesondere der Punkt des Gewahrsamsbruchs. Denn – und das ist in diesem Fall von*

besonderer Bedeutung – B hatte das Gebäude bereits verlassen, als A das Handy von B aus dessen Rucksack nahm. Der Grund dafür, warum das problematisch ist, liegt in der Definition des Gewahrsams als tatsächliche Sachherrschaft, getragen von der Verkehrsauffassung. Tatsächliche Sachherrschaft bedeutet nämlich nach der Definition des BGH, dass der Gewahrsamsinhaber eine physisch-reale Einwirkungsmöglichkeit auf die Sache hat, so dass der unmittelbaren Verwirklichung des Einwirkungswillens auf die Sache keine (wesentlichen) Hindernisse entgegenstehen. ...“

So eine Art der Prüfung verbindet Schwerpunktsetzung und Strukturierung des Vortrags unmittelbar mit dem Nachweis von Problembewusstsein und -verständnis. Und das spart nicht nur Zeit, sondern bringt auch Punkte ein und wird Prüfer:innen positiv im Gedächtnis bleiben. Für die Aktenvorträge im zweiten Staatsexamen ist dieser Gedanke übertragbar. Auch hier ist es sehr nützlich, rechtliche Probleme mit Rücksicht auf Schwerpunkte anzumoderieren und unwesentliche oder unproblematische Punkte in der gebotenen Kürze abzuhandeln oder festzustellen. Der Urteilsstil bietet sich dafür natürlich sehr gut an, aber auch in Vorträgen aus staatsanwaltlicher Perspektive sind im Rahmen der rechtlichen Begutachtung Schlankheit und Gewichtung geboten.

5. Gesten

Den Aktenvortrag im Stehen zu halten, macht ein besonders effektives Werkzeug verfügbar, mit dem gleich mehrere Schwierigkeiten eines inhalts- und anspruchsvollen Redebeitrags angegangen werden können. Während des Vortrags gestikulieren zu können, hilft Euch in folgenden Punkten:

1. Die Struktur Eures Vortrags greifbarer zu machen.
2. Die Inhalte Eures Vortrags anschaulicher zu machen.
3. Die Aufmerksamkeit der Prüfungskommission hochzuhalten.
4. Rhetorisch positiv hervorzustechen.

Im Aktenvortrag habt Ihr ein Problem: Es gilt viel anspruchsvollen Inhalt zu präsentieren und das in wenig Zeit und aus dem Kopf. Die Prüfungskommissionen müssen sehr viel Input verarbeiten und das ohne die Möglichkeit, zurückspulen, pausieren oder nachblättern zu können. Außerdem müssen sich Prüfer:innen die Inhalte – anders als in einer Klausur – nicht bewusst durch aktives Lesen aufmerksam „holen“, sondern die Inhalte prasseln auf sie ein. Und wenn vieles in kurzer Zeit auf einen einprasselt, kann es passieren, dass die Aufmerksamkeit abschweift. Vor allem dann, wenn man den Input in ähnlicher Form schon mehrmals davor gehört hat. Es muss Euch also im Aktenvortrag gelingen, Eure Inhalte schon beim ersten Aussprechen effektiv ins Ziel zu bringen, und zwar so, dass die Aufmerksamkeit der Prüferinnen und Prüfer möglichst wenig abschweifen kann. Gesten sind dafür aus den oben genannten Gründen ein sehr effektives Mittel.

In diesem Abschnitt soll es darum gehen, Euch handfeste Tipps mit auf den Weg zu geben, die Euch ein effektives und natürliches Gestikulieren während des Aktenvortrags ermöglichen. Konkret geht es um folgende Aspekte: Wohin mit den Händen im Allgemeinen? In welchem Bereich sollte man gestikulieren? Welche Arten von Gesten bieten sich an? Welche Aussagen sollten mit Gesten begleitet werden? Was sollte man beim Gestikulieren vermeiden? Antworten auf diese Fragen findet Ihr in einer ausführlichen und etwas abstrakteren Form auch in Kapitel II, Abschnitt „D – Körpersprache und Gesten". Schaut dort gerne einmal rein!

Bevor es nun darum geht, wie man während des Aktenvortrags effektiv gestikulieren kann, möchte ich einen Punkt ansprechen, der vielen von Euch wahrscheinlich schon Kopfzerbrechen bereitet hat. Es geht um die Frage, was man eigentlich mit den Händen tut, während man gerade nicht gestikuliert. Insbesondere dann, wenn man im Stehen präsentiert, drängt sich einem diese Frage relativ schnell auf. Grundsätzlich gilt es, für solche Situationen eine so genannte Ruhegeste zu finden. Diese kann zum Beispiel so aussehen, dass man mit angewinkelten Armen den Handrücken der einen Hand etwa auf Bauchhöhe in die Handfläche der anderen legt. Vermeiden sollte man dagegen verschränkte Arme, Hände in den Hosentaschen oder hängende Arme.

Wichtig ist, dass Ihr eine Ruhegeste findet, mit der Ihr Euch wohlfühlt. Die Ruhegeste sollte keine Position sein, die sich befremdlich anfühlt. Am Anfang werden sich allerdings die meisten Posen befremdlich anfühlen. Deswegen ist es wichtig, dass Ihr Euch in der Vorbereitung beziehungsweise Übung eurer Aktenvorträge ab und zu bereits in eine Position begebt, die Ihr Euch als Ruhegeste vorstellen könntet. Stellt euch dabei am besten vor einen Spiegel und schaut, wie ihr in eurer Ruhegeste aussieht. Der Anblick und auch das Gefühl, in dieser Geste zu verharren, sollten sich nach und nach immer vertrauter und selbstverständlicher anfühlen. Im besten Fall ist die Ruhegeste dadurch am Ende nicht nur eine Geste, die Ihr einnehmt, wenn Eure Hände ruhig sind. Sondern auch eine, die Euch gleichzeitig während des Vortrags Ruhe vermitteln kann.

Was die Ruhegeste betrifft, ist die Situation des Aktenvortrags eine besondere. Denn da Ihr aller Wahrscheinlichkeit nach kein Podium haben werdet, auf dem ihr eure Notizen ablegen könnt, werdet Ihr sie zwangsläufig in einer Hand halten müssen. Das heißt, eine Hand wird die Notizen in etwa auf Bauchhöhe halten, während Ihr Euch überlegen müsst, was ihr mit der anderen Hand tut. Die freie Hand bietet sich natürlich zum Gestikulieren an. Zwischen den Gesten wäre es aber unpassend, mit ihr ebenfalls chorknabenähnlich den Notizzettel festzuhalten. Was Ihr aber tun könnt, ist, die Hand, die die Notizen hält, in die Handfläche der anderen Hand abzulegen. Das hat den netten Nebeneffekt, dass die Notizen weniger zittern können, da sie ja auch von der anderen Hand stabilisiert werden. Auch mit der Hand, in der Ihr die Notizen haltet, dürft Ihr natürlich gestikulieren. Wann immer Ihr einen Blick in die Notizen benötigt, könnt Ihr die Gestik unterbrechen und ganz bewusst einen Blick in die Notizen werfen. Durch dieses bewusste Nachschauen macht Ihr der Prüfungskommission besonders deutlich, wie selten Ihr auf die Notizen zurückgreifen müsst. Achtet aber beim Gestikulieren darauf, dass euch die Notizen nicht aus der Hand fallen können. Auch aus diesem Grund ist es wichtig, keine große Zettelwirtschaft zu betreiben, sondern die Notizen auf ein überschaubares Maß zu reduzieren.

Habt Ihr eine Ruhegeste gefunden, mit der ihr euch wohlfühlt, ist der nächste Schritt, den Bereich abzustecken, in dem sich Gesten sinnvollerweise abspielen sollten. Hierfür ist es wichtig, dass die Gesten einerseits nicht zu ausschweifend wirken sollten, da dies von der restlichen Redeleistung ablenken kann. Gleichzeitig sollte die Gestik auch nicht so verhalten sein, dass man sie interpretieren muss oder übersehen kann. Gute Gesten sind erkennbar und deutlich, aber nicht übertrieben. Um diese Balance zu finden, ist es wichtig, in einem abgegrenzten Bereich zu gestikulieren. Dieser Bereich befindet sich circa in der Breite begrenzt durch eure Schultern und in der Höhe begrenzt von Bauchnabel und Nase. Wenn Ihr in diesem Bereich gestikuliert, werden Eure Gesten sichtbar sein, ohne übertrieben zu wirken. Einzelne Gesten können insbesondere in der Breite über diesen Bereich hinausgehen, zum Beispiel dann, wenn man Aufzählungen vornimmt, oder Dinge gegenüberstellen möchte. Dann ist es auch möglich, z.B. mit offenen Handflächen und leicht abgespreizten Unterarmen etwas weiter als in Schulterbreite zu gestikulieren. Ihr müsst selbst herausfinden, ob es für euren persönlichen Redestil wichtiger ist, Eure Gesten auf diesen Bereich zu beschränken oder den Bereich mit euren Gesten voll auszuschöpfen. Gerade denjenigen, denen es schwerfällt, vor anderen zu sprechen, kann ich nur raten, sich zu deutlichen und sichtbaren Gesten zu überwinden. Für Euch mag sich eine sichtbare Geste anfangs sehr übertrieben und ausschweifend anfühlen, wenn Ihr nicht gewohnt seid, während eines Vortrags Raum einzunehmen. Dieses innere Gefühl bekommt man aber recht schnell beseitigt, wenn man sich bei Vortragsübungen entweder vor einen Spiegel stellt oder filmt. Dann werdet Ihr feststellen, dass das innere Gefühl und die äußere Wirkung recht weit auseinander liegen und man noch viel Luft hat, bis der Bereich der wirksamen Gestik ausgeschöpft ist.

Als Nächstes soll es darum gehen, mit welchen Arten von Gesten ihr die Vorteile des Gestikulierens für den Aktenvortrag am stärksten nutzen könnt. Insbesondere zwei Arten von Gesten sind nützlich. Die erste nenne ich Strukturgesten und die zweite betonende Gesten. **Strukturgesten** bieten sich überall da an, wo es wichtig ist, der Prüfungskommission zu verdeutlichen, in welcher Reihenfolge Ihr vorgehen werdet. Bedenkt dabei, dass Ihr in einem Vortrag, anders als in einer Klausur oder einer anderen schriftlichen Arbeit, keine visuellen Gliederungsebenen zur Verfügung habt. Vor diesem Hintergrund ist es besonders wichtig, dass ihr der Prüfungskommission zu jedem Zeitpunkt während eures Vortrags deutlich machen könnt, wie die Prüfung weiter verlaufen wird und wie die Prüfungspunkte im Verhältnis zueinander stehen. Strukturgesten sind also ein Ersatz für Gliederungsebenen und helfen dabei, Übersichtlichkeit in Euren Vortrag zu bringen. Thematisch eignen sich Strukturgesten am meisten dazu, Tatbestandsmerkmale beziehungsweise Prüfungsschritte entweder aufzulisten oder zueinander ins Verhältnis zu setzen. Als Gesten kommen hierfür zum Beispiel Aufzählungen mit den Fingern und Abschichten mit der flachen Hand in Frage. Strukturgesten können außerdem dafür sinnvoll sein, Geschehensabläufe greifbar zu machen, indem sie etwa Markierungen auf einem gedachten Zeitstrahl setzen. Auch in Meinungsstreitigkeiten oder Diskussionen von verschiedenen Argumenten können Strukturgesten eingesetzt werden. Hierfür sind insbesondere gegenüberstellende Gesten sinnvoll, bei denen Ihr verschiedene Positionen gewissermaßen mit Gesten einander gegenüber „in den Raum stellt". Im Zweifel gilt: Strukturgesten laden zu einer genauen Betrachtung des Vortrags ein und erlauben Detailtiefe, da die nächsten Prüfungsschritte kleinteilig voneinander getrennt werden. Ihr braucht Strukturgesten vor diesem Hintergrund also vor allem an den Stellen eures Vortrags, an denen Ihr inhaltliche Schwerpunkte setzt, weil an diesen Stellen rechtliche Probleme liegen und oft Differenzierung nötig ist. Liegt ein Problem des Falls also in der Anwendung einer absoluten Standarddefinition, die allen Mitgliedern der Prüfungskommission geläufig ist, kann es trotzdem sinnvoll sein, die einzelnen Merkmale mit Gesten voneinander abzutrennen bzw. besonders hervorzuheben. Andersherum kann es künstlich und übertrieben wirken, wenn mit kleinteiliger Strukturgestik eine potenziell komplexe, aber im Ergebnis unproblematische und für den Fall nicht weiter erhebliche Rechtsfrage untermalt wird. Insofern sollte der Einsatz von Strukturgesten spiegelbildlich zur inhaltlichen Schwerpunktsetzung verlaufen.

Neben den Strukturgesten sind **betonende Gesten** ein wichtiger Teil gelungener Vortragsrhetorik. Betonende Gesten sind solche, die das Gesagte plastisch machen oder als besonders bedeutsam hervorheben. Betonende Gesten haben zwei hauptsächliche Einsatzzwecke. Einerseits im Rahmen der Subsumtion, um tatsächliche Gegebenheiten plastisch zu machen. Und andererseits immer dann, wenn es darum geht, bestimmte Punkte besonders zur Geltung zu bringen. Welche Geste konkret zum Einsatz kommt, um eine tatsächliche Gegebenheit plastisch darzustellen, ist sehr stark vom Kontext abhängig. Deswegen ist es an dieser Stelle schwierig, handfeste Tipps abzugeben. Ganz abstrakt gesprochen sind hier z.B. Gesten denkbar, die die Dimension oder Beschaffenheit eines Objekts umreißen, Zeitpunkte auf einer Zeitachse darstellen oder Bewegungen von Objekten im Raum repräsentieren sollen. Da es im Rahmen des Aktenvortrags in erster Linie darum geht, Verständnis zu beweisen, werden betonende Gesten deutlich relevanter, wenn es darum geht, bestimmte argumentative Punkte besonders hervorzuheben. Wenn Ihr eine entscheidende rechtliche Wertung präsentiert, kann es sich anbieten, eine Art Handkantenschlag mit einer Hand in die Handfläche der anderen anzudeuten oder sinnbildlich mit einer Hand den relevanten Punkt aus der Luft zu greifen, indem Ihr Daumen und Fingerspitzen zusammen führt. Wollt ihr dagegen darauf hinaus, dass der Täter nicht nur ein oder zwei, sondern *siebenmal* zugestochen hat, könnt Ihr mit der gestikulieren Hand erst zwei kleine Kreisbewegungen und dann eine große Kreisbewegung vollführen, um die Ausmaße des Handelns greifbar zu machen bzw. zu betonen. Diejenigen von euch, die bereits von Haus aus ganz natürlich gestikulieren, sollten aufpassen, dass die unbewusst und vielleicht durchgehend verwendeten Gesten nicht inflationär und/oder unspezifisch wirken. Das bewirkt im schlimmsten Fall, dass das Publikum bzw. die Prüfungskommission von der Monotonie der Gestik eingelullt oder abgelenkt wird. Achtet in Übungsvorträgen mal darauf, ob und wenn ja, wie Ihr bereits gestikuliert und wann es sich lohnen kann, die natürliche Standardgeste durch etwas anderes zu ersetzen.

Zu guter Letzt möchte ich noch auf ein paar weitverbreitete Unbeholfenheiten hinweisen, die man beim Gestikulieren vermeiden sollte. Diese Unbeholfenheiten passieren häufig unbewusst und sind nicht selten Nervositätsventile. Sie schaden Eurem Auftreten, weil sie die Prüfungskommission ablenken. Die Rede ist von Handaktivität, die nichts mit Gestikulieren zu tun hat. Die meisten von Euch werden während eines Vortrags unter Realbedingungen dazu neigen, währenddessen an den Notizen, kleinen Hautfitzeln, Schmuck, Knöpfen, Haaren, einer Brille oder anderem herumzunesteln. Diese unwillkürlichen Bewegungen mögen Euch nicht weiter auffallen, aber sie bringen viel Unruhe in das Auftreten. Alle Bewegungen, die nicht in die Rubrik Gestik fallen, sind vor dem Hintergrund der ohnehin naturbedingt schon niedrigen Aufmerksamkeitsspanne des Publikums ein Risiko. Es darf nicht passieren, dass Mitgliedern der Kommission ein gutes Argument durch die Lappen geht, weil sie ihre Aufmerksamkeit nach drei Vorträgen für eine Minute nicht von Fingerakrobatik oder dauerhaftem Wegstreichen von Haaren abwenden konnten. Solche Aufmerksamkeitslecks gilt es zu schließen. Mein Tipp ist daher: Vermeidet Schmuck und Frisuren, die sich für unwillkürliche Bekanntschaften mit Euren Händen eignen. Mir geht es hier ausdrücklich nicht darum, Vorschriften für zulässiges Aussehen aufzustellen! Worauf ich aufmerksam machen möchte, ist schlicht der Umstand, dass manche Dinge erfahrungsgemäß großes Ablenkungspotenzial haben, dessen man sich bewusst sein sollte. Natürlich müsst Ihr nicht hinnehmen, dass Euch die Brille von der Nase fällt oder ständig eine Haarsträhne störend vor die Augen gerät. Aber achtet stets darauf, dass die Verbindung zwischen Euch und dem Publikum aufrecht erhalten bleibt. Nur so könnt Ihr Eure Inhalte und Euer übriges Auftreten effektiv ins Ziel bringen.

6. Blickkontakt

Im Rahmen jedes Vortrags, der seinen Namen verdient, muss es darum gehen, Inhalte nicht bloß auszusprechen, sondern zu kommunizieren. Der Sinn des Prüfungsteils ist es nämlich unter anderem, Eure Fähigkeit abzuprüfen, im Berufsleben Recht präsentieren zu können. Denn das wird ganz unabhängig von dem Weg, den Ihr einschlagen möchtet, von Euch verlangt werden. Einer der größten Unterschiede zwischen dem reinen *Aussprechen* und dem *Präsentieren* oder Vortragen von rechtlichen Erwägungen ist der kommunikative Aspekt. Gegenüber Gerichten, Mandant:innen, Anwält:innen, der Staatsanwaltschaft, Studierenden, Vorgesetzten, Angestellten und selbst gegenüber juristischen Laien werdet Ihr immer wieder über Recht sprechen und Fälle herunterbrechen müssen. Aus Effizienzgründen, zur Belehrung oder um zu überzeugen. Und all das meistens von Angesicht zu Angesicht. Denn von Angesicht zu Angesicht hat man die Möglichkeit, besonders effektiv zu kommunizieren. Das funktioniert, indem man eine Verbindung zum Gegenüber aufbaut, mit der das Interesse und die Aufmerksamkeit des Gegenübers für Eure Inhalte auf einem möglichst hohen Niveau gehalten werden. Eines der wichtigsten, wenn nicht das wichtigste Werkzeug, um diese Verbindung aufzubauen, ist durchgehender Blickkontakt.

Im Aktenvortrag sowohl des ersten als auch des zweiten Staatsexamens ist der Aufmerksamkeitsaspekt noch einmal besonders zu gewichten. Denn die Prüfungskommissionen hören mehr oder weniger den gleichen Vortrag mehrmals hintereinander und können daher leichter einmal abdriften. Vor allem dann, wenn der Vortragsstil monoton, langweilig und uninspiriert ist. Nicht wenige Prüfer:innen werden sich schon dabei ertappt haben, nach einem Aktenvortrag nur eine Handvoll generischer Notizen gemacht zu haben, weil der Vortrag sie nicht abgeholt hat. Auf dieser Grundlage fällt dann eine Bewertung ganz grundsätzlich schwer und der hinterlassene Eindruck wird in solchen Fällen nicht der sein, dass der/die Vortragende ganz besonders kluge Gedanken geäußert hat oder für das Kommunizieren von Recht im Berufsleben besonders geeignet ist.

Fühlen sich Mitglieder der Prüfungskommission dagegen angesprochen und begegnet man ihnen mit der Erwartung von Aufmerksamkeit, dann werden ihnen die Stärken des Vortrags eher auffallen und Eure kommunikative Leistung insgesamt positiver im Gedächtnis bleiben.

Wenn Ihr Euch die anderen Abschnitte zum Aktenvortrag noch einmal ins Gedächtnis ruft, werdet Ihr merken, dass sie alle ineinandergreifen in dem Bestreben, einen möglichst kommunikativen und damit effektiven Vortrag zu ermöglichen. Kurze Notizen machen den Weg für Blickkontakt frei, ein Vortrag im Stehen nimmt Raum ein und erhöht die Aufmerksamkeit der Kommission. Gleichzeitig ermöglicht er Gesten, die wiederum die Aufmerksamkeit erhöhen und Inhalte betonen. Der Einstieg mit Begrüßung und Vorstellung hilft dabei, die Verbindung zwischen Euch und der Kommission herzustellen. Mit möglichst durchgehendem Blickkontakt baut Ihr auf dem Fundament auf, das ihr mit den anderen rhetorischen Techniken legt und haltet die kommunikative Verbindung bis zum Ende aufrecht. Blickkontakt könnte man daher als das rhetorische Mittel beschreiben, das den Vortrag über die Distanz trägt.

Vor diesem Hintergrund leuchtet es ein, warum man den Blickkontakt nicht abreißen lassen sollte. Und es lässt sich auch ein Maßstab dafür etablieren, was man unter Blickkontakt verstehen darf und was nicht. In vielen Vorträgen sieht man, dass sich Prüflinge um Blickkontakt bemühen, aber sich diesen entweder nicht endgültig zutrauen oder glauben, regelmäßiges Aufschauen von den Notizen sei bereits durchgehender Blickkontakt. Das ist leider nicht der Fall. Durchgehender Blickkontakt ist nämlich wörtlich zu verstehen und bedeutet, dass Ihr mit wenigen Ausnahmen *die ganze Zeit* den Blickkontakt zur Kommission suchen solltet. Wenn nicht immer alle zurückschauen, weil einzelne Mitglieder mit Mitschreiben beschäftigt sind, ist das kein Problem. Aber Ihr müsst immer bereit sein, ein Kommissionsmitglied, das Euch anschaut, auch wieder kommunikativ mit Blickkontakt abzuholen. Wird Euer Angebot des Blickkontakts nicht oder nicht durchgängig angenommen, heißt das also nicht, dass Ihr aufhören könnt, die Kommission anzuschauen.

Seid also in der Vorbereitung bzw. Übung von Aktenvorträgen ehrlich zu Euch, wenn es darum geht, ob und wie frei Ihr wirklich gesprochen habt und versucht aktiv, den Blickkontakt zu erhöhen. Achtet auch bewusst darauf, alle Mitglieder der Kommission anzuschauen und nicht nur die Kommissionsmitglieder, die den Blickkontakt am längsten, freundlichsten etc. erwidern. Übungen hierzu findet Ihr im Abschnitt oben zum Erstellen und Verwenden von kurzen Notizen. Schaut auch gerne noch einmal in den allgemeinen Teil des Buchs zum Thema Blickkontakt, um weitere Anregungen einzuholen (Kapitel II, Abschnitt „J – Blickkontakt"). Die Beschränkung der maximalen Anzahl an Blicken in die Notizen ist eine gute Übung. Blicke ins Gesetz sind aber natürlich uneingeschränkt erlaubt, soweit diese nötig sind und Ihr das im Stehen gut bewerkstelligen könnt. Das Auswendiglernen von klassischen Fallkonstellationen oder Prüfungsabschnitten ist dagegen unnötiger Aufwand und sollte vermieden werden.

C. Das Prüfungsgespräch

Unabhängig von landesrechtlichen Unterschieden werden Eure mündlichen Prüfungen im ersten wie im zweiten Staatsexamen hauptsächlich aus einem Prüfungsgespräch, bzw. je einem Prüfungsgespräch pro Rechtsgebiet bestehen, die auch jeweils den absolut überwiegenden Teil der Gesamtnote der Prüfung ausmachen. Dieser Teil der Prüfung ist aus rhetorischer Sicht eine besondere Situation, da Ihr hier nicht allein im Mittelpunkt steht, sondern immer nur kurz und meistens auf der Basis von konkreten Fragen sprecht. Das Ganze passiert darüber hinaus auch noch zwingend im Sitzen. Rhetorisch kann man hier also nicht so stark glänzen wie in einem Vortrag. Aber auch im Rahmen des Prüfungsgesprächs gibt es neben dem juristischen Inhalt einige Punkte, die man in kommunikativer Hinsicht beachten kann, um eine bessere Figur zu machen und das eigene Wissen und Können zu maximieren. Wie das geht, wird, neben einigen allgemeinen Tipps zur Vorbereitung und Herangehensweise an das Prüfungsformat, Gegenstand der nächsten Unterabschnitte sein.

1. Inhaltliche Vorbereitung und Wachsamkeit während der Prüfung

Darüber, wie man sich inhaltlich im Sinne von materiell-rechtlicher Vorbereitung am besten auf das Prüfungsgespräch vorbereitet, gibt es spezielle Bücher, die man konsultieren kann, wenn man möchte. Ich glaube – aber das sei nur nebenbei bemerkt – dass es eher gefährlich ist, sich auf Kataloge von angeblich besonders relevanten Fragen oder Konstellationen vorzubereiten. In diesem Unterabschnitt soll es stattdessen darum gehen, welche Art der Vorbereitung ganz abstrakt gesprochen sinnvoll ist – inklusive ein paar Gedanken zur Arbeit mit Protokollen – und was genau eigentlich das Ziel einer gelungenen Vorbereitung sein sollte.

In rhetorischer Hinsicht ist das Prüfungsgespräch nicht gerade eine Goldgrube. Deshalb können wir zu Beginn die Dinge, die man auf rhetorischer Ebene gut vorbereiten kann, einmal in aller Kürze abhandeln. Sowohl für die mündliche Prüfung im ersten wie im zweiten Staatsexamen ist hier die Devise, so viel Routine wie möglich im freien Sprechen zu erlangen. An dieser Stelle sei auf die Ausführungen aus dem allgemeinen Teil (Kapitel II, Abschnitt „L – Routine – Gelegenheiten zum Sprechen nutzen“) verwiesen. Gerade für das zweite Examen und für die Kandidat:innen, die im ersten Examen einen Aktenvortrag halten, ist es hier besonders sinnvoll, einen Schwerpunkt in der Vorbereitung zu setzen.

Abgesehen von spezifischer Vorbereitung auf den Aktenvortrag (konkretes Rechtsgebiet, Formalia für das zweite Examen) ist es eine gute Idee, sich schon frühzeitig inhaltlich auf die mündliche Prüfung vorzubereiten, bzw. die Rechtskenntnisse, die man aus der Vorbereitung auf die schriftlichen Prüfungen hochgezüchtet hat, aufzufrischen. Meiner eigenen Erfahrung nach kann es schwerfallen, direkt nach den Klausuren wieder mit dem Lernen zu beginnen und das ist auch nicht nötig. Denn dann ist alles ohnehin noch frisch und auch wenige Wochen oder sogar Monate nach den Klausuren werdet Ihr sicherlich feststellen, dass das Lernen sich halbherzig anfühlen kann, weil man merkt, dass man inhaltlich doch vieles noch weiß und sich das Wiederholen zu diesem Zeitpunkt müßig anfühlt. Mein Vorschlag wäre daher: Übt – soweit einschlägig – in dieser Zeit vor allem Aktenvorträge. Denn dieses Format hält genügend rhetorische Herausforderungen bereit, um sich engagiert und mit dem Gefühl Fortschritte zu erzielen, vorbereiten zu können, was die Motivation hochhält. Zu diesem frühen Zeitpunkt steht auch das Rechtsgebiet für den Vortrag noch nicht fest, so dass man nebenbei auch aus verschiedenen Gebieten Vorträge üben und so in der Breite thematisch am Ball bleiben kann.

Sich materiell-rechtlich breit vorzubereiten, ist der wichtigste Aspekt für eine erfolgreiche Prüfung. Das klingt zunächst wie eine Selbstverständlichkeit. Aber zur Realität gehört auch, dass sich viele nur mit Prüfungsprotokollen in erster Linie auf das vorbereiten, was die eigenen Prüfer:innen erfahrungsgemäß fragen. Zwei Punkte hierzu:

1. Besorgt Euch die Prüfungsprotokolle, und zwar so früh wie möglich. Das nicht zu tun, wäre fahrlässig und verschafft Euch im Zweifel einen Nachteil.
2. Beschränkt Eure inhaltliche Vorbereitung *unter gar keinen Umständen* – auch bei „protokollfesten“ Prüfer:innen – auf das, was typischerweise zu erwarten ist!

Nicht nur im Vortrag, sondern auch im Prüfungsgespräch ist der Maßstab für gute Leistungen Eure Fähigkeit, rechtliches Verständnis zu beweisen (siehe hierzu den Abschnitt „A – Bestandteile und worauf es jeweils ankommt“ oben). Und Verständnis kann man nur sehr schlecht beweisen, wenn man vorbereitete Standardantworten auf erwartbare Standardfragen liefert. Standardantworten auf Standardfragen werden auch niemanden beeindrucken. Die Kunst ist es, vor allem bei „protokollfesten“ Prüfer:innen, das meiste aus deren Fragen herauszuholen (hierzu mehr im Abschnitt „4 – Fragen aufnehmen“).

Auch weitere wichtige Argumente sprechen dafür, sich in der Vorbereitung nicht auf Prüfungsprotokolle zu beschränken. Bedenkt einmal die schlichte Möglichkeit, dass Mitglieder der Kommission ausfallen und ersetzt werden können. Sei es wegen Krankheit oder weil manchmal Befangenheitsprobleme auffallen. Dann auch deshalb, weil sich Prüfer:innen jederzeit dazu entscheiden können, von den Protokollen abzuweichen und irgendetwas ganz anderes abzuprüfen. Aktuelles rechtliches Tagesgeschehen zum Beispiel oder etwas aus ihrer eigenen Arbeit, das sie gerade beschäftigt. Außerdem wird sich wohl niemand darüber beschweren dürfen, wenn (protokollabweichend) irgendein anderer Pflichtfachstoff abgeprüft wird. Immerhin musste man den ja für die Klausuren auch schon beherrschen und es gibt diesbezüglich nirgendwo eine Einschränkung für die mündliche Prüfung.

Ein kleines *Public Service Announcement* an dieser Stelle: Sollte ich eines Tages auf der Seite der Prüfungskommission sitzen, werde ich nach besten Kräften inhaltlich fair, verbesserungsorientiert und konstruktiv prüfen. Und natürlich werde ich mich dafür einsetzen, rhetorisch gelungene Leistungen positiv zu berücksichtigen. Aber protokollfest werde ich nicht prüfen. Denn ich bin der Überzeugung, dass die mündliche Prüfung zu viel Notengewicht hat und auch zu viel echten Einblick in juristisches Denken erlaubt, um zu einem bloßen Prüfungsritual zu verkommen. Immerhin hängt nicht weniger von den Staatsexamina ab, als wer welche Chancen bekommt, juristische Verantwortung zu tragen. Vielleicht findet das ja auch der eine oder die andere von Euch nachvollziehbar.

Aber auch aus taktischer Sicht gibt es drei sehr gute Gründe, sich über die Protokolle hinaus vorzubereiten:

Grund Nummer 1 ist die inhaltliche Tiefe und das Maß an Verständnis, mit dem Ihr antworten könnt. Recht ist schließlich ein System und je besser man dieses System als Ganzes versteht, inklusive der Zusammenhänge darin, desto besser kann man auch punktuelle Fragen beantworten. Denkt immer daran: Ihr schuldet nicht „die richtige“ Antwort, sondern den Beweis, dass Ihr versteht, warum etwas die oder wenigstens eine richtige Antwort ist. Hierfür gibt es am Ende die Punkte.

Grund Nummer 2 ist, dass man sehr gut damit fahren kann, wenn man keine inhaltlichen Fehler macht. Ihr müsst nicht auf alle Fragen immer glänzende Antworten liefern können, um hohe Punktzahlen einzufahren. Wer manchmal brillant und manchmal fehlerhaft antwortet, gibt Anlass für Abzüge. Wer immer (nur) solide, aber dafür nie fehlerhaft antwortet, macht Abzüge dagegen sehr rechtfertigungsbedürftig. Und um Fehler vermeiden zu können, ist es wichtig, dass man nirgendwo klaffende Wissenslücken hat. Deswegen lohnt sich eine umfassende Vorbereitung sehr.

Schließlich gibt es noch einen dritten Grund: Nur wer inhaltlich breit aufgestellt ist, kann in der Prüfung Gelegenheiten ergreifen. Denkt daran, dass es während der gesamten Prüfung immer wieder passieren wird, dass eine Frage an die ganze Gruppe gestellt wird oder dass mal eine Frage, auf die jemand anderes keine (gute) Antwort hat, für die anderen freigegeben wird. Ihr müsst hier nicht immer auf alles anspringen, vor allem nicht auf Kosten der anderen Kandidat:innen (siehe hierzu auch Abschnitt „5 – Das Verhältnis zu den anderen Prüflingen"). Auch ist es nicht wichtig, dass Eure Antwort immer die schnellste oder beste ist. Man darf und sollte sich Zeit zum Nachdenken nehmen und Fehler vermeiden (s.o.). Aber gleichzeitig macht es einen fantastischen Eindruck, wenn die Kommission im Zweifel auf Euch zurückkommen kann, um eine Diskussion weiter zu bringen oder eine Lösung zu finden. Das geht aber nur dann, wenn man inhaltlich so breit aufgestellt ist, dass man entweder schon sehr viel weiß oder – noch tausendmal besser – Argumente aus breitem Verständnis heraus generieren kann. Seid also wachsam während des gesamten Prüfungsgesprächs, nicht nur während der Fragen, die direkt an Euch gehen. Überall mitdenken zu können ist auch aus einem anderen Grund entscheidend für eine erfolgreiche mündliche Prüfung. Dieser Grund ist das Format des Prüfungsgesprächs als genau das, was sein Name vermuten lässt: *ein Gespräch über Recht.*

2. Ein Gespräch über Recht

Wenn man in einer Prüfung gut abschneiden möchte, ist es oft schon die halbe Miete, zu verstehen, was in dem Format der Prüfung eigentlich überprüft werden soll. In diesem Zusammenhang sei einerseits auf den allgemeinen Teil verwiesen (Kapitel II, Abschnitt „B – Das (Prüfungs-)Format verstehen") und andererseits auf die Ausführungen zur mündlichen Prüfung oben im Abschnitt „A – Bestandteile und worauf es jeweils ankommt".

Die meisten Punkte kann man damit einfahren, mit den eigenen Antworten oder Ausführungen im wahrsten Sinne des Wortes zu beweisen, dass man juristische Argumentation verstanden hat. Im Einzelfall bedeutet das, die Natur eines Problems aufzudecken, bevor man sich der Lösung widmet. Es bedeutet, die Methoden der Auslegung anzuwenden und das explizit zu tun. Es bedeutet weiter, das Verhältnis zwischen verschiedenen Normen (Hierarchie, Kollisionsregeln, Ableitung von Prinzipien, etc.) zum Argumentieren zu benutzen. Und es bedeutet, Wertungen, Interessens- und Risikosphären zu erkennen und gegeneinander abzuwägen. All diese Beispiele sind Realkennzeichen dafür, dass Ihr Dinge nicht nur wisst, sondern sie auch erklären könnt, weil Ihr Jura verstanden habt. Viele verfügen über diese Fähigkeiten, aber nur wenige rücken sie in Prüfungen in den Vordergrund.

Die Kunst im Prüfungsgespräch ist es, einerseits ständig Beweise für Verständnis zu liefern, ohne dabei andererseits ins Schwafeln zu geraten. Denn Eure Redezeit ist begrenzt und alle sollen in gleichem Umfang zu Wort kommen. Verständnis zu beweisen heißt deshalb nicht, immer und überall weit auszuholen, um ein Argument zu machen. Man muss nicht jedes Mal die Geschichte des Rechts aufrollen, um verständig argumentieren und erklären zu können. Oft genügen schon kurze Einleitungen, Halbsätze oder Querverweise, um ein klares Signal des Verständnisses in Richtung Prüfungskommission zu senden. Denn es ist besser, zu vielen Fragen Euer Verständnis aufblitzen zu lassen, als sich in einen unspektakulären rechtlichen Gesichtspunkt in Genialität zu verbeißen und dafür zu viel Redezeit in Anspruch zu nehmen. Ein praktischer Tipp, der gewährleistet, dass Ihr nicht abschweift und der gleichzeitig den Weg für Verständnisbeweise eröffnet, ist der einfache Merksatz:

„Lead with the law."

Wenn Ihr gedanklich – und soweit in der konkreten Situation sinnvoll möglich – mit dem Gesetz anfangt und Eure Ausführungen am Wortlaut oder Merkmalen einer Definition beginnen lasst, seid Ihr meistens auf dem richtigen Weg. Denn dadurch erhalten Eure Ausführungen automatisch Bezug zu dem Gegenstand, dessen verständige Anwendung geprüft werden soll. Gleichzeitig knüpfen Eure Ausführungen dann notwendigerweise am Ausgangspunkt jeder rechtspraktischen Überlegung an. Dadurch wird es notwendig, methodisch vorzugehen und Argumenten normativen Kontext zu geben – was beides in Form von Punkten honoriert wird!

Aus dieser Herangehensweise folgt eine wichtige Erkenntnis: Das Prüfungsgespräch ist keine bloße Abfrage von kontextlosem Wissen. Es ist vielmehr ein *Rechtsgespräch*, bei dem Ihr in einen Dialog mit der Prüfungskommission und den anderen Prüflingen tretet. Gute Fragen sind im Prüfungsgespräch so gestellt, dass sie offen formuliert sind. Oft heißt es auch nur: „Herr/Frau X, was meinen Sie dazu?" oder „Wie würden Sie den Fall jetzt weiter lösen?" Es ist gerade nicht so, dass das Prüfungsgespräch wie ein Frage-Antwort-Spiel verläuft, bei dem man eine Antwort entweder weiß oder nicht. Bereitet Euch deshalb gedanklich darauf vor, im Prüfungs*gespräch* Gedankenprozesse offenzulegen und mindestens genauso sehr die Rolle der/des Erklärenden einzunehmen, wie die der/des Geprüften. Denkt laut und zeigt Interesse für die Rechtsfragen, die Ihr besprecht. Versteht Euch als *aktiven Teil des Gesprächs*, mit dem sowohl Prüfer:innen als auch die anderen Kandidat;innen gerne zusammenarbeiten. Dann werdet Ihr eine deutlich bessere Figur machen, als wenn Ihr Euch nur in die passive Rolle der/des Abgefragten begebt.

3. Souveräner Umgang mit Wissenslücken

Auch wenn die einschlägigen Gesetzesgrundlagen von „Pflichtfachstoff" sprechen – die Vorstellung, alles, was man in der mündlichen Prüfung gefragt werden kann, mit reinem Wissen beantworten zu können, ist völlig utopisch. Dafür ist der Stoff viel zu umfangreich und die Kombinationen und Probleme, die man daraus bilden kann, lassen sich kaum zählen. Wissenslücken sind daher vorprogrammiert und das ist ok. Findet Euren Frieden damit, dass es Dinge geben wird, die Ihr nicht wisst. Auch vor Euch gab es niemanden, der auf jede Frage eine vorab gelernte Antwort parat hatte. Und auch von Euch wird das nicht verlangt. In der mündlichen Prüfung noch einmal deutlich weniger als für die Klausuren, obwohl auch dort bei Weitem nicht nur Wissen zählt. Insbesondere vor dem ersten Staatsexamen lassen sich viele Studierende von der Vorstellung lähmen, sie könnten oder sollten sich erst dann zu den Prüfungen anmelden, wenn sie alles schon einmal gesehen und alles gelernt hätten. Diese Angst solltet Ihr ablegen, denn sie führt nicht selten dazu, dass durch immer mehr Wissen, das man sich aufzuladen versucht, älteres Wissen verblasst. Und bei manchen kann die damit verbundene Unsicherheit bedauerlicherweise sogar zu mentalen Problemen führen. Das ist es nicht wert, denn die Welt – und selbstverständlich auch Eure! – wird sich auch dann weiterdrehen, wenn die Note nicht die ist, die man sich vielleicht erhofft hat.

Versteht mich aber bitte nicht falsch: Die Staatsexamina wollen gewissenhaft vorbereitet sein. Das heißt im Falle der mündlichen Prüfung selbstverständlich auch, möglichst viel Wissen mitzubringen (siehe hierzu Kapitel II, Abschnitt „C – Know your stuff!"). Wissen hilft nicht nur für das effiziente Ausarbeiten von Lösungen und Argumenten, sondern vermeidet auch, dass Ihr in der Prüfung öfter unter Druck arbeiten müsst. Nichtsdestoweniger: Wissen ist am Ende nicht das, worum es im Prüfungsgespräch geht, sonst könnten alle mit genug Fleiß und einem guten Gedächtnis ein juristisches Staatsexamen meistern, ohne je juristische Fähigkeiten erlernt zu haben. Wenn es nur um abgespeicherte Informationen ginge, die die Kommission von Euch möchte, dann wären Jurist:innen ohne Weiteres durch Computer ersetzbar.

Dass dem nicht so ist, ist nicht nur für unsere berufliche Zukunft eine gute Nachricht, sondern auch für Euer Prüfungsgespräch. Denn dass Ihr mal eine Antwort nicht direkt wisst, ist der Prüfungskommission bewusst und führt nicht automatisch zu Punktabzügen – wenn man mit diesen Wissenslücken richtig umgeht. Darum geht es in diesem Unterabschnitt.

Sollte im Prüfungsgespräch ein Punkt kommen, an dem Ihr inhaltlich nicht weiter wisst, dann geht offen damit um. Kompetenz zu schauspielern, nur um dann später entlarvt zu werden, macht einen furchtbaren Eindruck. Man kann sicher hier und da mal pokern und eine Auffassung mit Überzeugung zu verkaufen, kann manchmal über kleinere Schwächen hinwegtäuschen. Wird man dabei aber mehr als einmal ertappt, steht man schnell als Blender:in im Abseits. Eleganter, ehrlicher, sicherer und sympathischer ist es deshalb – nachdem man natürlich wenigstens kurz versucht hat, sich zu erinnern – die Wissenslücke im ersten Schritt zuzugeben. Entscheidend dabei ist, wie Ihr das tut! Das oberste Gebot beim Einräumen einer Lücke ist es, am Ball zu bleiben und nicht bloß zu passen. Das gilt jedenfalls für Fragen, die nicht eine klare Ja-oder-Nein-Antwort erfordern oder sonstwie ausschließlich auf Wissen abzielen, etwa im Rahmen von typischen Einstiegsfragen. Wenn Ihr beantworten sollt, wo das Bundesverfassungsgericht sitzt und keine Ahnung habt, hilft es natürlich nicht, deswegen ein Fass aufzumachen. Aber sobald es in irgendeiner Form um Argumente, Auslegung, Rechtsprobleme oder juristisches Verständnis im Allgemeinen geht, dann schreibt die Frage nicht ab, wenn Ihr eine Wissenslücke feststellt! Denn das sind nicht nur diejenigen Fragen, deren Beantwortung viele Punkte einbringt, sondern auch diejenigen, bei denen man die Punkte schon von vornherein gar nicht mit Wissen oder Nichtwissen erzielt, sondern mit der Herangehensweise. Deswegen ist es wichtig, das Einräumen von Wissenslücken nicht im luftleeren Raum stehen zu lassen, sondern es mit einer Überleitung in einen Gedankenprozess zu verbinden. Das kann etwa so aussehen: „Ich kann mich leider nicht mehr vollständig daran erinnern, wie das Gegenargument hier lauten müsste, aber woran ich mich erinnern kann, ist ...". Oder auch einmal so: „Offen gestanden kann ich die Frage nach XY nicht aus meinem Wissen heraus beantworten, aber ausgehend von (Auslegung, Wertung, Prinzipien, etc.) müsste berücksichtigt werden, dass...". Wenn Ihr dann trotz Nichtwissen ein paar gute Überlegungen anstellen könnt, wird das ein umso deutlicherer Beweis Eures juristischen Könnens sein. Mein Repetitor für das erste Examen hat immer gesagt, dass man sich an die richtige Lösung „ranquatschen" solle. Und soweit das bedeutet hat, den Versuch einer Antwort nicht von Wissen oder Nichtwissen abhängig zu machen, sondern im Zweifel immer juristische Überlegungen anzubieten, um so der Lösung wenigstens näher zu kommen, kann ich das nur unterschreiben.

Mein nächster Tipp für den Umgang mit Wissenslücken ist vielleicht das mächtigste Werkzeug, um trotzdem noch gute Punkte einzufahren. Er lautet: Benennt Eure Wissenslücke so präzise wie möglich. Stellt Euch einmal vor, dass Ihr die Prüfung eines Falls fortsetzen sollt und keine Ahnung habt, wie genau. In so einer Situation ist es – ganz im Geiste des Anbietens irgendwelcher lösungsorientierter juristischer Gedanken – zunächst wichtig, nicht zu passen, indem Ihr einfach sagt „ich weiß es nicht." Was viel besser funktioniert, um das Beste aus der Situation zu machen, ist, kurz in Euch zu gehen und zu überlegen, wo genau Ihr eigentlich hängt. Fehlt Euch eine normative Anknüpfung für den nächsten Prüfungsschritt? Fällt Euch vielleicht nicht mehr ein, wie die Definition lautet oder welcher Punkt als nächstes im Schema drankommt? Seid Ihr nicht mehr sicher, wie der Einstieg in das Problem war, das es zu lösen gilt? Oder ist Euch vielleicht eine in der Rechtsprechung entwickelte Konstruktion in Vergessen geraten? Dann sprecht das einfach aus! Nicht nur deshalb, weil Präzision in Jura ganz allgemein einen hohen Stellenwert hat. Sondern vor allem deswegen: Je genauer Ihr benennen könnt, warum es Euch gerade schwerfällt, eine Antwort zu geben, desto enger wird das Ausmaß des Nichtwissens umrissen und desto kleiner erscheint es. Eine genau benannte Wissenslücke vermittelt – anders als das Abgeben einer Frage in Gänze – nicht, dass Ihr unter Umständen gar nichts verstanden habt, sondern offenbart bestenfalls eben nur eine kleine Lücke im Gedächtnis, die aber gerade nichts mit juristischen Fähigkeiten zu tun hat. Nicht wenige Prüfer:innen werden bereit sein, Euch als Gegenleistung für Eure Offenheit und die Bemühung um Präzision eine kleine Hilfestellung anzubieten. Scheut Euch auch keinesfalls, bei einer solchen Gelegenheit um einen kleinen Tipp zu bitten. Niemand wird es Euch übel nehmen, wenn Ihr etwas sagt, wie:

> „Ich muss gestehen, dass ich gerade mit meinem Gedächtnis kämpfe. Sicher bin ich mir darin, dass wir es mit einer Konstellation zu tun haben, bei der ein Mangel an der Sache zu weiteren Schäden an der Sache führt und deswegen deliktische Ansprüche von Ansprüchen der Mängelgewährleistung abgegrenzt werden müssen. Dazu hat der BGH die sogenannte Stoffgleichheitslehre entwickelt, deren Details mir aber gerade nicht einfallen wollen. Im Wort 'Stoffgleichheit' steckt sicherlich der Gedanke, dass es einen Unterschied macht, ob der 'weiterfressende' Mangel die gleiche Sachsubstanz betrifft, wie der ursprüngliche Mangel. In dem Fall wird ein bestehender Mangel wahrscheinlich einfach nur 'größer' und sollte rechtlich nicht anders behandelt werden als der ursprüngliche Mangel. Aber wann genau das der Fall ist und ob man unseren Fall entsprechend subsumieren kann, bekomme ich gerade leider nicht mehr zusammen. Wenn Sie oder vielleicht einer meiner Kommilitonen mir einen kleinen Tipp geben könnte, komme ich aber bestimmt darauf."

Dieses Beispiel ist natürlich durch alle möglichen anderen Konstellationen ersetzbar und soll zeigen, wie man auch mit einer Wissenslücke immer noch einen vernünftigen juristischen Eindruck machen kann, wenn man die Lücke präzise benennt und nebenbei juristische Ausführungen anbietet. Der Eindruck wird jedenfalls besser sein, als wenn Ihr Euch für Nichtwissen entschuldigt und gar nichts weiter zur Frage sagt, weil Euch die Stoffgleichheitslehre nicht mehr im Detail einfallen will. Wenn Ihr am Ball bleibt, präzise arbeitet und um einen Hinweis bittet, wird in dieser Konstellation sicher jemand die Begriffe „Äquivalenzinteresse" und „Integritätsinteresse" in den Raum werfen oder den „Schwimmschalterfall" erwähnen und im besten Fall klingelt es dann schon. Der Eindruck, den Ihr trotz Wissenslücken machen könnt, wird umso besser sein, je mehr (für den Fall relevantes) Wissen und/oder Verständnis Ihr beim Umreißen der Wissenslücke zeigen könnt. Seid also nicht schüchtern und nutzt Eure Redezeit.

Falls es einmal gar nicht möglich sein sollte, etwas Sinnvolles beizutragen, wenn Ihr an der Reihe seid – und das wird so gut wie nie vorkommen! – dann könnt Ihr immer noch versuchen, Euch mit zwei Tricks aus der Affäre zu ziehen und wenigstens einen etwas besseren Eindruck zu hinterlassen als mit völliger Resignation. Zum einen könnt Ihr darum bitten, dass eine Frage noch einmal in anderen Worten formuliert werden möge, damit Ihr sie besser versteht. Das gibt Euch meistens noch einmal ein wenig zusätzliche Zeit, um auf eine Lösung oder einen Lösungsansatz zu kommen und nicht selten lässt sich aus zwei Formulierungen derselben Frage gut ableiten, worauf sie im Kern abzielt (s. dazu auch den nächsten Unterabschnitt). Sollte das gar nicht helfen, ist es auch nicht völlig unangebracht, um eine kleine Hilfestellung zu bitten. Ihr werdet Euch im Nachhinein ärgern, wenn Ihr in der Prüfungszeit – die schnell vorübergehen kann – nicht alles getan habt, um möglichst viel juristisches Können zu zeigen und sei dafür auch etwas Hilfe nötig gewesen. Zum anderen kann es manchmal funktionieren, eine Überleitung zu finden von etwas, das Ihr nicht beantworten könnt, zu etwas, das Ihr beantworten könnt. Sollen zum Beispiel gerade Grundsätze des Strafverfahrens aufgezählt werden und Euch fällt keiner mehr ein, dann ist es einen Versuch wert, auf einen relevanten Gedanken aus dem thematischen Kontext überzuleiten. Man könnte zum Beispiel sagen:

> „Aus dem Stehgreif kann ich leider gerade keinen weiteren Verfahrensgrundsatz aufzählen, aber was ich beitragen kann, ist, dass die Verfahrensgrundsätze im Kern alle dem Gedanken verschrieben sind, das rechtsstaatliche Bedürfnis nach materieller Wahrheitsfindung in einen Ausgleich mit der Stellung des Beschuldigten als Subjekt des Strafverfahrens in Einklang zu bringen."

Natürlich ist das nicht perfekt und geht ein Stückchen an der Frage vorbei. Aber es ist besser als komplett passen zu müssen. Und solange Ihr auf die meisten Fragen einschlägiger antworten könnt, wird man Euch keinen Strick daraus drehen, ausnahmsweise mal zu Gunsten eines juristisch validen und relevanten Gedankens einer Frage ausgewichen zu sein. Selbstverständlich ist hier aber Vorsicht geboten! Überleitungen, die weg von der Frage führen und ständiges Bitten um Umformulierungen oder Hilfestellungen wird Euch nicht besonders gut dastehen lassen. Insoweit gilt hier natürlich in erster Linie: Know your stuff!

4. Fragen richtig aufnehmen

Obwohl Prüfungsgespräche keine Frage-Antwort-Spiele sind, ist es durchaus üblich, dass man in Form einer Frage das Wort erteilt bekommt. Wissensfragen sind ein beliebter Einstieg in eine Prüfung, aber Fragen können auch in der juristischen Diskussion aufkommen. Verschiedene Fragen richtig deuten und zielgerichtet beantworten zu können, macht in solchen Situationen den Unterschied. In diesem Unterabschnitt geht es daher um die Sensibilisierung für verschiedene Fragetypen und wie man am besten mit ihnen umgeht. Was man tun sollte, wenn man eine Frage nicht versteht, haben wir ja bereits oben im Unterabschnitt „3 – Souveräner Umgang mit Wissenslücken" geklärt.

Bevor wir uns mit den verschiedenen Fragetypen beschäftigen, möchte ich ein paar Worte dazu verlieren, wie man innerlich an Fragen der Prüfungskommission herangehen sollte, vor allem an schwierige oder kritische Fragen. Insbesondere diejenigen, die der Prüfungssituation eher besorgt entgegensehen und am liebsten gar nichts gefragt werden würden, sollten verstehen, dass Fragen das

Beste sind, was Euch in der Prüfung passieren kann. Der offensichtliche Grund dafür ist, dass Eure Redebeiträge Grundlage der Bewertung sind und nur wer ausreichend Gelegenheit zum Sprechen erhält, kann Punkte sammeln. Ein anderer, oft übersehener Grund, sich über Fragen zu freuen, ist, dass man Euch nur Fragen stellen wird, deren Beantwortung man Euch zutraut. Die Prüfungskommission kennt Eure Vornoten und Eure Zielvorstellungen und wird beides in den Fragen zu berücksichtigen versuchen. Das heißt, dass schwierige Fragen in erster Linie Ausdruck von Zuversicht darüber sind, dass Ihr die nötigen Fähigkeiten habt, um sie zu beantworten. Zumindest stellen sie eine faire Chance dar, sich notentechnisch zu verbessern. Und auch darüber sollte man sich freuen können.

Ein gutes Zeichen können auch kritische Fragen sein. Dafür gibt es zwei Gründe. Grund Nummer 1 ist, dass sie eine Hilfestellung sein können, um Euch zu korrigieren. Vor allem dann, wenn die Frage einen echten Kritikpunkt zum Ausdruck bringt, werdet Ihr im Zweifel Punkte damit gewinnen, Euch mit diesem Kritikpunkt auseinanderzusetzen und ihn begründet anzunehmen oder abzulehnen. Und Grund Nummer 2 ist, dass kritische Fragen nicht immer ernst gemeint sind, sondern mit einem spielerischen Unterton und dem Ziel gestellt werden, eine Diskussion in Gang zu bringen. Auch über diese Fragen darf man sich freuen, denn sie können eine zweite Chance darstellen oder eine Gelegenheit zum Punkten eröffnen. Unter dem Strich gilt daher: Fragen sind etwas Gutes und Ihr wollt so viele wie möglich davon gestellt bekommen. Einzig solche Fragen, die ganz stumpf Wissen abfragen und Euer Gedächtnis statt Euer juristisches Können prüfen, sind nicht besonders zielführend.

Jetzt aber zu den verschiedenen Fragetypen. Der einfachste Fragentyp sind **geschlossene Fragen**. Damit sind Fragen gemeint, die feste Antwortmöglichkeiten vorgeben, wie z.B. Ja-Nein-Fragen. Hierbei ist es wichtig, direkte Antworten zu geben und – sollten Relativierungen oder Begründungen nötig sein – diese erst nach der eigentlichen Antwort zu bringen.

Geschlossene Fragen sind allerdings nicht die Fragen, die Euch viele Punkte einbringen werden. Diese sind eher dazu gedacht, das Eis ein wenig zu brechen und Euch ins Reden zu bringen. Was Punkte bringen wird, sind solche Gelegenheiten zum Sprechen, die Euch mehr Flexibilität einräumen. Solche Gelegenheiten sind **Aufforderungen** dazu, mit der **Prüfung eines Falls** fortzufahren oder **Argumente** für bzw. gegen eine bestimmte Position zu generieren. Hier gilt es vor allem, das Gesetz in den Vordergrund zu rücken und darauf basierend Verständnis zu beweisen, indem man methodisch sauber vorgeht, Problembewusstsein zeigt und Wertungen explizit macht. Insoweit ergeben sich keine Besonderheiten zu der Herangehensweise an das Prüfungsgespräch im Allgemeinen, die bereits oben behandelt wurden (Kapitel III, Abschnitt „A – Bestandteile und worauf es jeweils ankommt"). Lediglich ein wenig Erwartungsmanagement mag an dieser Stelle geboten sein. Denn dem zeitlichen Umfang der Prüfung einzelner Rechtsgebiete ist es geschuldet, dass kaum Fälle oder Probleme geprüft werden können, deren Diskussion rechtstechnisch in ganz schwindelerregende Höhen vordringt. Ab und zu werden unproblematische Stellen einer Falllösung behandelt werden müssen und hier und da kommt es zur reinen Wissensabfrage. Die Devise muss deshalb lauten: Seid wachsam und nutzt die Gelegenheit zum Argumentieren und Diskutieren, wenn sie sich bietet. Versucht nach Möglichkeit, von reinen Wissensfragen selbst zu tiefgründigen juristischen Gedanken überzuleiten. Und bittet schon im Vorgespräch darum, nicht nur nach Wissen gefragt zu werden. So könnt Ihr die Gelegenheiten maximieren, im Prüfungsgespräch punktebringend zu sprechen.

Tückisch kann eine dritte Art der Frage sein. Diese Fragen erfordern ein erhöhtes Maß an Aufmerksamkeit, um zielführend beantwortet werden zu können. Die Rede ist von **Fragen mit einem Subtext**. Es kommt regelmäßig vor, dass Fragen gestellt werden, die auf den ersten Blick eine reine Wissensfrage sind oder nach Eurer Meinung fragen. In Wahrheit geht es aber um einen tiefer liegenden Punkt, der nur dann erkannt wird, wenn man kurz über die Frage nachdenkt. Eine Frage, bei der man kaum über ihre zweite Ebene nachdenken muss und für die Ihr wahrscheinlich alle ohnehin sensibilisiert seid, ist die nach der Gerechtigkeit eines Ergebnisses. Hier gilt es oft (z.B. im Bereicherungsrecht), den Vergleich zu anderen Rechtsfiguren zu bemühen oder bestimmte gesetzliche Wertungen stärker zu berücksichtigen.

Schwieriger wird es bei der Frage: „Überzeugt Sie das?“ Auch hinter dieser Frage kann sich eine Aufforderung zum Überdenken eines Ergebnisses verstecken. Sie kann aber auch dazu auffordern, Gegenargumente zu produzieren, zum Beispiel, wenn sehr einseitig nur die herrschende Meinung zu einer Frage dargestellt wurde. Manchmal zielt sie auch darauf ab, dass Ihr Fehler in der Herleitung eines Ergebnisses oder Arguments aufdecken sollt. Was davon im Einzelfall erforderlich ist, müsst Ihr dann erkennen und damit Rechtsverständnis beweisen. Möglich ist es aber auch, sich für eine Position oder ein Ergebnis starkzumachen und gerade nicht von einer klugen Lösung abzuweichen. Möglicherweise ist es auch gewünscht, die diskutierten Argumente noch einmal selbst zu gewichten, um vielleicht zu einem anderen Ergebnis zu kommen. Was auch immer im Einzelfall unter Berücksichtigung der Umstände dieser Frage am besten ist – Ihr solltet gedanklich einen Moment innehalten und kurz überlegen, was wohl am wahrscheinlichsten das Ziel der Frage ist. Als erstes sollte man überlegen, ob es Argumente gibt, die noch nicht berücksichtigt wurden oder ob Fehler gemacht wurden. Wenn dem nicht so sein sollte, sollte der nächste Gedanke dem Lösungsweg und der Gewichtung der Argumente gelten. Sind auch auf dieser Ebene keine Bedenken anzumelden, gilt der letzte Gedanke der Ergebniskorrektur. Diesen Dreischritt kann man auch sehr gut offenlegen, *bevor* man eine abschließende und begründete Antwort auf die Frage gibt. So methodisch und überlegt an eine offene rechtliche Frage herangehen zu können, wird mit hoher Wahrscheinlichkeit einen sehr guten Eindruck bei der Prüfungskommission machen, sofern Ihr unterwegs keine grob falschen Überlegungen anstellt.

Manchmal kommt es vor, dass Ihr **nach Rechtsprechung gefragt** werdet. Hier ist der Kontext entscheidend. Insbesondere zu Beginn eines Prüfungsgesprächs kann es sein, dass Ihr aus der Rubrik der juristischen Allgemeinbildung ein berühmtes höchstrichterliches Urteil kurz skizzieren sollt. Werdet Ihr dagegen mitten in der Diskussion eines Falls oder eines abstrakten Rechtsproblems nach einem Urteil gefragt, liegt es sehr nahe, dass es der fragenden Person nicht auf die Wiedergabe des Sachverhalts oder der entschiedenen Rechtsfrage ankommt, sondern darauf, dass Ihr zentrale rechtliche Erwägungen aus dem Urteil in Eure Argumentation einbezieht.

Beim Stichwort Rechtsprechung sollte auch erwähnt werden, dass es für das richtige Verständnis einer Frage einen Unterschied machen kann, ob sie aus einer Praxisperspektive gestellt wird oder eher aus einem universitären Blickwinkel. Werdet Ihr von Praktiker:innen geprüft, wird ihnen oft die BGH-Perspektive am präsentesten sein. Das bedeutet nicht, dass diese das Maß aller Dinge ist. Aber einige Praktiker:innen freuen sich sicher darüber, wenn Ihr mit einem Auge schon in Richtung der praktischen Rechtsanwendung schielt und zeigt, dass Ihr wisst, wie man den Fall vor Gericht lösen würde.

5. Das Verhältnis zu den anderen Prüflingen

Zum Abschluss des Kapitels über die mündliche Prüfung ist es mir wichtig, einen großen Faktor der Prüfung nicht zu vergessen: Die anderen Prüflinge bei Eurem Termin. Am Ende des Tages kämpfen natürlich alle für ihre eigenen Examensnoten in der mündlichen Prüfung. Aber gleichzeitig kämpft Ihr Schulter an Schulter mit anderen zusammen, die in der gleichen Situation stecken wie Ihr. Aus diesem Umstand ergeben sich ein paar Erwägungen.

Die wichtigste dieser Erwägungen – und das kann ich gar nicht stärker betonen – lautet: Ihr befindet Euch *nicht* im Konkurrenzkampf! Eure Noten werden nicht in Relation zu den anderen Prüflingen gebildet und um gut dazustehen, müsst Ihr nicht besser performen als die anderen.

Das Nächstwichtigere, das ich Euch mit auf den Weg in Eure mündliche Prüfung geben möchte, ist: Gebt Euer Bestes, um Beiträge der anderen *aufzugreifen* und soweit möglich darauf *aufzubauen*. Versucht dabei, so konstruktiv und freundlich wie möglich zu sein. Bestenfalls entsteht so etwas wie Teamgeist während der Prüfung, bei der der gemeinsame Gegner die Prüfungssituation und das gemeinsame Ziel drei insgesamt möglichst hochkarätige Prüfungsgespräche sind, bei denen alle glänzen können. Die Vorteile dieser Einstellung liegen nicht nur darin, dass der lange und aufregende Prüfungstag deutlich angenehmer wird, wenn aus Fremden plötzlich Verbündete werden. Ihr signalisiert damit auch der Prüfungskommission etwas essentiell Wichtiges: *Mit Euch möchte man gerne zusammenarbeiten.* Vergesst nicht, dass die mündliche Prüfung vor allem im zweiten, aber zu einem erheblichen Grad auch schon im ersten Staatsexamen das Tor in die Welt der Praxis ist, in der Ihr es nicht mehr mit Kommiliton:innen zu tun habt, sondern mit Kolleg:innen. Ihr seid am Ende einer langen Ausbildung angekommen und was auch immer der nächste Schritt für Euch sein wird, Ihr werdet dabei neben mehr Verantwortung vor allem mehr und mehr Augenhöhe mit Menschen wie denen auf Seiten der Prüfungskommission gewinnen und mit ihnen zusammenarbeiten. Ganz gleich, ob Ihr nach dem Examen als wissenschaftliche Mitarbeitende an Lehrstühle geht, in die praktische Ausbildung des Referendariats startet oder den Weg ins Berufsleben antretet – in jedem Fall werdet Ihr an der Seite von Menschen wie Euren Prüfer:innen arbeiten und nicht wenige von ihnen werden sich im Rahmen der Bewertung vorstellen, ob man Euch auf Studierende, die Wissenschaft oder die Praxis „loslassen" kann. Das ist kein Gedanke, der im engeren Sinne Bewertungsmaßstab sein darf. Aber machen wir uns nichts vor – auch die Prüfer:innen sind Menschen und ein sympathischer und kollegialer Eindruck wird Euch in einem besseren Licht dastehen lassen, als wenn Ihr auf Einzelkämpfer macht.

Vergesst auch nicht, Euch zwischen den Prüfungsgesprächen falls nötig gegenseitig aufzubauen, zu bestärken und zu motivieren. Gemeinsam kommt man tausendmal besser durch die mündliche Prüfung als alleine!

IV. Die Verteidigung der Seminararbeit, Referate und andere freie Vorträge

Neben der mündlichen Prüfung im Rahmen der Pflichtfachprüfungen in den beiden Staatsexamina halten Studium und Praxis viele weitere Gelegenheiten bereit, zu denen Ihr vor anderen sprechen müsst. Im universitären Kontext werden diese Situationen natürlich benotet und sind nicht selten – wie etwa die Verteidigung der Seminararbeit im Schwerpunktstudium – verpflichtende Studienleistungen, auf die man sich gut vorbereiten sollte. Denn nicht selten hängt es von der Leistung in der mündlichen Verteidigung der Seminararbeit ab, ob man insgesamt die nächste Notenstufe erreicht oder nicht. Da diese an vielen Universitäten den Großteil des universitären Schwerpunktstudiums ausmacht, sollte man ihre Bedeutung nicht unterschätzen, zumal man im Studium meist nicht auf die Verteidigung vorbereitet wird. Aber auch über das Studium hinaus wird es immer wieder nötig sein, zu präsentieren bzw. vorzutragen. Solche Vorträge unterscheiden sich erheblich von der mündlichen Prüfung vor den Justizprüfungsämtern und verdienen deshalb ihr eigenes Kapitel.

Auch in diesem Kapitel wird Bezug auf die Empfehlungen aus dem Allgemeinen Teil dieses Buchs (Kapitel II – Allgemeine Elemente und Voraussetzungen gelungener Rhetorik) genommen. Daneben lege ich besonderes Augenmerk auf diejenigen Aspekte gelungener Rhetorik, die bei freien Vorträgen besonders entscheidend sind und gebe maßgeschneiderte Tipps, um diese bestmöglich zu meistern.

A. Bestandteile und worauf es jeweils ankommt

Wenn Ihr Eure Seminararbeiten im Rahmen ihrer Verteidigung präsentiert oder andere Vorträge haltet, gibt es verschiedene Kriterien, an denen sich erfolgreiche Leistungen messen lassen. Diese Kriterien unterscheiden sich erheblich von denen, die im Rahmen der mündlichen Prüfungen vor den Justizprüfungsämtern abgelegt werden müssen. Das liegt nicht zuletzt daran, dass die Rahmenbedingungen völlig andere sind. In einem freien Vortrag müsst Ihr (jedenfalls bis zu einer anschließenden Diskussions- oder Fragerunde) keine Rückfragen beantworten, Ihr habt viel Vorbereitungszeit und einen sehr eingegrenzten Stoffumfang. Das heißt in erster Linie, dass Ihr den Vortrag sehr gut vorbereiten und ausfeilen könnt (eine Möglichkeit, aus der viele bei Weitem nicht genug machen!). Außerdem könnt Ihr in den meisten Fällen auf beliebige Hilfsmittel zurückgreifen, wie zum Beispiel eine Slideshow, Requisiten und Flipcharts.

Auch der Zweck des Vortrags ist ein anderer als der der mündlichen Prüfung, womit wir zu den anderen Maßstäben für ein erfolgreiches Abschneiden kommen.

In der mündlichen Prüfung geht es in erster Linie darum zu beweisen, dass Ihr in der Lage seid, juristisch zu denken und mit Recht methodisch, gewissenhaft und verständig umgehen könnt. In einem freien Vortrag, wie der Verteidigung Eurer Seminararbeiten, geht es dagegen vor allem darum, Informationen, Thesen, Entscheidungen, Argumente und Ergebnisse zu vermitteln. Je nach Kontext kann diese Vermittlung darin bestehen, das Publikum von etwas zu überzeugen, indem Ihr ihm Inhalte nicht nur präsentiert, sondern „verkauft". Es kann auch darin bestehen, Eure Arbeit mitsamt ihrer Methoden und Ergebnisse zu rechtfertigen. Denkbar ist auch, dass das Ziel schlichtweg ist, Inhalte so effektiv wie möglich zu vermitteln, was eine nachvollziehbare Struktur und eine ansprechende Präsentation erfordert. Realistisch betrachtet ist das Ziel meistens eine Mischung all dieser Aspekte.

Die Parameter für einen gelungenen Vortrag werden wesentlich auch dadurch bestimmt, wer Euer Publikum ist. Es macht einen großen Unterschied, ob Ihr vor einem Fachpublikum oder juristischen Laien, vor Euren Profs oder anderen Studierenden/Kolleg:innen sprecht und wie einschlägig das Publikum über Euer Thema schon vorgebildet ist. Je besser Ihr einschätzen könnt, wer Euch zuhört, desto leichter wird es Euch fallen, einzuschätzen, was man von Euch erwartet und wie Ihr das Publikum beeindrucken könnt.

Wenn der Gegenstand Eures Vortrags nicht hochtechnisch ist, dann ist es in aller Regel angebracht, dem Vortrag eine gewisse Dramaturgie einzuflechten. Denn nicht anders als in der mündlichen Prüfung gilt auch hier, dass die Aufmerksamkeitsspanne des Publikums begrenzt ist und Ihr aktiv dafür sorgen müsst, dass man Euch nicht nur pflichtschuldig, sondern aus echtem Interesse folgt. Und dafür ist eine Dramaturgie oder eine Spannungskurve ein wirksames Werkzeug, das Ihr so nur in freien Vorträgen zur Verfügung habt.

Unter das Stichwort „die Aufmerksamkeit des Publikums gewinnen und hochhalten" gehört auch die richtige Strukturierung des Vortrags und ihre Verdeutlichung. Eins sei schon hier gesagt: Am Anfang eines Vortrags zur Strukturierung so etwas hier anzubieten, reicht vorne und hinten nicht:

> „Zunächst werde ich in das Thema meiner Arbeit einleiten. Dann präsentiere ich das Problem XYZ und stelle darauf aufbauend drei Lösungsvorschläge vor. In einer Stellungnahme werde ich dann erklären, warum ich zu dem Schluss gekommen bin, dass keine dieser Lösungen angemessen ist und meinen eigenen Lösungsvorschlag präsentieren. Zum Schluss werde ich ein Fazit ziehen."

Was man stattdessen und darüber hinaus tun sollte, erkläre ich im Unterabschnitt „2 – Einem Vortrag Struktur geben" des nächsten Abschnitts.

Was Rhetorik im engeren Sinne (= Redekunst) angeht, gilt es, der Hauptrolle, die Ihr während Eures eigenen Vortrags spielt, durch rhetorische Präsenz gerecht zu werden. Hierzu gehören Aspekte der Körperhaltung und Gestik genauso sehr wie die Lautstärke und Klarheit, mit der Ihr sprecht, sowie der Blickkontakt zu Eurem Publikum und authentisches Auftreten.

Natürlich ist es auch bei einem freien Vortrag wichtig, dass Ihr in der Lage seid, Eure Vortragszeit effektiv zu nutzen. Das Zeitmanagement zu meistern ist bei freien Vorträgen in erster Linie eine Frage der Vorbereitung und Übung. Hierum wird es gleich zu Beginn des nächsten Kapitels gehen.

Wenn Ihr den Vortrag gemeistert habt, schließt sich in vielen Fällen eine Frage- und/oder Diskussionsrunde an. Das ist in vielen Schwerpunktseminaren so, aber auch auf Panels von Fachtagungen oder anderen Formaten, bei denen man fachliche Inhalte präsentiert. Solche Runden können eine ganz eigene Dynamik entfalten, deswegen lohnt es sich, auch hier ein paar Gedanken in die Vorbereitung zu investieren. Diese werde ich im Abschnitt „C – Die Diskussion" vorstellen.

Last but not least ist das Kapitel zu freien Vorträgen die beste Stelle, um einige Tipps zu PowerPoint, Keynote und Co. zu geben. Im Abschnitt „D – Der Einsatz von Präsentationen" erkläre ich, worauf es ankommt, wenn man einen Vortrag visuell begleiten möchte.

B. Der Vortrag

Mit freien Vorträgen meine ich solche, die im Stil keinen oder nur wenigen formellen Vorgaben unterworfen sind. Das Beste an freien Vorträgen ist, dass Ihr sie mit nur wenigen Einschränkungen sehr individuell gestalten und an spezifische Situationen anpassen könnt. Vortragssituationen bieten Raum für Kreativität, sie können bis ins Detail konzipiert und geübt werden und erlauben Euch meistens, Inhalte in Eurem persönlichen Stil zu präsentieren. Einschränkungen dieser Freiheit ergeben sich nur am Rande aus den Rahmenumständen wie dem Publikum oder dem Anlass. Dieser Freiheit sollte man sich vor allem im Kontext der Verteidigung von Seminararbeiten bewusst werden, bei der viele Vorträge trotz unterschiedlicher Themen einem ähnlichen Muster folgen und dadurch schnell uninspiriert wirken.

Für diejenigen von Euch, die sich im Studium befinden, dürfte der wichtigste Fall des freien Vortrags die Verteidigung der Seminararbeit im Schwerpunktstudium sein. Wie immer bei der Rhetorik gilt auch bei Vorträgen im Rahmen von Schwerpunktseminaren: Das „Schema-F" ist ein schlechter Ratgeber und was gut funktioniert, ist sehr individuell. Authentizität ist deutlich entscheidender für einen erfolgreichen Vortrag als das Replizieren irgendwelcher Dinge, die sich irgendwie unter Studierenden eingebürgert haben mögen. Wie auch in allen anderen Redesituationen sollte die Aufmerksamkeit nicht so sehr darauf liegen, was man tun muss, um nicht negativ aufzufallen. Stattdessen sollte man sich darüber Gedanken machen, wie man positiv hervorstechen kann. Um bei freien Vorträgen positiv aufzufallen, sollte man stets bedenken, was für den eigenen Stil und das eigene Thema vor dem Hintergrund des Publikums funktionieren könnte. Das ist natürlich etwas, das an dieser Stelle nicht konkreter behandelt werden kann, da das von Euren jeweiligen Themen sowie individuellen Stärken und Schwächen abhängt. Aber Folgendes steht fest: Die Inhalte so aufzubereiten, dass sie zu Euren rhetorischen Stärken[7] passen, ist der Schlüssel zu einem erfolgreichen freien Vortrag.

Was dagegen kaum eine Rolle spielen sollte, ist die Frage, was wohl die anderen in ihren Vorträgen tun werden oder in früheren Veranstaltungen getan haben. Zum einen, weil erfolgreiche Rhetorik sehr individuell ist und was für die eine gut funktioniert, kann für den anderen die völlig falsche Richtung sein. Und zum anderen, weil die allermeisten sich erfahrungsgemäß keine tiefgreifenden Gedanken darüber gemacht haben, was sie tun sollten, um nicht nur inhaltlich, sondern auch rhetorisch zu überzeugen. Dabei geht beides, wie wir ja aus der Einleitung wissen, Hand in Hand. Viele konzentrieren sich nur darauf, Ihre Inhalte in eine Reihenfolge zu bringen, sich diese zu merken und dann irgendwie im Rahmen der Zeit zu erzählen. Warum sollte das Euer Maßstab sein? Wenn Ihr Euch überhaupt Gedanken über Stil und effektive Kommunikation macht, werdet Ihr vielen anderen Vortragenden etwas voraus haben. In welche Richtungen sich diese Gedanken bewegen sollten, um rhetorisch eine gute Figur zu machen, ist Gegenstand dieses Abschnitts.

1. Die Vorbereitung – Visualisierung, Notizen, Zeitmanagement, Übung

Ein gut vorbereiteter Vortrag ist in aller Regel auch ein gelungener Vortrag. Gute Vorbereitung heißt dabei aber nicht, einen Vortrag auswendigzulernen oder gar irgendwelche Lacher fest einzuplanen. Die Kunst ist es vielmehr, bei der Vorbereitung die richtigen Schwerpunkte zu setzen. Bei Fachvorträgen bedeutet das natürlich mindestens zur Hälfte, dass Ihr die Inhalte, die Ihr präsentieren werdet, durchdrungen habt und tief im Thema seid. Letzteres ist insbesondere für die Diskussions- oder Fragerunden wichtig, die sich oft an Fachvorträge anschließen. So auch im Rahmen der Verteidigung einer Seminararbeit im Schwerpunkt. Gut vorbereitet zu sein, heißt insofern, dass Ihr zu jeder Nachfrage (idealerweise sogar selbst zu Randgebieten oder ähnlich gelagerten Themen/Ideen/Diskursen/Urteilen/etc.) fundierte Antworten geben könnt. Wenn Ihr einen Vortrag auf der Basis

---

7 Zum Stichwort *Stärken* solltet Ihr Euch an den allgemeingültigen Aspekten aus Kapitel II orientieren. Aussagekräftige Gesten, angemessene Körpersprache und selbstverständlich auch ein durchgehender Blickkontakt zum Publikum sind neben den anderen Elementen gelungener Rhetorik auch bei freien Vorträgen wie der Verteidigung der Seminararbeit besonders wichtig. Nehmt Euch diese Abschnitte daher bitte auch für freie Vorträge sehr zu Herzen. Sie werden nur deshalb in diesem Kapitel nicht präzisiert, weil hier keine Verallgemeinerungen möglich sind. Denn anders als bei Aktenvorträgen, in denen die Situation und der durch die Inhalte stärker vorgegebene Stil, der unabhängig vom Thema z.B. bestimmte Gesten sinnvoll macht, ist in freien Vorträgen der Maßstab für den Erfolg rhetorischer Mittel zum einen das Thema des Vortrags und zum anderen Eure individuellen Persönlichkeiten.

einer Seminararbeit vorbereitet, wird die inhaltliche Arbeit glücklicherweise zum Großteil schon gemacht sein, wenn Ihr Euch ihrer Präsentation und Verteidigung widmet. Inhaltlich darf sie nur nicht bei dem enden, was Ihr am Ende aufgeschrieben habt.

Da dieses Buch nicht der inhaltlichen, sondern der rhetorischen Vorbereitung Eurer Vorträge gewidmet ist, kümmern wir uns aber hier nur um die optimale Vorbereitung des Vortrags selbst.

Damit man herausfindet, wie man die eigenen Inhalte am besten vortragen kann, muss man sich zunächst klarmachen, welche die Rahmenbedingungen des Vortrags sein werden. Dazu gehören vor allem diese Punkte:

- Wer ist der Adressatenkreis?
- Was ist der Anlass?
- In welcher Rolle steckt Ihr als Vortragende?
- Wie viel Zeit habt Ihr?
- Praktische Fragen wie: Wie sieht der Raum aus, in dem Ihr präsentieren werdet? Welcher Dresscode ist angemessen? Welche Technik steht zur Verfügung?

Diese Fragen sollten vor jedem Vortrag dazu führen, dass Ihr Euch mental einmal so realistisch und detailliert wie möglich in die Vortragssituation hineinversetzt und sie visualisiert (siehe hierzu unbedingt Kapitel II, Abschnitt „P – Visualisieren"). Stellt Euch vor, welche Erwartungen im Raum stehen, welche Maßstäbe gelten, wie die Grundstimmung sein könnte, auf welche Eurer Stärken Ihr in dieser Gemengelage setzen könnt und welche rhetorischen oder inhaltlichen Schwächen es für die konkrete Situation am ehesten auszumerzen gilt. Stellt Euch vor, was Euch gefallen oder was Euch sogar beeindrucken würde, wenn Ihr im Publikum Eures eigenen Vortrags säßet. Stellt Euch vor allem vor, wie der Vortrag ablaufen muss, damit Ihr Spaß dabei habt und Euch wohlfühlt. Gelingt es Euch, Begeisterung für das Thema und Freude am Vortragen auszustrahlen, dann wird diese Stimmung auch mit hoher Wahrscheinlichkeit auf das Publikum überschwappen. Insbesondere Prüfer:innen wird es freuen, wenn Ihr Euch für die Themen, die *sie* entwickelt haben, begeistern könnt! Wenn Ihr viel Zeit zur Vorbereitung habt, könnt Ihr auch im Kopf verschiedene Szenarien durchgehen, die Euch in der Situation erwarten könnten. Je weniger Euch überraschen kann, desto souveräner werdet Ihr beim Vortrag selbst sein.

Vermutlich die wichtigste Überlegung für eine gelungene Vortragsvorbereitung ist diejenige zum Adressatenkreis. Es macht einen großen Unterschied für die inhaltliche Vorbereitung und die Art, wie man präsentieren sollte, ob man vor der interessierten Öffentlichkeit oder einem Fachpublikum spricht. Und auch innerhalb eines Fachpublikums ist es relevant zu wissen, auf welchem fachlichen Level das Publikum steht. Im Fall von Seminarverteidigungen ist es meistens üblich, die eigene Arbeit nicht nur der professoralen Seminarleitung, sondern auch vor den anderen Teilnehmenden zu präsentieren. Auf Professorenseite wird tiefe Expertise zu Eurem Thema bestehen und es wird erwartet, dass Ihr auf einem

Niveau vortragen könnt, das der Tiefe und Komplexität Eures Themas angemessen ist. Auf Seiten Eurer Kommiliton:innen besteht meistens eine breite allgemeine Expertise mit punktuellen Vertiefungen zum Thema des Seminars, aber nicht notwendigerweise speziell zu Eurem Thema. Von ihnen wird erwartet, inhaltlich mindestens insoweit an die Hand genommen zu werden, dass sie Euer Thema und die wesentlichen Ergebnisse und methodischen Entscheidungen Eurer Arbeit nachvollziehen können. Beides in eine Balance zu bringen, ist manchmal gar nicht so einfach. Es erfordert, dass Ihr Euch entweder sehr realistisch in Euer Publikum hineinversetzen könnt oder in der Vorbereitung mit anderen ausprobiert, wie gut es Euch gelingt, sie sehr grundlegend und serviceorientiert in Eure Arbeit einzuführen. Das muss außerdem so geschehen, dass es nicht auf Kosten der inhaltlichen Komplexität geht, deren inhaltliches Durchdringen und rhetorisches Vermitteln am Ende die Punkte bringt.

In etwa genauso wichtig, wie den Adressatenkreis zu verstehen, ist es, den Anlass des Vortrags verstanden zu haben. Ob Ihr etwa im Rahmen einer Prüfung sprecht (Seminarverteidigung, Referate, Beitrag auf einer Fachkonferenz etc.), aus Anlass einer Feierlichkeit (z.B. einer Absolvent:innenenfeier) oder um Angebote, Dienstleistungen etc. vorzustellen, macht einen großen Unterschied dafür, welche Weichen in der Vorbereitung zu stellen sind. Der Anlass eines Vortrags wirkt sich in erster Linie darauf aus, was von Euch erwartet wird bzw. was die Maßstäbe für einen gelungenen Vortrag sind. In einer Prüfung liegt der Schwerpunkt darauf, mittels eines Vortrags fachliches Können unter Beweis zu stellen. In der Regel wird ebenfalls Bewertungsgrundlage sein, auf welche Art und Weise Ihr das fachliche Können rhetorisch präsentiert. Das Prüfungsformat des Vortrags wird dadurch gerechtfertigt, dass in Vorträgen Fähigkeiten verlangt werden, die für Eure weitere juristische und berufliche Karriere wichtig sind. Kompliziertes verständlich zu machen, sich ohne Übergehen wichtiger Punkte auf das Wesentliche zu konzentrieren und in vielen Fällen auch Position zu beziehen sind die Dinge, die Prüfungen als Anlass für (Fach-)Vorträge ausmachen. In diesem Zusammenhang sei auch erwähnt, dass die anlassbezogenen Rahmenbedingungen eines Vortrags auch ausschlaggebend dafür sind, mit welchen Mitteln Ihr Euren Vortrag durch das Erzeugen von Kontrasten besonders interessant gestalten könnt. In einer Prüfungssituation, die viele als angespannt oder förmlich empfinden mögen, trauen sich wahrscheinlich eher wenige Studierende, von althergebrachten Strukturen oder Mustern abzuweichen oder ein wenig Humor einzustreuen. Dabei kann gerade das dazu führen, dass ein Vortrag positiv im Gedächtnis bleibt. Denkt deshalb nicht nur daran, was für solche Anlässe üblich ist, sondern auch daran, was vielleicht eher unüblich ist, aber dafür das Potenzial hat, den Vortrag interessanter und besser zu machen. Es gibt meistens Raum dafür, mit Erwartungen zu spielen. Diese sehen für viele Anlässe unterschiedlich aus. In Vorträgen zur Feier von etwas oder im Rahmen einer populärwissenschaftlichen Veranstaltung stehen oft Unterhaltsamkeit und Nachvollziehbarkeit vor inhaltlicher Präzision und Tiefe. Auch ein besonders souveränes Auftreten, bei dem Ihr Euch in der Vortragendenrolle wohlfühlt – ohne dabei überheblich zu erscheinen – kann einen angenehmen und positiven Kontrast zu anderen Vorträgen erzeugen. Der Anlass gibt vor, was Euer Vortrag im Kern leisten muss. Außerhalb dieses Kernbereichs besteht viel Flexibilität.

Eine dritte Überlegung gilt Eurer Rolle während des Vortrags. Sollt Ihr zum Beispiel ein Expert:innenpanel moderieren, eine Festrede halten und ganz grundsätzlich andere ins Rampenlicht stellen, ist die Situation grundlegend anders als eine, in der Ihr im Mittelpunkt steht. Ein weiterer Unterschied liegt darin, zu welchem Anteil Ihr in der Rolle eines/einer Lehrenden steckt und zu welchem Anteil Ihr eine/einer von vielen Teilnehmenden an einer Bildungsveranstaltung seid. In Prüfungssituationen, die in diesem Buch im Vordergrund stehen, liegt Eure Rolle auf den ersten Blick in einem Zwiespalt: Einerseits seid Ihr für die Dauer Eures Vortrags diejenigen, die Inhalte vermitteln. Und das zum Großteil an ein Publikum, das mit diesen Inhalten nicht in derselben Tiefe vertraut ist wie Ihr. Es gilt also, als Dozent:in aufzutreten und durch das Erklären und Präsentieren zu beweisen, dass Ihr Eure inhaltliche Arbeit gut gemacht habt. Andererseits seid Ihr nicht die Person, die ein Seminar leitet und Eure Fachkompetenz ist in 99% der Fälle geringer als die der Person, die Euch bewertet. Insofern steht Ihr gleichzeitig auf dem Prüfstand und sollt nicht nur lehren, sondern auch aus ihr lernen. Die Worte „auf den ersten Blick“ habe ich oben allerdings nicht ohne Grund gewählt. Zwar stimmt es, dass Ihr in beiden Rollen gleichzeitig steckt. Für die Zeit, in der Ihr präsentiert, sollte Euch aber nur die erste Rolle bestimmen, also die der/des Lehrenden. Der Deal bei freien Vorträgen ist nämlich der: Eure Redezeit ist begrenzt, dafür gehören die Bühne und die Aufmerksamkeit des Publikums aber während dieser Redezeit auch wirklich ausschließlich Euch. Seid Euch dessen bewusst und schöpft Sicherheit aus der Gewissheit, dass Ihr allein die Kontrolle darüber habt, wie Eure Redezeit genutzt wird. Sicherheit solltet Ihr ebenfalls aus der Tatsache schöpfen, dass Ihr in Prüfungsvorträgen die Person mit *mindestens der zweitgrößten Expertise* zu Eurem Thema im Raum seid. Das ist jedenfalls die übliche Erwartungshaltung von Seiten der Prüfer:innen. Und mit dieser Erwartungshaltung steht es in starkem Kontrast, wenn Vortragende übermäßig nervös, schüchtern oder unsicher sind. Denn die Person mit der zweitgrößten Expertise im Raum, die auch noch die ungeteilte Aufmerksamkeit genießt, um Ihre Expertise nach viel Vorbereitungszeit zeigen zu können, sollte sich wohl in ihrer Haut fühlen und dem Vortrag mit Freude und begründeten Optimismus entgegensehen.

Ein weiterer Gedanke gilt dem Zeitrahmen. Die verfügbare Vortragszeit bestimmt die inhaltliche Kapazität des Vortrags und die Erstellung von Vortragsnotizen stark. In inhaltlicher Hinsicht gilt es, den verfügbaren Zeitrahmen so mit Inhalt zu füllen, dass nichts Wichtiges außen vor bleiben muss, aber das Publikum auch nicht mit Informationen bombardiert wird. Als Faustregel funktioniert es für Fachvorträge gut, in einem etwa zehnminütigen Format nicht mehr als zwei bis vier inhaltliche Schwerpunkte zu setzen. Das ist ein Erfahrungswert, der sich aus meinen Rhetoriktrainings für Studierende entwickelt hat und auch für meine eigenen Vorträge immer gut funktioniert. Natürlich kann es sein, dass Ihr im Rahmen eines Vortrags etwas vorstellen müsst, das sich nicht in zwei bis vier Schwerpunkte einteilen lässt. Diese Fälle dürften aber eher selten sein. Denn meistens ist es möglich, Punkte oder Argumente unter einem gemeinsamen Aspekt zu gruppieren oder gar zusammenzufassen und daraus einen Schwerpunkt zu bilden. Wichtig ist hier außerdem, dass ein Vortrag nie z.B. eine gesamte Seminararbeit wiedergeben soll. *Was Ihr im Rahmen der Verteidigung präsentiert, ist keine Miniaturversion der gesamten Arbeit, sondern ihre Essenz.* Das herauszufiltern, was zur Essenz Eurer Arbeit gehört und es von dem zu trennen, was nicht Teil des inneren Kerns Eurer Fragen, Thesen, Methodik, (Rechts-)Ansichten oder Ergebnissen ist, ist daher streng genommen bereits Teil der Prüfungsleistung im Rahmen der Seminarverteidigung.

Der Zeitrahmen beeinflusst neben der inhaltlichen Schwerpunktsetzung auch, welcher Umfang an Notizen sinnvoll ist. Der Grundsatz, dass ein Vortrag möglichst frei und ohne Unterbrechung des Blickkontakts zum Publikum gehalten werden sollte, gilt bei freien Vorträgen noch einmal deutlich stärker als im Rahmen von Aktenvorträgen. Das ist drei Umständen geschuldet: Erstens, dem Umstand, dass Ihr viel mehr Vorbereitungszeit habt als bei spontanen (Akten-)Vorträgen. Zweitens, dem Umstand, dass Ihr die Expert:innen für Euer Thema seid und dementsprechend wenig Gedächtnisstützen brauchen solltet. Und drittens dem Umstand, dass Ihr oft eine Präsentation im Hintergrund laufen habt, die Euch als Gedächtnisstütze dient. Zwar dürft Ihr niemals zu Euren Folien sprechen statt zum Publikum, aber meistens steht ein Computer irgendwo in Sichtweite, auf dem Ihr sehen könnt, was gerade hinter Euch an die Wand projiziert wird. Diese drei Umstände sorgen dafür, dass die berechtigte Erwartung besteht, dass Ihr bei freien Vorträgen gänzlich ohne Notizen präsentieren könnt. Natürlich sind Gedankenstützen nicht verboten. Wichtig ist aber, dass auf den Moderationskarten, Notizzetteln oder was auch immer Ihr während des Vortrags benötigt, keinesfalls der gesamte Inhalt Eures Vortrags steht. Denn das kann Euch dazu verleiten, aus einem übermäßigen Bedürfnis nach Sicherheit ständig in die Notizen zu schauen und das macht einen schlechten Eindruck. Besinnt Euch noch einmal auf Eure Rolle in einem Prüfungsvortrag zurück: Ihr seid diejenigen mit der Expertise und gegenüber den anderen Studierenden für die Dauer Eures Vortrags in einer Dozierendenrolle. Stellt Euch mal vor, dass sich Eure eigenen Dozierenden ständig an Notizen klammern und nur selten frei sprechen. Dann könnt Ihr Euch selbst beantworten, welchen Eindruck das macht. Was (wenn überhaupt!) in die Notizen für einen freien Vortrag gehört, sind argumentative Leuchttürme (siehe hierzu Kapitel II, Abschnitt „M – Argumentative Leuchttürme und das Erstellen von Notizen") und Details oder Zitate, deren genaue Wiedergabe sinnvoll ist, aber für die es sich nicht lohnt, Euer Gedächtnis zu beanspruchen. Auch Zeitmarken sind sinnvoll. Zuletzt kann es sich lohnen, Hintergrundinformationen für eine anschließende Diskussionsrunde in Form von Notizen dabei zu haben.

Hier weiß man nämlich – anders als beim Vortrag – vorher nicht mit Sicherheit, in welche Richtung die Fragen gehen werden und welche Diskussionen geführt werden. Sich alles zu merken, was hierfür relevant sein könnte, ist wenig zielführend und kann daher sinnvoll auf Notizzettel ausgelagert werden.

Für den Vortrag selbst gilt aber nach wie vor: Möglichst keine Notizen anfertigen und wenn doch, dann nur mit den Informationen, die Ihr zwingend rüberbringen müsst. Diesen Punkt möchte ich insbesondere noch einmal für diejenigen unter Euch betonen, die sich beim Vortragen eher unsicher fühlen und den starken Impuls haben, auf umfangreiche Notizen zurückzugreifen: Denkt bitte nicht, dass Ihr nicht dafür gemacht seid, frei vorzutragen. Ich habe schon oft mitansehen dürfen, wie in Rhetorikkursen auch die schüchternsten Studierenden aufgeblüht sind, wenn sie sich einmal zugetraut haben, frei zu sprechen. Die Erfahrung zu machen, dass man eben doch frei vortragen kann, ist unglaublich beflügelnd. Ich wünsche wirklich allen, die diesbezüglich noch an sich zweifeln, das nötige Quäntchen Mut, sich selbst positiv zu überraschen! Frei vor anderen sprechen zu können, ist *Empowerment*. Und ein wichtiger Schritt in diese Richtung ist meiner Überzeugung nach, sich mit den Quellen der eigenen Unsicherheit oder Hemmschwellen auseinanderzusetzen. Schaut dazu unbedingt einmal in Abschnitt „G – Der Umgang mit Lampenfieber" aus Kapitel II. Je besser Ihr identifizieren könnt, aus welcher Quelle die Unsicherheit im freien Vortragen kommt, desto einfacher ist diese Quelle beseitigt. Für freie Vorträge können die Sorge vor dem Unbekannten und davor, inhaltlich eine schlechte Figur zu machen, angesichts der komfortablen Ausgangslage in Sachen Vorbereitung und Expertise rein rational gesehen vernachlässigt werden. Und sobald Euch das gelingt, müsst Ihr Euch auch deutlich weniger Sorgen darum machen, rhetorisch nicht gut auszusehen. Ihr seht also: Hier greift alles ineinander und ein wenig Überwindung kann schnell zu einer positiven Spirale aus mehr Selbstvertrauen und der Fähigkeit zu souveränerem Auftreten führen. Also traut Euch und lasst zu, dass Ihr Euch bezüglich Unsicherheiten im freien Vortrag eines Besseren überzeugt. Ihr schafft das!

Um die Vorbereitung abzurunden, solltet Ihr Euch auch überlegen, welche ganz trivialen praktischen Gegebenheiten Euren Vortrag beeinflussen können. In welchem Raum wird der Vortrag stattfinden? Welche Technik wird zur Verfügung stehen und könnt Ihr sie vorher testen? Werdet Ihr in ein Mikrofon sprechen? Gibt es einen Dresscode? Wie ist der Ablauf der Veranstaltung, in deren Rahmen Ihr sprecht? Wen gilt es vielleicht gesondert zu begrüßen? Je genauer Ihr Euch die Vortragssituation vorstellen könnt, desto realistischer wird Eure Visualisierung des Ganzen und desto geringer die Sorge vor dem Unbekannten als typische Nervositätsquelle. Sorgt Euch aber nicht, wenn es Euch im Vorfeld nicht möglich sein sollte, jedes Detail in Erfahrung zu bringen und visualisieren zu können. Diese Punkte sind eher zum Abrunden der Vorbereitung gedacht und machen nicht ihren Kern aus.

Was an dieser Stelle aber noch nützlich sein könnte, sind zwei kurze Punkte zu Mikrofonen und Dresscodes:

Wenn Ihr ein Handmikrofon benutzen sollt oder möchtet, dann achtet darauf, dass Ihr das Mikro richtig haltet. Die richtige Haltung eines Handmikros ist nämlich deutlich näher am Mund, als man intuitiv meinen würde. Viele halten das Mikro auf Brusthöhe, wo es Eure Stimme nur schwach aufnehmen kann. Die richtige Position für ein Handmikrofon ist stattdessen nur etwa fünf bis zehn Zentimeter von Eurem Mund entfernt, wann immer Ihr hineinsprecht. Dabei solltet Ihr den Griff etwa mittig fassen. Zu hoch, und Handhabungsgeräusche könnten eingefangen und übertragen werden. Zu tief, und Ihr könntet die Antenne verdecken und die Übertragung erschweren. Für sogenannte Schwanenhalsmikrofone, die auf Tischen montiert sind und öfter bei Fachtagungen oder Besprechungen zum Einsatz kommen, gilt, dass sich der Kopf des Mikros etwa zwei bis drei Handbreit von Eurem Mund entfernt befinden sollte, wenn Ihr sprecht. Bei diesen Mikros müsst Ihr darauf achten, dass Ihr sie vor dem Sprechen per Knopfdruck scharf schaltet und nach dem Sprechen wieder per Knopfdruck stumm.

Was Dresscodes angeht, habe ich eher ein paar lose Empfehlungen als feste Regeln. Diese lauten: Niemand muss sich verkleiden. Wer inhaltlich und rhetorisch überzeugend auftritt, wird nicht negativ dadurch auffallen, sich etwas legerer angezogen zu haben. Gerade bei Prüfungsanlässen, professionellen Kontexten und Feierlichkeiten gibt es gewisse Erwartungen an den Dresscode, die eher in Richtung förmlich und chic gehen. Dennoch bieten sie ein breites Spektrum an Möglichkeiten, sich so zu kleiden, dass man sich wohlfühlt und authentisch auftreten kann. Für die Verteidigung von Seminararbeiten und Referate, in denen Ihr nur für die Dauer des Vortrags in die Dozierendenrolle schlüpft, gilt oft: Weniger ist mehr. Nur, weil es sich um eine Examensleistung handeln mag, muss nicht gleich Opas Krawattennadel aus dem Schrank geholt werden. Saubere weiße Sneaker können genauso einen Lederschuh ersetzen, wie ein sauberes weißes Shirt anstelle eines Hemdes oder einer Bluse zum Einsatz kommen kann. Natürlich sind weiße Hemden und Blusen mit Blazern oder vollständigen Anzügen oder Kostümen ein gängiger Standard und Ihr macht damit nichts falsch. Aber wenn Ihr Euch damit unwohl fühlen solltet, dann seid versichert, dass man sich auch angemessen anziehen kann, ohne gleich alle Register zu ziehen. Bedenkt beim Auswählen des Outfits auch unbedingt, wie warm oder kalt es voraussichtlich sein wird! Ein Dreiteiler mit Krawatte und fest geschlossenen Lederschuhen kann im Winter genau das Richtige sein. Aber er wird bei 30°C rapide an Stil und Ehrwürdigkeit einbüßen, wenn der Schweiß in Strömen zu fließen beginnt und das Deo allmählich an seine Grenzen kommt.

2. Einem Vortrag Struktur geben

Ein guter Vortrag lebt davon, dass er sinnvoll aufgebaut ist. Was im Einzelfall sinnvoll ist, hängt vom Thema ab. Aber auch darüber hinaus gibt es einige spannende Gesichtspunkte, die es beim Aufbau zu beachten lohnt. Um diese Gesichtspunkte soll es hier gehen.

Noch bevor wir uns dem konkreten Aufbau eines Vortrags widmen, sollten wir uns noch einmal kurz vor Augen führen, unter welchen Bedingungen man in Prüfungskontexten vorträgt und was das für die Maßstäbe eines erfolgreichen Vortrags bedeutet. Wichtig ist, dass Ihr in Prüfungsvorträgen gegenüber dem Großteil des Publikums einen Vorsprung in Expertise zu Euren Inhalten habt und diese so vermitteln müsst, dass man Euch folgen kann. Vor diesem Hintergrund ist ein Parameter für einen erfolgreichen Vortrag, wie gut es Euch gelingt, das Publikum einerseits abzuholen und andererseits informatorisch über die Ziellinie zu bringen. Die Struktur sollte Euch ermöglichen, relativ grundlegend einzusteigen und trotzdem möglichst alle im Publikum ohne Zeitnot tief in Euer Thema begleiten zu können. Dafür ist es erforderlich, sich gut in das Publikum und seinen Kenntnisstand hineinversetzen zu können (siehe die Punkte zur Vorbereitung und Visualisierung oben) und die richtigen Dinge wegzulassen (siehe dazu Unterabschnitt „3 – Die Kunst des Kürzens – Teil 2").

Der nächste wichtige Punkt betrifft die Aufmerksamkeit des Publikums. Die kann nämlich schnell mal abschweifen, wenn man nicht aktiv daran arbeitet, sie aufrechtzuerhalten. Das gilt natürlich in erster Linie bei langen Vorträgen, für die dann auch die Gefahr für Ablenkungen größer ist. Was bei langen Vorträgen kaum zu 100% zu vermeiden ist, muss man bei vergleichsweise kurzen Präsentation von nur zehn bis 15 Minuten dagegen unbedingt in den Griff bekommen. Gelungene Rhetorik ist dafür ein wichtiges Mittel. Insbesondere in situativer Hinsicht, wenn es etwa darum geht, Inhalte plastisch und interessant darzustellen oder darum, selbst keine (oft unbewussten) Ablenkungen zu schaffen. Neben angemessener Rhetorik spielt aber auch die Struktur eines Vortrags eine wichtige Rolle für die Aufmerksamkeit des Publikums und die Effektivität der Kommunikation. Mit einer Struktur, die *mehr ist als eine bloße Reihenfolge*, weil sie z.B. Spannung aufbaut oder Kreativität enthält, lässt sich die Aufmerksamkeit des Publikums fördern. Eine gelungene Struktur zeichnet sich außerdem dadurch aus, dass die zentralen Inhalte oder Thesen Eures Vortrags insgesamt dreimal fallen. Einmal in Form einer Ankündigung, dann im inhaltlichen Teil, und abschließend noch einmal in Form einer Zusammenfassung. Auf diese Weise kann gewährleistet werden, dass die entscheidenden Punkte Eures Vortrags ihr Ziel erreichen.

Last but not least wird es in Prüfungs- und anderen Fachvorträgen wichtig sein, dem Publikum Eure fachliche (z.B. wissenschaftliche) Leistung zu erklären und Eure Entscheidungen zu rechtfertigen. Im Rahmen der Struktur und des Zeitmanagements solltet Ihr deshalb darauf achten, einen Großteil des Vortrags für die inhaltlichen Punkte „Frage/These", „Methodik" und „eigene fachliche Positionierung" zu reservieren, und zwar so, dass all diese Punkte jeweils angekündigt, gemacht und dann zusammengefasst werden.

Mit diesen Vorüberlegungen zu einem gelungenen Vortrag im Hinterkopf, können wir uns jetzt ganz konkret den wichtigsten einzelnen Komponenten eines Vortrags widmen, die in einer gelungenen Struktur enthalten sein sollten. Details zu den einzelnen Komponenten findet Ihr anschließend in den folgenden Unterabschnitten.

Lasst uns damit beginnen, zunächst die Grobstruktur eines gelungenen Vortrags näher unter die Lupe zu nehmen. Wir wissen nach dem Vorangegangenen, dass ein gelungener Fachvortrag:

1. zu Beginn eine Begrüßung, Vorstellung und inhaltliche Einleitung braucht,
2. die Forschungsfrage, eine Hypothese oder einen Standpunkt prominent an den Anfang stellt,
3. inhaltlich alle mitnehmen muss,
4. jeweils einen Schwerpunkt auf Methodik, inhaltliche Auseinandersetzung und eigener Positionierung legt,
5. neben dem Beginn logischerweise auch ein eindeutiges Ende hat, das den Vortrag abrundet,
6. die zentralen Aspekte ankündigt, präsentiert und später zusammenfasst.

Um einen Vortrag zu halten, der diese zentralen Komponenten enthält, aber trotzdem nicht bloß einem Standardschema folgt, ist es nötig, sich Gedanken über die Dramaturgie des Vortrags zu machen. Damit meine ich konkret zwei Aspekte:

Der erste davon betrifft die **Dramaturgie auf der Makroebene**, also im Aufbau oder der Gliederung des Vortrags an sich. Das Ziel dieses Aspekts der Dramaturgie ist es, Spannung oder Neugierde zu erzeugen. Das geht so: Wenn Ihr einen Fachvortrag über mindestens zehn bis 15 Minuten haltet, gehört es dazu, dass Ihr eine Gliederung oder wenigsten groben Fahrplan zu Beginn vorstellt. Das erleichtert dem Publikum Euch zu folgen und kann den Prüfer:innen einen guten Überblick darüber geben, wie gut Ihr das Thema verstanden habt. Für die anfängliche überblicksartige Präsentation Eurer Vortragsstruktur solltet Ihr Euch überlegen, ob es eine Möglichkeit gibt, so über den Mittelteil oder das Ende des Vortrags zu sprechen, dass Ihr damit Spannung erzeugen könnt. Denn bedenkt, dass die Aufmerksamkeit des Publikums leichter mal abschweifen kann und Ihr alles dafür tun solltet, das zu verhindern. Mit inhaltlich überzeugender Arbeit allein werdet Ihr in einem Vortragsformat nie weit in die oberen Notensphären vordringen, weil erfolgreiches *Auftreten* (erinnert Euch an die Maßstäbe weiter oben) ein echter Teil der Prüfungsleistung in mündlichen Formaten ist. Versetzt Euch immer wieder selbst in die Lage des Publikums. Wie müsste ein Thema präsentiert werden, damit Ihr wissen wollt, wie es weitergeht? Was ist vielleicht ein kurioser Nebenschauplatz der Arbeit, den man bei der Gliederung anteasern kann, um die Spannung hochzuhalten? Wenn es Euch gelingt, schon früh während des Vortrags Neugierde zu wecken oder Spannung zu erzeugen, ist Euch ein Mehr an Aufmerksamkeit sicher und Ihr vermittelt den Eindruck, dass Ihr selbst Spaß an Eurem Thema habt.

Der zweite Aspekt betrifft die **Dramaturgie auf der Mikroebene**, also im Kleinen während des Vortrags. Das ist der Aspekt, mit dem Ihr aus meiner Sicht am meisten Spaß haben könnt! Hierbei macht Ihr von dem Umstand Gebrauch, dass Ihr einen freien Vortrag halten dürft. Bei der Dramaturgie auf der Mikroebene geht es nämlich darum, gewissermaßen intern für Euch zu planen, an welcher Stelle des Vortrags Ihr Euch selbst Steilvorlagen geben könnt, um rhetorisch ganz besonders zu glänzen. Das können Stellen sein, an denen Ihr zum Beispiel einen humoristischen Twist Eures Themas offenlegt, etwas Selbstironie an den Tag legt, ein Wortspiel macht oder auch ganz professionell und ernst eine besonders passende Geste oder Metapher benutzt oder einen cleveren Rückbezug auf eine frühere Stelle im Vortrag einstreut. Kurz gesagt geht es darum, Spaß mit dem eigenen Thema zu haben und kleine Bonbons in den Vortrag einzubauen, von denen Ihr erwarten dürft, dass sie das Publikum wenigstens in Teilen anregen nachzudenken, zu lachen oder auf eine andere Weise aktiviert zu werden. Diese Dinge darf man natürlich nicht erzwingen, aber denkt unbedingt bewusst darüber nach, ob Ihr vielleicht die eine oder andere Idee habt, wie man den eigenen Vortrag weniger nüchtern und dafür ein bisschen besonders gestalten kann. Hier ist vor allem Authentizität gefragt. Lasst Eure Persönlichkeit in diesen Momenten zum Vorschein kommen und setzt in Szene, was Euch besonders liegt. Baut diejenigen Momente in den Vortrag ein, die Euch so auftreten lassen, wie Ihr seid und wie Ihr Euch wohl fühlt. Eure Ausstrahlung wird in diesen Momenten das Publikum in ihren Bann ziehen und darauf könnt Ihr Euch beim Vortragen freuen. Im Ergebnis steigert Ihr dadurch die Aufmerksamkeit, bleibt für Eure Rhetorik (= Teil der Prüfungsleistung!) im Gedächtnis und senkt Eure Nervosität. Und das alles mit Stilmitteln, mit denen Ihr nicht einmal die eigene Komfortzone verlassen müsst. Je besser Ihr mit der Dramaturgie auf der Mikroebene Eurer Vorträge werdet, desto mehr werden Vorträge etwas, auf das Ihr Euch wirklich freuen werdet. Neben dem Einstreuen kleiner rhetorischer Perlen gehört es auch zur dramaturgischen Mikroebene, elegante Übergänge zwischen den Bestandteilen Eures Vortrags zu finden. Auch hiermit könnt Ihr Spaß haben!

Wichtiger ist allerdings, dass es Euch gelingt, die Bestandteile *logisch* und gewissermaßen *organisch* ineinander übergehen zu lassen. Wenn Ihr ständig mit „als nächstes“ von einem Punkt zum nächsten überleitet, wirkt das uninspiriert und inhaltlich wenig stringent. Hier erlangt im Falle der Verteidigung von Seminararbeiten die jeweilige Methodik Eurer Arbeit besondere Bedeutung. Die Methodik im Rahmen juristischer Arbeit wird selbst in den Formaten, die „wissenschaftliches“ Arbeiten in den Vordergrund stellen, oft unter den Teppich gekehrt. Meistens läuft die juristische Methodik in Seminararbeiten darauf hinaus, sich „etwas anzugucken“, auszulegen, zu vergleichen oder die Effektivität von etwas zu beurteilen. Meistens wird gar nicht mehr präzisiert, was damit wirklich gemeint ist. Unter welchen Gesichtspunkten wurde etwas analysiert oder verglichen? Wie ist die Auswahl der Vergleichsobjekte gerechtfertigt? Welche Auslegungsmethoden wurden angewendet und warum? Liegen Rechtstheorien oder bestimmte (kritische?) Perspektiven auf Recht Eurer Analyse zu Grunde? Nach welchen Maßstäben beurteilt Ihr Effektivität und warum? Diese Fragen sollten auf der inhaltlichen Ebene zugrunde liegen, wenn Ihr echte rechtswissenschaftliche Arbeiten produzieren bzw. präsentieren wollt. Und wenn Euch das gelingt, dann folgen die Übergänge zwischen den Elementen Eures Vortrags meistens ganz natürlich der Logik Eurer Methodologie. Die Schritte, die Ihr im Rahmen Eurer Arbeiten bzw. Vorträge geht, folgen dann nicht künstlich oder lediglich chronologisch aufeinander, sondern ganz natürlich und vor allem fachlich fundiert. Was logisch ineinander übergeht, muss man auch nicht auswendig lernen, so dass gelungene Übergänge Euch nebenbei dabei helfen, freier zu sprechen.

So viel zum Thema Dramaturgie in der Vortragsstruktur. Als nächstes widmen wir uns jeweils überblicksartig den **Komponenten, die ein gut strukturierter Vortrag enthalten sollte**. Wenn wir uns chronologisch an einer gelungenen Vortragsstruktur orientieren, beginnt Euer Vortrag wie jede andere Rede auch mit einer Begrüßung, ggf. einer Vorstellung und einem Dank für Einladung/Anmoderation/etc. Natürlich erfolgt an dieser Stelle auch eine kurze Einleitung ins Thema. Details und praktische Tipps für einen gelungenen Einstieg in einen Vortrag findet Ihr etwas weiter unten im Unterabschnitt „4 – Ein gelungener Einstieg“. Für die Zwecke der Vortragsstruktur ist es hier nur wichtig, einen maßgeschneiderten Einstieg einzuplanen und im Zeitmanagement mit ca. 30 bis 60 Sekunden zu berücksichtigen.

Wann immer Ihr es mit der Verteidigung einer Seminararbeit, einem Referat oder Vorträgen im Rahmen von Konferenzen zu tun habt, werdet Ihr im Zweifel eine Forschungsfrage formulieren und beantworten, argumentativ Stellung beziehen oder beides gleichzeitig tun. Die zentrale These, Frage oder Position, die Ihr präsentieren werdet, sollte im Vortrag eine prominente Rolle einnehmen und gehört daher im Zweifel an den Anfang. Nicht nur, weil der inhaltliche Dreh- und Angelpunkt früh und unmissverständlich klar sein sollte, sondern auch, um ihn bereits früh zum ersten von idealerweise drei Malen untergebracht zu haben. Dieser Punkt sollte nicht viel Zeit in Anspruch nehmen, denn die Frage/These/Position sollte möglichst verständlich, einfach und kurz präsentiert werden. Die innewohnende Komplexität des Ganzen eröffnet sich dann im Rahmen Eurer Methodologie.

Diese könnt Ihr – je nach Thema – entweder direkt als nächstes vorstellen oder nachdem Ihr die Vortragsstruktur kurz erklärt habt. Dass die Methodologie die inhaltliche Struktur des Vortrags vorgibt, muss nicht automatisch heißen, dass man im Rahmen des Vortrags immer erst über die Methodologie und dann über die restliche Gliederung sprechen sollte. Die innere Logik der Methodologie muss nicht unbedingt explizit gemacht werden, solange sie auch sonst erkennbar ist. Manchmal bietet es sich auch an, in einem Übergang zwischen zwei Säulen des Vortrags kurz auf die Methodologie Bezug zu nehmen. Wenn Eure Arbeit methodisch besonders anspruchsvoll ist oder Ihr besonders viel Mühe in die Methodologie gesteckt habt, dann lohnt es sich, erst die Gliederung kurz vorzustellen und danach die Methodologie ausführlich zu behandeln. Wenn Ihr ein Thema bearbeiten oder vorstellen sollt, das methodisch weniger hergibt, dann könnt Ihr die Methodologie auch direkt nach der Forschungsfrage/-These/etc. bringen und zur Gliederung überleiten, indem Ihr etwas sagt wie:

„Wenn man mit diesen Überlegungen an die Beantwortung der Forschungsfrage herangeht, ergibt sich daraus die folgende Struktur [Wenn vorhanden: Aufrufen der Gliederungsfolie in Eurer Keynote/PowerPoint/etc.]. Das sind im Kern die Schritte, die ich ausführlicher auch in meiner Seminararbeit gegangen bin und anhand derer ich Euch/Ihnen in den nächsten zehn Minuten erklären möchte, ..."

Unabhängig davon, ob Eure Vortragsstruktur oder -Gliederung unmittelbar an den Einleitungsblock oder an die Kurzform der Methodologie anschließt, ist es wichtig, dass Ihr früh im Vortrag auf sie zu sprechen kommt. Die Gliederung vorzustellen ist Pflichtprogramm, was aber nicht dazu führen sollte, dass die Präsentation an dieser Stelle einen pflichtschuldigen Unterton bekommt. Überlegt Euch, wie Ihr die Gliederung möglichst so präsentieren könnt, dass sie im Kopf bleibt und dem Publikum dabei hilft, Euch während des Vortrags durchgehend zu folgen. Arbeitet zum Beispiel mit Gesten. Aufzählungsgesten oder Gesten, die eine Abfolge verbildlichen, bieten sich hier an. Eine gute Idee ist es auch, Eure Gliederungspunkte möglichst interessant zu benennen. Hier bieten sich Untertitel an. Statt zu schreiben „Methoden", könntet Ihr zum Beispiel schreiben „Methoden – Was macht Recht vergleichbar?" Statt ganz nüchtern „Fazit" zu titeln, könntet Ihr so etwas schreiben wie „Fazit – Zwei Wege, ein Kompass" oder Ihr baut zentrale Motive, Beispiele oder Metaphern aus dem Vortrag in den Untertitel ein. Vielleicht fällt Euch ein Weg ein, die Untertitel so zu wählen, dass sich hinter einer der Ankündigungen ein Wortspiel oder ein möglicher Lacher versteckt, mit dem Ihr den Vortrag aufhellen oder abrunden könnt. Gebt Euch Mühe, dass die Struktur eingängig und nachvollziehbar ist. Dann wird sich diese Stelle Eures Vortrags schon erheblich von anderen positiv abheben. Ein letzter Punkt noch zur Gliederung: Was Ihr versprecht, müsst Ihr zwingend einhalten. Stellt Ihr eine Forschungsfrage in den Raum, dann muss sie eindeutig und für alle wahrnehmbar beantwortet werden. Stellt Ihr eine These in den Raum, dann gilt das Gleiche für Ihre Verifizierung/Falsifizierung. Und wenn Ihr ankündigt, Euch zu positionieren, dann muss am Ende allen völlig klar sein, *was* Eure Position ist – und *warum*.

Der mit Abstand größte Teil eines Vortrags ist der inhaltliche Hauptteil. Wie dieser aussehen muss, hängt von Eurem Thema und Eurer Methodologie ab. Daher ist es nur schwer möglich, an dieser Stelle allgemeine Tipps zur Strukturierung zu geben. Betonen möchte aber noch einmal, dass Vorträge keine verbal vorgetragenen Miniaturversionen Eurer Arbeiten/Forschung sind, sondern eine Präsentation Ihrer wesentlichen Eckpfeiler; Ihrer *Essenz*. Beachtet hierzu den nächsten Unterabschnitt „Die Kunst des Kürzens – Teil 2". Was Ihr in puncto Struktur für den inhaltlichen Hauptteil ebenfalls im Blick behalten solltet, ist, dass die wichtigsten Argumente oder Erkenntnisse über den Vortrag hinweg idealerweise dreimal fallen sollten (angekündigt in der Einleitung, ausgeführt im inhaltlichen Hauptteil, zusammengefasst am Schluss). Das heißt konkret, dass diese Dinge auch im Inhaltlichen Kern des Vortrags an prominenter Stelle stehen sollten. Die dreimalige Erwähnung ist hierbei natürlich nur eine Faustregel und sollte – wie alle rhetorischen Tipps und Mittel – nicht sklavisch abgearbeitet werden. Geht mit Fingerspitzengefühl zu Werke und präsentiert nicht wie eine gesprungene Platte, nur um Punkte dreimal zu machen. Aber seid Euch bewusst, dass die Aufmerksamkeitsspanne und die spezifische Expertise des Publikums meistens relativ gering sind und Ihr Euch niemals darauf verlassen dürft, dass alles bei allen angekommen ist. Phrasen wie „wie schon gesagt“ sind daher in allen Vorträgen tabu. Auch, weil sie je nach Tonlage den Unterton „hättet Ihr zugehört, dann wüsstet Ihr ...“ enthalten können, den es unbedingt zu vermeiden gilt.

Jeder Vortrag sollte zu einem harmonischen Ende gebracht werden. Das muss kein langer Punkt in Eurer Vortragsgliederung sein, kann aber auch mal über ein paar Minuten gehen, wenn das Ende mit neuen Schlussfolgerungen oder einem anspruchsvollen Ausblick verbunden ist. Was hier sinnvoll ist, bestimmen wiederum Eure Themen und Methoden. Details zum Abschluss eines Vortrags findet Ihr in Unterabschnitt „7 – Das Ende abrunden“. In Kürze ist für das Ende eines Vortrags wichtig, dass Ihr, wenn nötig, einen inhaltlichen und einen rhetorischen Schlusspunkt setzt. Der inhaltliche Schlusspunkt rundet Eure Überlegungen ab und der rhetorische Schlusspunkt macht klar, dass der Vortrag nun wirklich vorbei ist. Zu einem runden Ende gehören außerdem ein Dank an das Publikum und, soweit erforderlich, einen elegante Überleitung in die Diskussionsrunde.

3. Die Kunst des Kürzens – Teil 2

Obwohl man für die Vorbereitung freier Vorträge in der Regel recht viel Zeit hat, finden sich viele in der Situation wieder, dass sie Gefahr laufen, mit der verfügbaren Vortragszeit nicht auszukommen. In diesem Unterabschnitt geht es darum zu verstehen, was Gründe für dieses Phänomen sind und wie man es mit geschickten Kürzungen des Inhalts in den Griff bekommt.

Wenn Ihr eine Seminararbeit vorstellen oder einen Fachvortrag halten sollt, hinter dem sich aufwendige und komplexe Forschung oder viele Details verbergen, dann gilt es, keine Miniaturversion des großen Ganzen zu präsentieren, sondern seine Essenz. Das ist der Schlüssel dazu, einen kurzen, knackigen, aber gleichzeitig in sich schlüssigen und nicht unterkomplexen Vortrag halten zu können. Die Präsentation der Essenz einer Arbeit oder Forschung trägt den Schwierigkeiten mündlicher Formate im Allgemeinen (Publikum ist leichter abgelenkt, Worte können einfacher verhallen etc.) und von Prüfungssituationen im Besonderen (Verständnis beweisen durch Reduktion auf das Wesentliche, Schwerpunktsetzung etc.) am besten Rechnung. Aber was heißt das praktisch? Wie nähert man sich der Essenz der eigenen Inhalte?

Was die Essenz Eurer Inhalte ausmacht, ist eine sehr einzelfallabhängige Angelegenheit und hängt auch davon ab, vor wem und zu welchem Zweck Ihr präsentiert. Das vorausgeschickt, gibt es rein denklogisch zwei Wege zum Ziel:

Der erste davon kommt Euch vielleicht bekannt vor: Man schreibt einen Vortrag auf, hält ihn und merkt, er ist zu lang. Dann lässt man mehr und mehr weg, bis man in der Zeit ist. Diese Art des Kürzens ist recht mühsam, denn sie ist vom Maximum aus gedacht. Man schreibt erst einmal alles auf, was man für relevant und/oder interessant hält und orientiert sich dabei meistens an Texten, die dem Vortrag inhaltlich zu Grunde liegen. Wenn man die Texte, um deren Präsentation es geht, selbst verfasst hat, fällt einem das Kürzen besonders schwer, denn dann muss man schließlich die Schere an die eigenen Gedanken und Formulierungen ansetzen. In diese ist nicht selten viel Zeit, Mühe und Herzblut geflossen. Positiv an dieser Herangehensweise ist allerdings, dass sie sich daran orientiert, was Euch an den Inhalten des Vortrags beschäftigt. Das, was Ihr ursprünglich für den Vortrag in Betracht gezogen habt und beim Kürzen zu erhalten versucht, ist damit automatisch ein Stückchen „authentischer". Jedenfalls insoweit, als Ihr es mit mehr Überzeugung präsentieren könnt. In die andere Waagschale fällt jedoch, dass dadurch naturgemäß mehr im Vortrag landet, als das Zeitlimit vertretbarer Weise hergibt. Vor allem diejenigen unter Euch, die vielleicht eher sicherheitsorientiert sind und befürchten, dass alles, was sie weglassen, negativ berücksichtigt wird, laufen Gefahr, eine Art „Laberversion" eines Vortrags zu konzipieren.

Wenn man vom Maximum gedacht an die inhaltliche Gewichtung bzw. Essenz des Themas herangehen kann, dann ist der andere Weg logischerweise der vom Minimum aus. Dieser Weg zur Essenz des Vortrags ist ein analytischer, nüchterner Weg. Er beginnt damit, dass man ein Gerüst baut, das ausschließlich aus den logischen Schritten besteht, die *ohne Schnörkel auf direktem Wege* von der Forschungsfrage über die Methodik hin zu den Ergebnissen führen. Dieses Gerüst darf nur aus wenigen, unkomplizierten Sätzen bestehen und diese dienen gleichzeitig als Eure inhaltlichen Leuchttürme (siehe Kapitel II, Abschnitt „M – Argumentative Leuchttürme und das Erstellen von Notizen"). Wenn Ihr nur sie vortragt, sollte das nicht länger als zwei bis drei Minuten dauern. Um die Vortragszeit zu füllen, werden dann an dieses Gerüst nach und nach Details angebaut. Dafür nehmt Ihr zunächst die essentiellen Aspekte der jeweiligen inhaltlichen Leuchttürme und die Stellen, die auf der rhetorischen Ebene am stärksten Wirkung entfalten könnten. Das heißt: Welche sind die zentralen methodischen Überlegungen? Welche sind jeweils die stärksten Argumente? Welche Metapher funktioniert besonders gut? Habt Ihr für eine Stelle eine besonders passende Geste oder elegante Formulierung auf Lager? Wenn danach beim Üben des Vortrags noch Zeit übrig bleibt, kann man in einem dritten Schritt weitere Details ergänzen, bei denen es aber im Ernstfall nicht weiter schlimm ist, wenn man sie aus dem Gedächtnis verliert. Die Vorteile dieser minimal gedachten Herangehensweise liegen auf der Hand: Das Zeitmanagement wird erleichtert, die logische Verbindung zwischen den inhaltlichen Schwerpunkten lässt sich einfacher behalten und der Vortrag ist jedenfalls in inhaltlicher Hinsicht auf Prüfer:innen zugeschnitten. Die Nachteile liegen darin, dass die Zusammenstellung weniger auf Euch als Person zugeschnitten ist und dass solche Vorträge etwas trocken wirken können.

Um das Beste aus den beiden Herangehensweisen zu machen, möchte ich Euch Folgendes vorschlagen: Geht in Euch und überlegt, welche der beiden Herangehensweisen Euch beim Lesen stärker angesprochen hat. Beginnt damit, Euren Vortrag damit auszuarbeiten. Um Missverständnisse zu vermeiden: Ausarbeiten heißt nicht, ein Skript für den Vortrag im Sinne einer viel zu ausführlichen Notiz zu produzieren. Aber alles, was man präsentieren möchte, einmal zu verbalisieren, ist eine sinnvolle Art der Vorbereitung. Wenn Ihr die Version erarbeitet habt, die Euch naheliegt, dann versucht Euch an der anderen, die als eine Art Korrektiv dient. Probiert dann einfach mit Zeitlimit aus, wie man die Authentizität und Gewichtung des „Maximalvortrags" mit der Zielstrebigkeit und Analytik des „Minimalvortrags" verbindet. So findet Ihr die Essenz Eurer Inhalte. Und wenn beide Versionen schon von vornherein nah beieinander sind, umso besser.

Zum Abschluss habe ich noch zwei praktische Tipps zum Kürzen von Vorträgen für Euch. Tipp Nummer 1 lautet: Immer dann, wenn die Präsentation oder Gegenüberstellung von Argumenten keinen zentralen inhaltlichen Schwerpunkt bildet, dann konzentriert Euch auf das stärkste oder maximal die beiden stärksten Argumente. Die übrigen Argumente solltet Ihr nicht vergessen, sondern als Joker in der Hinterhand behalten, um in der anschließenden Diskussion oder Fragerunde damit auftrumpfen zu können. Ihr müsst – und aus Zeitperspektive: solltet – *nicht all Euer Pulver während des Vortrags selbst verschießen*. Und Tipp Nummer 2: Es ist üblich und oft sinnvoll, weniger zentrale Punkte lediglich anzuschneiden und von selbst auf die Fragerunde zu verweisen. Dort solltet Ihr sie dann nach Möglichkeit auch ansprechen. Mit dem Nachliefern von aufgeschobenen Argumenten oder anderen interessanten, aber nicht entscheidenden Aspekten Eurer Arbeit könnt Ihr auf elegante Art und Weise Pausen oder das Ausbleiben von Fragen überbrücken.

4. Ein gelungener Einstieg – Teil 2

Wie bei allen anderen Redeformaten, lohnt es sich auch bei freien Vorträgen sehr, sich im Vorfeld einige Gedanken zum Einstieg zu machen. Vor allem deshalb, weil es erfahrungsgemäß der Beginn jedes Vortrags ist, bei dem die Nervosität am größten ist (siehe hierzu speziell Kapitel II, Abschnitt „G – Der Umgang mit Lampenfieber") und man dieser bei geübten Einstiegen mit besonderer Souveränität entgegentreten kann. Daneben ist aber auch der erste Eindruck wichtig für ein erfolgreiches Auftreten. Zuletzt kann es auch sein, dass die Rahmenbedingungen Eures Vortrags ein paar Besonderheiten mit sich bringen können, über die man kurz nachgedacht haben sollte.

Obwohl es gerade der Beginn jedes Vortrags ist, vor dem die Nervosität am größten ist, ist es gerade dieser Einstieg, den Ihr in jedem Vortrag zu einer der planbarsten Stärken machen könnt. So sehr, dass Ihr die Nervosität bestenfalls in aufgeregte Vorfreude umwandeln könnt, weil Ihr wisst, dass Ihr stark starten werdet. Die Gründe dafür, warum der Einstieg in Vorträge so leicht zu einer Stärke zu machen ist, sind vielseitig. Einer ist, dass Ihr zu Beginn eines Vortrags keinerlei inhaltliche Punkte bringt und nur Dinge sagt, die nicht falsch sein können und für die Ihr auch keine Gedankenstützen benötigt. Ihr könnt Euch also voll und ganz auf die Rhetorik und den ersten Eindruck konzentrieren. Ein weiterer Grund ist der, dass Ihr den Einstieg sehr gut vorformulieren könnt. Es lohnt sich allerdings *nicht*, einen Vortrag in Gänze auswendig zu lernen. Das merkt man einem Vortrag nicht nur auf der rhetorischen Ebene unangenehm an, sondern man wird auch schnell nervös, wenn man einen auswendig gelernten Satz vergisst (obwohl man inhaltlich vielleicht gar nicht auf dem Schlauch steht). Was sich aber lohnt, ist es, ein besonders geschliffenes, charmantes oder elegantes Intro für den Einstieg einzustudieren. Je universeller vielseitiger einsetzbar dieses Intro ist (Begrüßung, Vorstellung und ein kurzer Satz zum Inhalt gehören nämlich in jedes Intro), desto sicherer werdet Ihr vor dem Beginn jedes Vortrags, weil Ihr genau wisst, dass der Anfang erst einmal gut wird. Und nach einer Minute des Sprechens, bei der Ihr gut dasteht, wird ein großer Teil der üblichen Nervosität verfliegen.

Eine gute Einleitung ist knapp. Was genau „knapp“ bedeutet, hängt natürlich von der Redezeit ab und davon, welche Besonderheiten (dazu unten mehr) es vielleicht zu berücksichtigen gilt. Für einen Vortrag von zehn bis 15 Minuten ist die Faustregel aber, dass der Einstieg in den Vortrag nicht länger als eine Minute dauern sollte. Das ist kurz genug, um die Schwerpunktsetzung nicht aus den Fugen zu bringen und lang genug, um Selbstvertrauen zu schöpfen und rhetorisch in Fahrt zu kommen.

Wie eben kurz angerissen, gehört sowohl die Begrüßung des Publikums als auch die Vorstellung Eurer Person in ein gelungenes Intro. Auch ein Satz zum Thema Eures Vortrags darf nicht fehlen. Der darf und sollte nach Möglichkeit kreativer sein, als zu sagen „Das Thema meines Vortrags lautet XYZ“. Denn der Titel steht meistens sowieso schon auf Folien hinter Euch, auf einem Handout oder auf einem Programmzettel! Was genau gut funktioniert, ist mal wieder sehr vom Thema abhängig und davon, womit Ihr Euch wohl fühlt. Was für mich gut funktioniert, ist Folgendes:

Stellt Euch vor das Publikum und schaut – soweit das vor dem Hintergrund des Themas nicht unangebracht ist! – mit einem Lächeln ins Publikum. Nehmt Blickkontakt auf und beginnt zu sprechen, ohne dafür auf ein Signal der Seminarleitung zu warten. Dann sagt so etwas wie:

> „Guten Morgen/Tag/Abend, sehr geehrte Frau Professorin X, liebe Kolleginnen und Kollegen. Mein Name ist Y und ich freue mich, Sie zu meinem Vortrag über [Thema] begrüßen/willkommen heißen zu dürfen. In den nächsten [10-15] Minuten werde ich Ihnen meine [Seminararbeit/Arbeit der letzten vier Wochen] vorstellen und erklären, warum [irgendetwas zum Aufbau einer Spannungskurve[8]].“

8 Ich durfte mal in einem technischen Museum einen öffentlichen Vortrag über Eigentumsrechte im Weltraum halten. Als Teaser habe ich meine Einleitung damit geschlossen, dass

Hier ist selbstverständlich Variation erlaubt! Ob Ihr mit der Begrüßung oder der Anrede beginnt, regionale oder themenspezifische Easter Eggs einbaut (z.B. „Glück auf" statt „Guten Tag"), je nach Anlass lockerer oder förmlicher sprecht oder andere Dinge ausprobiert – hier sind der Fantasie wenig Grenzen gesetzt. Nur Anlass und Rahmen des Vortrags sowie Eure Komfortzone fallen hier limitierend ins Gewicht. Versucht einfach eine Einleitung zu finden, die bei Euch selbst Neugierde und Sympathie gewinnen würde und mit der Ihr Euch beim Sprechen identifizieren könnt. Solange sie eine Begrüßung, Vorstellung und einen Satz zum Thema (ggf. mit Zeitplanung oder einer ersten These) enthält, seid Ihr auf dem besten Weg. Ganz wichtig hierbei ist allerdings, dass Ihr auf keinen Fall Notizen während des Intros benutzt! Diese Regel gilt für alle Einstiege in jeder Art von Vortrag.[9] Wer – und sei es auch nur vor Nervosität oder unbewusst – für den eigenen Namen oder das Thema des eigenen Vortrags auf einen Zettel schaut, zerstört den ansonsten guten Eindruck. Vor allem in Prüfungsvorträgen ist es *nicht* ratsam, aus humoristischen Gründen hier bewusst auf den Zettel zu schauen.

Eine weitere Idee für einen gelungenen Einstieg, die ich persönlich sehr reizvoll finde, ist der sogenannte Cold Opener. Cold Opener kennt man vor allem aus Filmen und Serien und sie funktionieren so, dass man direkt in eine Szene geworfen wird und ein Stückchen Handlung verfolgt, bevor der Titel des Films oder das Serienintro abgespielt wird. Das Gleiche funktioniert auch bei Vorträgen sehr gut. Für einen Cold Opener bietet es sich an, sich Szenarien auszumalen, die darauf hinauslaufen, dass Eure Forschungsfrage/These/Position besonders zur Geltung kommt. Dann macht Ihr eine kurze Pause, in der Ihr das Szenario wirken lasst und leitet dann über zu der eigentlichen Einleitung. Formulierungsbeispiele könnten diese hier sein:

- „Warum dieses Urteil nicht nur dogmatisch, sondern auch rechtspolitisch falsch ist, werde ich in den nächsten zwölf Minuten vorstellen. Und damit herzlich willkommen zu meinem Vortrag „X". Mein Name ist Y und das Urteil, das ich gerade vorgestellt habe, war der Dreh- und Angelpunkt meiner Seminararbeit, die ich in den letzten vier Wochen..."
- „Kann sich ein Täter in dieser Situation auf einen Rechtfertigungstatbestand berufen? Und wenn ja: auf welchen? Diese Frage habe ich in meiner Seminararbeit untersucht und das Ergebnis, zu dem ich gekommen bin, wird einige von Ihnen vermutlich überraschen. Warum ich dennoch dazu stehe und was

---

ich meinen Vortrag damit schließe, warum wir für den nächsten Valentinstag doch wieder in den Blumenladen rennen müssen. Es lief darauf hinaus, dass die ganzen romantischen „Verschenken Sie einen Stern"-Angebote rechtlich gesehen Scams sind. Dass man damit keinen Comedy-Preis gewinnt, weiß ich natürlich auch. In der Situation hat es aber gut funktioniert und die Lektion ist mindestens: Auch der halbgarste Witz ist besser als nüchterne, unbeholfene Floskeln.

9 Mit der Ausnahme, dass die Namen besonders zu begrüßender Personen aufgeschrieben werden dürfen, hierzu unten mehr.

gegen die bislang herrschende Meinung spricht, wird Gegenstand der nächsten 15 Minuten sein."
- „Wie würdet Ihr an dieser Stelle entscheiden? Mit dieser Frage durfte ich mich während meiner Seminararbeit beschäftigen. Ich möchte Euch in den nächsten zwölf Minuten in meine Gedanken zu dieser Frage mitnehmen und freue mich schon jetzt auf die Diskussion, die wir danach garantiert haben werden."

Was auch gut funktioniert, ist es, die Einleitungsszene mit einem Cliffhanger enden zu lassen, der möglichst viel Spannung aufbaut. Nach der kurzen Pause macht man dann einfach weiter mit: „Und damit herzlich willkommen zu meinem Vortrag zum Thema X. Mein Name ist Y und [Zeit und Fahrplan]."

Zuletzt noch kurz zu den Besonderheiten, die im Rahmen eines gelungenen Vortragsintros zu berücksichtigen sein können. Je nach Anlass Eures Vortrags kann es sein, dass Personen anwesend sind, deren hervorgehobene Begrüßung auf eine bestimmte Art und Weise üblich ist. Ehrengäste, Dekan:innen, Gastgeber:innen, Botschafter:innen und Universitätsrektor:innen gehören zu diesen Personen. Wenn Ihr vorher wisst, dass sich jemand im Publikum befindet, den gesondert in der Begrüßung zu erwähnen üblich oder angebracht ist, dann bereitet Euch gedanklich darauf vor. Es klingt veraltet, aber nach wie vor üblich an deutschen Hochschulen ist es so: Wer das Amt des Dekans innehat, wird typischerweise mit „Spektabilis" oder „Spektabilität" angeredet und gesondert begrüßt. Für die Position des Universitätsrektors gilt dasselbe mit der Anrede „(Eure) Magnifizenz". Botschafter:innen werden üblicherweise mit „(Eure) Exzellenz" angesprochen.

Manche Veranstaltungen, in denen Ihr freie Vorträge haltet, werden moderiert sein. Als Teil einer Expert:innenrunde werdet Ihr üblicherweise von der Person vorgestellt, die das Panel moderiert. Es ist auch nicht auszuschließen, dass die Seminarleitung im Schwerpunktstudium zumindest Euer Thema kurz einleitet und Euch damit mittelbar anmoderiert, bevor Ihr Euren Verteidigungsvortrag haltet. Wann auch immer Ihr anmoderiert werdet oder Euch jemand das Wort oder die Bühne überlässt, ist es üblich, sich bei dieser Person zu bedanken. Den Teil des vorbereiteten Einstiegs, in dem Ihr Euch selbst vorstellt, lasst Ihr danach natürlich weg. Geht einfach vom Dank für die (schmeichelhafte, freundliche, wertschätzende, motivierende, etc.) Anmoderation und/oder die Einladung direkt zur Vorstellung des Themas über. Aus leidiger Erfahrung sei hier noch angesprochen, dass nicht jede Anmoderation fehlerfrei über die Bühne geht. Namen werden falsch ausgesprochen, Positionsbezeichnungen und Affiliationen sind überholt oder falsch, Daten werden vertauscht. Das ist ärgerlich und für viele ein Anlass, die Moderation zu korrigieren. Wichtig dabei ist aber, dass Korrekturen oft kleinlich wirken und ein bereits ausgesprochener Dank für die Anmoderation dadurch vergiftet werden kann. Beides macht einen schlechten ersten Eindruck, der mehr Schaden anrichten kann als ein falsches Detail im Lebenslauf oder ein falsch ausgesprochener Name. Mit der Korrektur, dass man die Doktorwürde nicht *an der Universität Münster* sondern *an der Juristischen Fakultät der Universität Münster* erlangt hat, bleibt man nicht gerade für das sympathische Auftreten im Gedächtnis. Mein Vorschlag lautet daher: Wenn ein Fehler in der Moderation in erster Linie Euer Ego kränkt, indem er Eure Position, Euren Werdegang oder Euren Namen (leicht) falsch darstellt, dann überlegt Euch zweimal, ob eine Korrektur wirklich nötig ist oder ob es nicht souveräner ist, das einfach wegzulächeln. Die Moderation bloßzustellen ist nie gut. Wenn Ihr der Meinung seid, dass eine Korrektur unumgänglich ist, dann bemüht Euch darum, die Korrektur in einen sachlichen Grund einzukleiden. Auf diese Weise verknüpft man die Korrektur nicht mit Eitelkeit und macht einen sachdienlicheren ersten Eindruck. Der sachliche Grund für eine Namenskorrektur oder die Korrektur einer Positionsbezeichnung könnte zum Beispiel sein, dass die Kontaktaufnahme im Nachgang oder das Auffinden eines vorgestellten Papers einfacher ist, wenn der Name richtig geschrieben ist bzw. keine Verwechslungsgefahr mit einer anderen Person besteht, die etwa die fälschlicherweise benannte Position bekleidet.

Eine letzte Besonderheit, die Ihr für den Einstieg in freie Vorträge bedenken solltet, ist das Programm vor Eurem Vortrag. Wenn es Euch gelingt, gleich zu Beginn Eurer Redezeit etwas, das vor Eurem Vortrag zur Sprache kam – eine interessante Bemerkung, ein Witz, Erkenntnisse aus einem anderen Vortrag – aufzugreifen und damit nahtlos in Euren eigenen Vortrag überzuleiten, wirkt das sehr souverän, spontan und mühelos. Solche Momente zu planen ist natürlich sehr schwierig, zumal sie umso mehr an Charme verlieren, je geplanter sie sind. Aber wenn Ihr zum Beispiel wisst, dass Euer Vortrag einer der letzten in einer Reihe anderer Vorträge ist oder relativ spät in einem Rahmenprogramm angesiedelt ist, solltet Ihr zumindest für ein mögliches Aufgreifen sensibilisiert sein.

5. Stellung beziehen

Fachvorträge können darin bestehen, ein Publikum schlicht und einfach zu informieren und rein deskriptiv darzustellen, was Stand der Wissenschaft ist. Das kann zum Beispiel der Fall in Referaten sein und auch in Vorträgen, in denen man einem juristischen Laienpublikum etwas erklärt. Bloße Informationsvermittlung muss nicht schlecht oder langweilig sein, aber sie ist immer dann zu wenig, wenn es darum geht, eigene *wissenschaftliche* Leistungen zu präsentieren. Stellt Ihr z.B. Eure Seminararbeit vor oder eine wissenschaftliche Frage oder These, dann ist es entscheidend, dass Ihr auch im Vortrag darauf achtet, Euch inhaltlich zu positionieren. Denn nur wiederzugeben, was es schon gibt, ist *keine* wissenschaftliche Leistung.

Sich eine fachlich fundierte eigene Meinung zu einer rechtlichen Frage zu bilden und diese Meinung auch vertreten zu können, ist meistens Bewertungskriterium im Rahmen von Seminararbeiten und ihrer Verteidigung. Zu oft sehe ich aber in Seminaren, dass Teilnehmende – durchaus im Bewusstsein dieses Kriteriums – die eigene Meinung lediglich in Form von Statements in den Raum werfen. Zwar horchen Prüfer:innen auf, wenn ein Satz mit „Meiner Meinung/Ansicht nach“ oder „Ich finde, dass“ anfängt. Aber wenn die geäußerte Meinung dann lediglich darin besteht, sich für oder gegen etwas auszusprechen, ohne das auf Grundlage rechtlicher Argumente zu tun, fällt dies negativ auf. Worum es daher geht, wenn ich sage, dass man sich im Rahmen von wissenschaftlichen Vorträgen positionieren sollte, ist, dass man *auf die richtige Art und Weise* Stellung bezieht.

Insbesondere in Seminararbeiten und ihrer Verteidigung, aber auch in Fachvorträgen geht es darum, einen *wissenschaftlichen* Beitrag zu leisten. Um einen wissenschaftlichen Beitrag zu leisten, muss allerdings niemand das Rad neu erfinden oder eine neue, bessere Position in einem Diskurs ausfindig machen. Wer das kann: Herzlichen Glückwunsch, das ist beeindruckend und Ihr könntet die Rechtswissenschaft und/oder Rechtsprechung wirklich verändern! Wenn die eigene neue Position gut vertretbar ist, dann nichts wie auf das Silber-, nein, auf das Goldtablett damit!

Für alle anderen gilt: Auch ohne in der eigenen Positionierung etwas Neues zu entwickeln, kann man Bestnoten erzielen. Dafür ist wichtig, dass die Positionierung *gut begründet* ist. Es reicht nicht aus, dass Ihr ein Argument überzeugender oder gar schlagend findet. Ihr müsst auch sagen können, warum das so ist. Außerdem solltet Ihr darüber nachdenken können, welche *Implikationen* Eure Positionierung hat. Vielleicht ist sie dogmatisch sauber, aber rechtspolitisch eine Katastrophe. Das heißt nicht, dass man diese Position nicht beziehen darf – im Rahmen der Wissenschaftsfreiheit geht vieles – aber je reflektierter eine Positionierung ist und je weniger eindimensional Eure Perspektive ist und Ihr auch über den streng dogmatischen Tellerrand hinaus schauen könnt, desto wertvoller (= punktebringender!) wird eine eigene Positionierung. Behaltet das im Hinterkopf, wenn Ihr Stellung bezieht.

6. Authentizität bewahren

Rhetorik ist schon dem Begriff nach eher eine Kunst als ein Handwerk. Sie ist ein Mittel des Ausdrucks. In einer Disziplin wie Jura, in der Form und Inhalt angesichts der Notwendigkeit, rechtliche Gedanken zu Worten zu verdichten, eng miteinander verflochten sind, sollten wir unseren Ausdrucksformen großes Gewicht beimessen. Die Art und Weise, wie wir (juristische Gedanken) formulieren und kommunizieren, spielt sich nicht nur auf einer rein sprachlichen Ebene ab. Kommunikation erfolgt immer auf mehreren Ebenen. Das Zusammenspiel aus den Entscheidungen, die wir beim Kommunizieren treffen, ist nicht zuletzt auch Ausdruck unserer Persönlichkeit. Die Persönlichkeit dürfen wir beim Vortragen nie völlig verstecken. Denn sie durchscheinen zu lassen, ist essentiell dafür, dass das Publikum sich auf uns einlässt und dadurch auch dem Inhalt des Kommunizierten besser folgen kann. Schaut hierzu, falls Ihr es noch nicht getan haben solltet, gerne mal in Kapitel II, Abschnitt „F – Authentizität – Sich nicht verstellen“.

Dort findet Ihr eine ausführliche Erklärung dafür, warum Authentizität beim Vortragen besonders wichtig ist und wo ihre Grenzen liegen.

Im Rahmen von Fachvorträgen und freien Vorträgen im Allgemeinen seid Ihr sehr flexibel darin, wie Ihr auftretet. Und damit ist hier *besonders viel Raum* für authentisches Auftreten! Sicherlich gibt es einige Dinge, die es zu beachten und an denen es sich zu arbeiten lohnt. Blickkontakt, freies Sprechen, Gestikulieren und das Strukturieren von Inhalten stehen nicht zur Debatte. Aber welche Gesten Ihr wann verwendet, ob Ihr schnell oder langsam sprecht, in welchem Stil Ihr formuliert und welche Aspekte Euch besonders hervorhebenswert erscheinen, entscheidet allein Ihr. Dessen sollte man sich bewusst sein, wenn man einen erfolgreichen Vortrag halten möchte.

So viel also in aller Kürze zur Bedeutung von Authentizität für erfolgreiche Vorträge. Was ich darüber hinaus betonen möchte, ist der besonders große Spielraum für Authentizität in freien Vorträgen und wie Euch das für die Vorbereitung solcher Vorträge in die Karten spielt.

Während Ihr in Aktenvorträgen stark eingeschränkt seid, was Stilfragen angeht, führen in freien Vorträgen viele Wege zum Ziel. Allein der Umstand, dass Ihr in der Vorbereitung solcher Vorträge überhaupt Gedanken auf so etwas wie eine Dramaturgie verwenden könnt (siehe dazu Unterabschnitt „2 – Einem Vortrag Struktur geben“) ist das beste Beispiel dafür, wie viel Spielraum für eigene Herangehensweisen an das Thema Rhetorik besteht. Das bedeutet, dass Ihr in freien Vorträgen Eure Komfortzonen jedenfalls insoweit nicht verlassen müsst, als Ihr den Vortrag rund um Euren persönlichen Vortragsstil und Eure persönlichen Stärken konzipieren könnt. Vorbehaltlich etwaiger Holprigkeiten im eigenen Stil, die es sich mit rhetorischen Techniken in den Griff zu bekommen lohnt, solltet Ihr Eure persönlichen Stärken im Präsentieren zum Dreh- und Angelpunkt Eures Auftretens machen. Die findet Ihr einerseits durch Erfahrungswerte im öffentlichen Sprechen und andererseits durch ehrliches Feedback heraus. Ein gewisses Gespür für die eigenen Stärken bringt man aber auch von Haus aus mit. Als Orientierung können die Kategorien aus Kapitel II dienen.

Maßstab sollte demgegenüber gerade nicht sein, was andere in ähnlichen Situation getan haben oder zu tun gedenken. Konzentriert Euch allein darauf, was *Ihr* an Fähigkeiten mitbringt und wie *Ihr* diese zur Geltung bringen könnt. Wenn Ihr damit im Hinterkopf einen Vortrag vorbereitet und haltet, dann wird der größere Spielraum für authentisches Auftreten optimal genutzt. Denn Ihr nutzt nicht nur aus, dass stilistisch in der Breite vieles möglich ist. Darüber hinaus schöpft Ihr auch das Potenzial Eures persönlichen Stils in der Tiefe aus. Und was ist authentischer, als den eigenen Stil nicht nur in Ansätzen, sondern ganz bewusst zu verfolgen? Sich auf die eigenen Stärken zu besinnen und das an Eurem Stil hervorzukehren, was Ihr voller Selbstbewusstsein vorzeigen könnt, wird Vorträge zu etwas machen, auf das Ihr Euch freuen könnt. Nicht zuletzt, weil die Vortragssituation deutlich weniger einschüchternd ist. Wenn man nicht mehr glaubt, es gebe klare Regeln für richtiges und falsches Präsentieren, gibt einem das Gelassenheit. Daneben macht authentisches Auftreten Eure Vorträge weniger langweilig und das steigert die Aufmerksamkeit des Publikums und das steigert die Effektivität Eurer Rede.

Zum Abschluss noch einmal der Hinweis, dass authentische Rhetorik *allein* noch keine erfolgreiche Rhetorik ist. Ziel dieses Unterabschnitts ist es nicht, das Gefühl zu vermitteln, ein Vortrag wäre gelungen, wenn Ihr beim Vortragen einfach so seid, wie Ihr seid. Ich habe bewusst geschrieben, dass das Besinnen auf die *Stärken* des eigenen Stils der Weg zum Erfolg ist. Dass Authentizität ein wichtiger Faktor für erfolgreiche Kommunikation ist, heißt nicht, dass Ihr den eigenen Stil nicht kritisch reflektieren und an Eurem Auftreten arbeiten solltet!

7. Das Ende abrunden

Am Schluss eines jeden gelungenen Vortrags steht ein Ende, das dem positiven Gesamteindruck des restlichen Vortrags gerecht wird. Leider passiert es aber zu oft, dass Studierende am Ende eines Vortrags in Verlegenheit verfallen und es dann versäumen, einen rhetorisch ansprechenden Schlusspunkt zu setzen. Was auf den ersten Blick vielleicht nach einer Kleinigkeit aussieht, sollte man nicht unterschätzen. Auch wenn das Ende des Vortrags knapp ausfallen darf und inhaltlich nicht der Schwerpunkt ist, ist seine Bedeutung größer. Denn der Abschluss eines Vortrags ist der letzte Eindruck, den Ihr in den Köpfen Eures Publikums hinterlasst. Während der erste Eindruck die Weichen stellt und das Publikum auf Euch und Eure Inhalte einstimmen soll, ist der letzte Eindruck das, was dem Publikum nach Eurem Vortrag am frischsten im Gedächtnis bleiben wird. Das Ende entscheidet erheblich darüber, mit welchem Gefühl und mit welchen Eindrücken Ihr das Publikum zurücklasst. Und deshalb lohnt es sich, zu überlegen, wie man einen Vortrag beenden sollte.

Das Ende eines jeden Vortrags hat zwei Funktionen. Einerseits soll es bestenfalls einen eigenen inhaltlichen Teil des Vortrags darstellen, der der Qualität des restlichen Vortrags gerecht wird und einen echten Mehrwert bietet. Andererseits soll es bewirken, dass Ihr guten Gewissens aufhören könnt zu sprechen und dabei eine souveräne Figur macht.

Was die inhaltliche Funktion angeht, solltet Ihr das Ende weniger als einen Deckel und mehr wie einen letzten Akt verstehen. Dieser letzte Akt muss nicht notwendigerweise ein Finale sein, aber er braucht eine Daseinsberechtigung. Diese Daseinsberechtigung lässt sich aus verschiedenen Quellen schöpfen.

Die niederschwelligste Quelle, aber auch die mit dem geringsten Mehrwert, ist ein schlichter **Dank** an das Publikum. Sich beim Publikum zu bedanken, ist eine absolute Pflicht für jeden Vortrag. Nicht nur, weil es dem Publikum ein gutes Gefühl vermittelt. Sondern auch, weil es die Höflichkeit gebietet, – insbesondere freiwillig(!) – aufgewendete Zeit, die man für Euch investiert hat, wertzuschätzen. Dennoch sollte er niemals zu einer Floskel verkommen. Ihr müsst immer versuchen, genuin glücklich darüber zu sein, dass man Euch zugehört hat, um das auch ausstrahlen zu können. Die Dankbarkeit muss nicht zwangsläufig die Aufmerksamkeit des Publikums betreffen. Ihr könnt auch für die Geduld, das Interesse, das Einlassen auf Eure Gedanken oder für etwas anderes Passendes danken.

Eine erste inhaltliche Daseinsberechtigung für einen letzten Akt ist die **Zusammenfassung** der wichtigsten Punkte Eures Vortrags. Ihr Mehrwert liegt insbesondere bei komplexeren Themen darin, die Komplexität zu reduzieren und dem Publikum das Gefühl zu vermitteln, komplexe Inhalte gut verstanden zu haben. Bedenkt auch, dass die Devise für die wichtigsten Inhalte ist, sie dreimal anzusprechen.[10] Das Ende eines Vortrags ist eine gute Gelegenheit, die dritte Wiederholung anzubieten, um die Schwierigkeiten der mündlichen Inhaltsvermittlung wirksam in den Griff zu bekommen.

Eine weitere Quelle für die Rechtfertigung eines letzten Akts im Vortrag ist das Einlösen von Versprechen bzw. das **Auflösen der Spannungskurve** im Rahmen Eurer Dramaturgie (siehe hierzu Unterabschnitt „2 – Einem Vortrag Struktur geben“). Wenn Ihr am Anfang des Vortrags Neugierde weckt oder eine Frage aufwerft, dann dürft Ihr nicht vergessen, die Auflösung zu liefern. Das Ende des Vortrags ist dafür – statt des inhaltlichen Gipfels – der beste Punkt, weil bei vielen aus dem Publikum der Ausgangspunkt vom Anfang des Vortrags in den Hinterkopf gerückt sein dürfte. Wenn Ihr dann mit der Auflösung oder Antwort um die Ecke kommt, dann stehen die Chancen ganz gut, dass der eine oder die andere überrascht sein wird und sich über diesen erfrischenden Effekt freut.

Die wahrscheinlich größte Legitimationsquelle für ein Vortragsende, das ein eigenständiger Teil des Ganzen ist, ist die inhaltliche Reflexion und/oder das **Weiterdenken** der eigenen Inhalte. Viele sind hierfür bereits sensibilisiert, denn häufig findet man in der Gliederung von Vorträgen einen Punkt, der „Fazit und Ausblick“ oder ähnlich heißt. Inhaltlich bleiben solche Abschnitte aber leider oft recht generisch. Wenn Ihr hier punkten möchtet, dann versucht am besten, entweder über den juristischen Tellerrand zu schauen und eine Perspektive einzunehmen, die Eure rechtlichen Ergebnisse oder Argumente in einen breiteren Kontext einbettet. Hierbei kann man zum Beispiel wunderbar eine Einleitung aufgreifen, in der man ein Szenario oder eine Frage in den Vordergrund stellt, die auf den ersten Blick wenig mit Recht zu tun hat. Soziologische, ökonomische, politische oder auch naturwissenschaftliche Perspektiven auf das Recht eignen sich sehr gut um zu zeigen, dass man sich der Tragweite der eigenen Forschung und Meinung bewusst ist und verantwortungsvoller mit Recht umgehen kann als diejenigen, die immer nur mit den Scheuklappen der eigenen Disziplin auf Probleme schauen. Oft kommen Studierende zu dem Ergebnis, dass ein rechtliches System, eine Behördenstruktur oder andere Elemente des rechtlichen Lebens reformbedürftig seien oder Defizite aufweisen. Das ist ein wertvolles Ergebnis, aber in einem gelungenen Schlussakt solltet Ihr versuchen, das Ende möglichst

10 Siehe S. 113 und 117–118.

nicht unbefriedigend stehenzulassen. Gibt es vielleicht eine ganz *konkrete* Reformoption, die Ihr präsentieren könnt? Welches der Defizite sollte *zuerst* angegangen werden und warum? Je konkreter Ihr hier arbeitet, desto praktisch nützlicher wird Euer Vortrag empfunden, was meistens einen guten Eindruck hinterlässt.

Neben der Funktion, einen eigenen inhaltlichen Abschluss darzustellen und dadurch einen Mehrwert zu bieten, hat das Ende eines Vortrags auch die Funktion, den eigenen Redefluss elegant abzubinden. So banal das auch klingen man: Wenn man einen Vortrag beenden möchte, dann sollte man keinen Zweifel daran lassen, dass der Vortrag zu Ende ist. Ihr wäret überrascht, wie viele Vorträge gegen Ende einfach irgendwie „auslaufen", statt mit einem Schlusspunkt beendet zu werden. Wenn jemand nicht zum Ende kommt oder – noch unglücklicher – aus Verlegenheit mit so etwas wie „Joa... das war's dann jetzt von meiner Seite." endet, dann bleibt ein bedauerlicher letzter Eindruck zurück. Stattdessen solltet Ihr darauf abzielen, einen echten Schlusspunkt zu setzen, der nicht aus einer Floskel oder etwas gedankenlos Dahergesagtem besteht. Das kann ganz schön herausfordernd sein, wenn zum Ende eines Vortrags hin eine Mischung aus Erleichterung und anderen Emotionen zum Tragen kommt. Als Faustregel könnt Ihr Euch merken, dass der Dank an das Publikum (siehe hierzu oben) ein guter Schlusspunkt ist. Was auch immer gut funktioniert, ist es, den Schlusspunkt nonverbal zu setzen, bzw. mit einer passenden Geste. Hierzu bietet es sich an, die Hände von einer offenen Position, zum Beispiel seitlich vom Körper mit nach oben gedrehten Handflächen gehalten, mit den Handflächen nach unten oder zueinander gewandt zu einem Punkt vor dem Körper zu führen. Damit bildet Ihr körpersprachlich einen Punkt und verschließt – ohne dabei abweisend zu wirken – Eure Gestik passend zum Ende des Vortrags. Gleichzeitig kann man auch den Kopf leicht senken, wie Künstler:innen nach einem Auftritt. Ein letzter Tipp, auf den ihr beim Setzen des Schlusspunkts achten könnt, betrifft die Betonung des letzten Satzes. Wenn der letzte Satz nicht in einer offenen Frage bestehen sollte, dann ist es *unbedingt* zu vermeiden, mit der Stimmlage am Ende des Satzes nach oben zu gehen. Eine solche Stimmlage wirkt oft fragend und weckt beim Publikum regelmäßig die Erwartung, dass von Euch noch etwas kommt oder Ihr vielleicht nur eine rhetorische Pause macht.

C. Die Diskussion

In aller Regel ist es so, dass im Anschluss an Fachvorträge eine Diskussionsrunde folgt. Das ist oft so bei der Verteidigung von Seminararbeiten, aber auch bei Beiträgen auf Konferenzen, nach Referaten oder bei Fachvorträgen für die interessierte Öffentlichkeit. Wenn eine Diskussionsrunde in einem Prüfungskontext bevorsteht, dann besteht ihr Zweck zumeist darin, Euer fachliches (ggf. wissenschaftliches) Können ein wenig zu testen. Immerhin kontrolliert Euch während der langen Vorbereitungszeit niemand so richtig und es besteht theoretisch die

Möglichkeit, dass ein starker Vortrag nicht auf Eurer Kompetenz beruht, sondern mit viel Hilfe von außen oder von KI erarbeitet und dann lediglich einstudiert wurde. Aber auch unabhängig vom Entkräften dieser Möglichkeit wird es oft so sein, dass man inhaltlich bestimmte Dinge anders sehen und daher diskutieren kann. Das gilt insbesondere dann, wenn Ihr – und das solltet Ihr tun! – argumentativ Stellung bezieht. Auch auf methodischer Ebene kann es gerade bei wissenschaftlichen Vorträgen Diskussionsbedarf geben.

Vor diesem Hintergrund ist es besonders wichtig, in einer Diskussions- oder Fragerunde inhaltlich eine gute Figur zu machen. Und auch auf der rhetorischen Ebene gibt es einige Dinge zu beachten. Denn wenn man besonders kompetent wirken möchte, dann kann man rhetorisch in einer Diskussionsrunde manches richtig oder falsch machen. Dafür möchte ich Euch in diesem Abschnitt sensibilisieren und einige Tipps anbieten.

Das oberste Gebot für Diskussionen in Prüfungen ist, sich inhaltlich gut zu präsentieren. Das dürfte keine Überraschung sein, aber ich möchte es dennoch einmal ausdrücklich gesagt haben. Der Punkt „Know your stuff!" (Kapitel II, Abschnitt C) gilt hier also ganz besonders. Möglichst gut in dem zu sein, in dem man geprüft wird, bzw. vorträgt, ist natürlich der banalste Rat aller Zeiten, bei dem ich es auf keinen Fall belassen möchte! Denn die Situation des freien Prüfungsvortrags erlaubt uns, ein ganz besonders effektvolles Mittel einzusetzen, um unser fachliches Können bestmöglich zur Geltung zu bringen. Erinnert Euch daran zurück, dass ein freier Vortrag in aller Regel mit reichlich Vorlaufzeit vorbereitet werden kann. Und erinnert Euch auch daran, dass es insbesondere dann, wenn man wissenschaftliche Arbeit präsentiert, nie jedes Detail, jeder Nebenschauplatz und jede spannende Parallele Eingang in den durch ein Zeitlimit eingegrenzten Kernvortrag schaffen kann. Diese beiden Umstände könnt Ihr perfekt dazu nutzen, um in der Diskussionsrunde inhaltlich zu glänzen. Es wird zwar nie möglich sein, jede Frage zu antizipieren. Aber wenn Ihr Euch lange genug mit einem Thema beschäftigt, werdet Ihr danach im Zweifel besser als die meisten wissen, welche Ansichten, Argumente und Entscheidungen vielleicht kontrovers, kontraintuitiv oder angreifbar sind. Auch ähnlich gelagerte Fälle, die man im Rahmen Eurer Arbeit differenzieren könnte, sind beliebter Stoff für Rückfragen. All das sind Dinge, über die man während des Erarbeitens der Inhalte und spätestens in Übungsvorträgen stolpert. Spätestens dann, wenn andere sich Euren Vortrag mal anhören und sagen, was Ihnen daran vielleicht noch merkwürdig oder eben besonders spannend und diskussionswürdig vorkommt. Mein Tipp lautet daher: Behaltet Antworten auf die zentralsten dieser erwartbaren Punkte für die Diskussionsrunde in der Hinterhand, um damit im richtigen Moment auftrumpfen zu können. Besonders beeindruckend wirkt das, wenn man sie mit einem kleinen Überraschungsmoment kombiniert, das die Sorgfalt Eurer Vorbereitung in Szene setzt. Dieses Überraschungsmoment könnt Ihr dadurch erzeugen, dass Ihr nicht nur Wissen, sondern auch *Materialien* für die zu erwartenden Rückfragen oder Kritiken bereithaltet. Stellt Euch vor, man sagt Euch nach einem Vortrag: „Das war ja alles ganz spannend, aber ich bin mir noch nicht sicher, inwiefern sich Ihre Konstellation von der sehr ähnlichen Konstellation X unterscheidet, die im rechtlichen Diskurs eine große Rolle spielt und erst vorgestern wieder in den Nachrichten war." Was meint Ihr, wie im Publikum die Kinnladen nach unten klappen, wenn Ihr mit einem Lächeln für die Frage dankt, auf dem Presenter in Eurer Hand einmal klickt und dann hinter Euch Folgendes passiert: Die Schlussfolie Eures Vortrags gleitet zur Seite und weicht einer Folie mit dem Titel „Bonusmaterial", „Deleted Scenes", „Zugabe" o.Ä., auf der sich bereits eine schön anzusehende Gegenüberstellung Eurer und der erfragten Konstellation befindet! Auch sehr cool ist es, wenn Ihr nach einem Urteil oder anderen Texten gefragt werdet und Ihr habt die entscheidende Passage bereits ausgedruckt auf dem Podium! Spontan zitieren zu können und dadurch eine ganz andere Qualität von Analyse zu liefern, wirkt sehr beeindruckend.

Diese Momente werden einen spektakulär guten Eindruck hinterlassen, wenn es Euch gelingt, sie umzusetzen. Wichtig sind mir hier allerdings noch zwei Dinge: Konzentriert Euch, erstens, in der Vorbereitung auf den Kurzvortrag und nicht auf das Antizipieren von Fragen danach. Ihr geht dabei eine Wette ein und je tiefer Ihr im Thema seid und ein Gespür für spannende Diskussionen habt, desto höher sind Eure Chancen, dass Ihr richtig liegt. Verliert Euch aber bitte nicht in diesem Spiel. Und bitte(!) seht davon ab, Fragen mit Kommiliton:innen vorher abzusprechen, um die besonderen Momente künstlich zu kreieren. Ich habe schon in vielen Schwerpunktseminaren gesessen, in denen Diskussionsrunden stets eine große Rolle gespielt haben. Und ich kann Euch sagen: Man merkt es immer(!), wenn Fragen vorher abgesprochen oder sonstwie vorbereitet waren. Und seht es auch mal so: Wenn Ihr eine echte Wette eingegangen seid und diese gewinnt, wird Eure positive Ausstrahlung angesichts des echten Erfolgs viel echter und ansteckender sein als ein vorbereitetes Schauspiel.

Zu guter Letzt möchte ich noch ein paar Worte zu Eurer Rolle als *Teilnehmende* in der Diskussion *anderer* Vorträge verlieren. In aller Regel werdet Ihr in Schwerpunktseminaren vor und/oder nach Eurer eigenen Prüfung auch zu den Vorträgen der anderen Teilnehmenden mitdiskutieren. Nicht selten kann ein guter Eindruck als Diskussionsteilnehmer:in das Zünglein an der Waage sein, wenn man nach dem eigenen Vortrag zwischen zwei Noten steht. Um eine gute Figur in der Rolle der/des „einfachen" Beteiligten in einer Diskussionsrunde zu machen, gibt es einiges zu beachten. Zunächst gehört es zum guten Ton, dass man den Vortrag einer anderen Person wertschätzt. In aller Regel beginnt man daher die eigene Frage oder Wortmeldung mit einem Dank für den Vortrag. Das verkommt leider sehr oft zu einer Floskel. Versucht daher, Eure Wertschätzung für den Vortrag möglichst konkret zum Ausdruck zu bringen. Statt „Vielen Dank erstmal für Deinen spannenden Vortrag." könntet Ihr in aller Kürze hervorheben, was Ihr daran besonders wertvoll fandet. Vielleicht ist es der vortragenden Person gelungen, Euer Interesse zu wecken, etwas Kompliziertes sehr verständlich herunterzubrechen, ein technisches Thema sehr unterhaltsam zu präsentieren etc.

Je genauer Ihr hier sein könnt, desto besser. In Fachdiskussionen auf Konferenzen und bei ähnlich gelagerten Formaten ist es außerdem üblich, sich zu Beginn der eigenen Wortmeldung kurz vorzustellen.

Die wichtigste Kompetenz als Teilnehmer:in in einer prüfungsrelevanten Diskussionsrunde ist es, Fragen zu stellen bzw. Gedanken zu äußern, die einen Mehrwert für die Diskussion haben und auf juristischen Überlegungen basieren. In meiner Zeit als wissenschaftlicher Mitarbeiter an der Universität habe ich in vielen Schwerpunktseminaren immer wieder gesehen, dass Studierende dazu tendieren, Fragen zu stellen, die zwar stets von echtem Interesse, aber nicht immer von inhaltlicher Relevanz geleitet waren. Dass eine Frage aus dem Dunstkreis des Vortragsthemas stammt, bedeutet meistens noch nicht, dass es eine gute Idee ist, sie im Plenum zu stellen. Das gilt insbesondere für Wissensfragen. Wenn es in einer Seminararbeit zum Beispiel um die rechtlichen Grundlagen des Veto-Rechts im UN-Sicherheitsrat und mögliche Reformoptionen ging, dann ist es zwar interessant, aber leider sowohl rechtlich als auch für die Diskussion völlig irrelevant, welche Vetomacht am häufigsten von ihrem Recht Gebrauch macht. Das ist auch meistens nichts, nach dem sinnvollerweise vorher recherchiert wurde. Vielleicht weiß die Person das zufällig und vielleicht auch nicht. Wenn sie es nicht weiß, steht Ihr beide blöd da und wenn sie es weiß, dann hat auch niemand wirklich etwas gewonnen. Auch Fragen mit der allgemeinen Stoßrichtung „Wie findest Du...?“ sollten mit Vorsicht eingesetzt werden. Persönliche Stellungnahmen, die nichts mit juristischer Argumentation zu tun haben oder wenigstens Implikationen für die Beleuchtung einer rechtlichen Thematik haben, bringen die Diskussion nicht weiter und führen oft dazu, dass sich ein Thema verselbständigt. Untechnische Meinungen auszutauschen, inspiriert oft andere dazu, sich ebenfalls einzuschalten. Und ehe man sich versieht, diskutiert ein Kurs dann etwas, das nicht mehr viel mit einer juristischen Prüfung zu tun hat. Versteht mich hier bitte nicht falsch: Es ist gut und wichtig, dass wir über den juristischen Tellerrand hinausblicken können und das führt oft zu sehr wertvollen Perspektiven auf das Recht. Bedenkt dabei nur bitte, dass in Schwerpunktseminaren eine juristische Leistung bewertet werden soll und je stärker man den Bezug zum Rechtlichen mit den Fragen verliert, desto mehr nimmt man sich und anderen die Chance, mit klugen juristischen Gedanken Punkte zu sammeln. Versucht deswegen nach Möglichkeit, Eure Fragen so zu formulieren, dass sie zumindest auch zu einer Diskussion über ein *rechtliches* Problem einladen und nicht nur *anlässlich* eines rechtlichen Problems in ein völlig anderes Feld abdriften.

Neben diesen Gedanken zur inhaltlichen Dimension von gelungenen Diskussionsrunden gibt es auch auf der rhetorischen Ebene einige Hinweise, die zu beachten sich lohnt. Diese Hinweise betreffen vor allem den Umgang mit Fragen und Kommentaren. Schaut hierzu am besten zunächst einmal in Kapitel II, Abschnitt „H – Grundregeln für den Umgang mit Rückfragen“. Im Grundsatz gilt auch in der Diskussionsrunde, dass Fragen etwas Gutes sind, denn sie erlauben Euch, weiteres Können unter Beweis zu stellen. Fragen sind außerdem oft Ausdruck davon, dass Euer Vortrag das Publikum angeregt hat und auch das ist positiv. Wie bei allen Rückfragen ist es auch hier wichtig, die Fragen richtig einzuordnen und ihre Bedeutungsebenen zu erkennen. Seid froh über jede Frage, die Ihr bekommt und *nehmt Euch einen Moment Zeit, um über die Frage nachzudenken.* Wenn die Frage nicht gerade einen Kernbereich Eures Vortrags betrifft, wirkt es auch in aller Regel nicht unvorbereitet, wenn Ihr Euch bewusst einen Moment Zeit nehmt, um zu überlegen. Denn die Besonderheit bei Diskussionsrunden im Anschluss an Seminarvorträge oder sonstige wissenschaftliche Redebeiträge ist, dass das mögliche Spektrum an Fragen kaum vorherzusehen ist. Natürlich gibt es Fragen oder Kommentare, die man gut im Vorfeld antizipieren kann und sollte. Aber bei allen möglichen Blickwinkeln auf wissenschaftliche Probleme ist es nahezu unmöglich, jeden denkbaren Gedanken vorauszusehen, den Euer Vortrag bei Leuten mit den unterschiedlichsten Spezialisierungen, Interessen und Perspektiven auslösen kann. Insofern ist es kein Ausdruck von mangelnder Vorbereitung, sondern davon, dass Ihr die Gedanken des Gegenüber ernstnehmt und den aufrichtigen Versuch unternehmt, mit Eurem fachlichen Können darauf zu reagieren. Den Prozess des Nachdenkens darf man auch gerne laut äußern. Nehmt das Publikum – und vor allem Prüfer:innen – mit in Eure Gedanken! Auf diese Art sammelt man Punkte und vermeidet Missverständnisse. Gebt auch unbedingt zu, wenn Ihr etwas nicht beantworten könnt. Gerade bei freien Vorträgen kann es immer wieder passieren, dass eine Frage aufkommt, mit der Ihr nicht wirklich rechnen konntet und die aus dem Stehgreif auch nicht gut zu beantworten ist. Das ist Teil des Spiels und wird auch nicht negativ bewertet. Solange Ihr den Versuch unternehmt, Euch sinnvoll mit der Frage auseinanderzusetzen, habt Ihr Euer Soll erfüllt.

So wie es dazu gehört, sich als Fragesteller:in für den Input der vortragenden Person zu bedanken, so selbstverständlich ist es auch andersherum, die Fragen zu würdigen, die Euch gestellt werden. Wenn die Frage besonders gut zu dem passt, was Ihr vorbereitet habt, und etwas anstößt, über das Ihr gerne sprechen wollt, bietet sich ein Dank für die Frage an. Schwingen in einer Frage oder einem Kommentar Bedenken oder Kritik mit, dann ist es eine gute Idee, diese Bedenken aufzugreifen und – falls sie in der Frage noch gar nicht explizit gemacht wurden – in Euren eigenen Worten einmal wiederzugeben. Wenn also zum Beispiel neutral nach den Implikationen eines AfD Parteiverbots für das grundgesetzliche Parteienprivileg insgesamt gefragt wird, dann klingt das zunächst nach einer Einladung zur offenen Reflexion. Aber sinnvollerweise wird man hier annehmen dürfen, dass im Hintergrund der Frage zumindest auch die Sorge vor einem Abschwächen der Parteienrechte steht, in deren Lichte Eure Argumente möglicherweise einer Einordnung bedürfen. Wenn Ihr auf diese Weise hinter die Kulisse der Fragen sehen könnt, dann zeigt Ihr, dass Ihr ihren jeweiligen Ausgangspunkt versteht. Das gibt Euren Antwort mehr Kontext und Relevanz.

Zum Stichwort kritische Rückfragen möchte ich auch unbedingt noch einmal betonen, dass Ihr Euch von derartigen Meldungen auf keinen Fall stressen lassen solltet. Von Seiten der Prüfer:innen – aber auch von wissenschaftlichen Mitarbeitenden – wird Kritik nie mit dem Ziel formuliert, Euch bloßzustellen. Meistens ist das Ziel, Euch zum Nachdenken anzuregen und zu schauen, wie Ihr über Probleme nachdenkt. Zeigt Euch für Kritik offen, gebt aber Eure Position auch nicht vorschnell auf. Oft ist man schon damit zufrieden, wenn Ihr geäußerte Kritik glaubhaft nachvollziehen könnt. Es geht aber meistens nicht darum, in einen Wettbewerb einzutreten und eine Diskussion zu gewinnen. Wenn Ihr mit diesem Mindset an kritische Rückfragen und Kommentare herangeht, verlieren diese schon vieles von ihrer Bedrohlichkeit. Außerhalb von Prüfungskontexten sind kritische Anmerkungen meistens sehr lehrreich und helfen Euch dabei, Eure wissenschaftliche Arbeit besser zu machen.

Eine praktische Kleinigkeit, die bei kritischen Rückfragen noch erwähnenswert ist, betrifft das Vermeiden eines Tunnelblicks: Oft tendiert man dazu, sich im Umgang mit Rückfragen – insbesondere bei kritischen – nur noch der Person zuzuwenden, die die Frage gestellt hat. Das ist völlig intuitiv, aber bitte vergesst nicht, dass Ihr zwar in diesen Momenten *mit einer* Person, aber dennoch auch *vor vielen anderen* Personen sprecht. Der Austausch mit einer einzelnen Person kann für das übrige Publikum schnell ermüdend wirken – und damit zu weniger Fragen anregen, die Ihr aber unbedingt wollt! Denkt deshalb daran, den Blick ab und an schweifen zu lassen und auch dem Rest des Publikums Eure Aufmerksamkeit zukommen zu lassen. Wer sich angesprochen und mitgenommen fühlt, ist meistens auch häufiger in das Geschehen investiert und löst die kritische Rückfrage vielleicht schon bald selbst mit einer angenehmeren Anmerkung ab.

D. Der Einsatz von Präsentationen

Bei vielen Vorträgen werdet ihr die Möglichkeit haben, mit einer Bildschirmpräsentation zu arbeiten. Oft ist das sogar ausdrücklich verlangt oder wenigstens üblich. Richtig eingesetzt, haben Slides einen großen Mehrwert für einen Vortrag, denn sie helfen z.B. dabei, die Aufmerksamkeit des Publikums hoch und die eigenen Notizen schlank zu halten. Gleichzeitig muss man aufpassen, dass eine Präsentation kein Faktor wird, der vom Vortrag ablenkt. Wie man Präsentationen so aufbaut und gestaltet, dass sie einen Vortrag aufwerten, ist Gegenstand dieses Abschnitts.

Eine Präsentation versteht sich am besten als Visualisierung dessen, was Ihr vortragt. Das bedeutet zunächst, dass Text sparsam eingesetzt werden sollte. Text *visualisiert* nicht, sondern *verbalisiert*. Und Verbalisieren ist ja bereits Eure Aufgabe im Vortrag. Text lässt sich außerdem nur wahrnehmen, wenn man sich darauf konzentriert. Und in dem Moment, wo sich das Publikum auf Text in Eurer Präsentation konzentriert, kann es nicht mit voller Konzentration *Euren* Ausführungen folgen. Schlimmer noch: Wenn mehr oder weniger der gesamte Vortrag auch auf den Folien steht, macht das den eigentlichen, mündlichen Vortrag überflüssig.

Das Ziel ist es ausdrücklich nicht, dass eine Präsentation den Vortrag in Gänze ersetzt oder inhaltlich absichert.

Vor diesem Hintergrund gilt: Weniger ist mehr. Um nicht abzulenken und die Präsentation effektvoll einzusetzen, dürfen die Folien weder eine Reizüberflutung verursachen noch in hoher Taktung auf das Publikum einprasseln. Für einen Vortrag von unter zehn Minuten lohnt sich normalerweise keine Visualisierung und für alle längeren Vorträge gilt, dass eine Folie pro zwei bis drei Minuten Vortragszeit angemessen ist.

Um sinnvoll zu visualisieren, ist Kreativität gefragt. Sicherlich eignen sich auch manchmal wenig kreative, aber dafür sehr informative Beispielbilder und Graphen für viele Präsentationen. Aber den maximalen Effekt kann man dann erzielen, wenn eine Visualisierung nicht ausschließlich informativ ist. Bilder mit metaphorischer Bedeutung, aussagekräftige Symbole, Kontraste und farbliche Zuordnungen sind besonders nützliche Methoden, Eure Inhalte tiefer in das Bewusstsein des Publikums zu tragen.

Nun ist es bei Präsentationen zu rechtlichen Themen in aller Regel so, dass wegen der Notwendigkeit, Recht in Sprache zu manifestieren, ausgerechnet Texte inhaltlich im Mittelpunkt stehen. Das ist aus der Perspektive der Visualisierung natürlich nicht optimal, aber man kann damit umgehen, indem man relevante Rechtstexte gut in Szene setzt. Als Faustregeln empfehle ich:

1. Haltet den dargestellten Text so kurz wie möglich. Kürzt mit [...] alles ab, was nicht zwingend dargestellt werden muss. Besonders schön ist es aber natürlich, wenn keine Kürzung nötig ist.
2. Formatiert den Text groß, zentriert und mit einem Zeilenabstand von 1,5. Er sollte prominent in der Mitte der Folie prangen und etwa die Hälfte des Raumes auf einer Folie einnehmen.
3. Wählt eine Schriftart, die klassisch, aber nicht altbekannt aussieht. Ich persönlich verwende für Zitate und Normen gerne den Schreibmaschinenstil Courier New.
4. Der Hintergrund einer Folie muss nicht zwangsläufig weiß sein. Mit einem Rechtsklick auf eine Folie lässt sich normalerweise der Folienhintergrund bearbeiten. In den Voreinstellungen findet Ihr dezente Muster in blassen Farben, die eine reine Textfolie deutlich ansprechender aussehen lassen können.
5. Um Passagen oder einzelne Worte hervorzuheben, kopiert die Folie, löscht die Übergangsanimation und nehmt die hervorhebende Formatierungen in der neuen Folie vor. Der Effekt ist der einer Hervorhebung, obwohl es dafür (zum Zeitpunkt, in dem ich das hier schreibe) keine eigene (geeignete) Animation gibt. Die Folien, die hierdurch entstehen, zählen natürlich nicht als eigene.

Eine sehr effektvolle Möglichkeit, eine Bildschirmpräsentation zum Leben zu erwecken, ist die sogenannte Morph-Transition. Hierbei werden Objekte wie Bilder, ganze Texte oder sogar einzelne Zeichen, die sich sowohl auf der einen Folie als auch auf der darauffolgenden Folie befinden, an ihren neuen Platz bewegt. Mit der Morph-Transition könnt Ihr Elemente vergrößern oder verkleinern, verschieben oder die Illusion schaffen, dass sich die Präsentation entlang einer Grafik bewegt. Damit Objekte von dieser Übergangsanimation betroffen sind, müssen sie sich übrigens nicht im sichtbaren Folienbereich befinden. Objekte lassen sich auch außerhalb des sichtbaren Bereichs platzieren und von dort im Wege der Übergangsanimation „Morphen" einschieben. Besonders einzigartig werden diese Effekte, wenn Ihr den Hintergrund eines Bildes ausblendet und nur sein eigentlicher Gegenstand als Grafik übrig bleibt. Hierzu kann man eine Bilddatei einfach mit einem Doppelklick auswählen und – jedenfalls in PowerPoint – in der Menüleiste oben links auf „Hintergrund entfernen" klicken. Für aufwändigere Effekte gibt es im Internet zahlreiche Tutorials, die mit recht geringem Aufwand wirklich eindrucksvolle Ergebnisse produzieren. Hier ist für jede Situation und jeden Stil etwas dabei.

Wenn Ihr eine Präsentation entwerft, dann macht Euch dabei immer bewusst, welchen Mehrwert sie dem Vortrag bringen soll und wie sie sich zum Inhalt verhält. Auf diese Weise kann eine Präsentation, selbst dann, wenn sie keinen oder wenig Text enthält, als Gedankenstütze funktionieren, die Euch einiges an Notizen erspart. In der Präsentationsansicht, die Euch auf dem Bildschirm angezeigt wird, von dem aus die Präsentation abgespielt wird, lassen sich sogar digital erstellte Notizen anzeigen. Achtet hierbei allerdings darauf, die digitale Notizspalte nicht zu überfrachten, denn sie ist meistens nicht besonders gut lesbar.

Vor allem dann, wenn man eine Präsentation auch als Gedankenstütze einsetzt, sollte man einen häufigen Fehler vermeiden. Dieser besteht darin, seine eigene Aufmerksamkeit den Folien an der Wand zuzuwenden und zur Wand zu sprechen. Besonders dann, wenn man das Publikum auf etwas auf den Folien aufmerksam machen möchte. Natürlich darf man sich hin und wieder einem Schaubild oder einem Graphen zuwenden und mit einem Zeigestock oder Laserpointer Dinge hervorheben. Aber ich sehe es leider auch immer wieder, dass sich Redner:innen der Wand so eingehend widmen, dass dem Publikum über weite Strecken nur deren Hinteransicht bleibt. Das ist nicht nur akustisch, sondern auch kommunikativ ein Desaster. Macht Euch daher mit Euren Folien genau so vertraut, wie mit dem eigentlichen Inhalt des Vortrags, damit die kleine Präsentationsansicht ausreicht, um zu wissen, was als Nächstes kommt. So lauft Ihr nicht Gefahr, zur Wand zu präsentieren.

V. Moot-Court-Plädoyers

Ohne Moot Courts gäbe es dieses Buch nicht. Mein persönlicher Einstieg in das Thema juristische Rhetorik war die Teilnahme am Jessup Moot Court. Seitdem faszinieren mich Moot Courts so sehr, dass ich jedes Jahr aufs Neue als Richter oder Coach in nationalen und internationalen Moot Courts mit dabei bin. Neben dem Jessup bin und war ich eng in den verfassungsrechtlichen HanseMoot und den weltraumrechtlichen Manfred Lachs Moot Court involviert und hatte Berührungspunkte mit dem Arbeitsrecht Moot Court am BAG, dem international wirtschaftsrechtlichen VIS Moot und einigen kleineren Moot Courts im Rahmen von Lehrveranstaltungen. Wenn für mich aus diesen Erfahrungen eines klar geworden ist, dann, dass es kein anderes Format gibt, dass juristische Fähigkeiten und vor allem Rhetorik auch nur im Ansatz so gut schult, wie die Teilnahme an einem Moot Court. Es ist völlig egal, für welche Fachrichtung Ihr Euch interessiert, ob Ihr international oder auf nationaler Ebene teilnehmen möchtet und in welcher Phase Eures Studiums Ihr Euch mit dem Thema Moot Court auseinandersetzt: Wenn Ihr an einem Moot Court teilnehmt, werdet Ihr dadurch mit 100-prozentiger Garantie zu messbar besseren Jurist:innen – rhetorisch wie inhaltlich. In meinem Fall hat die Teilnahme am Jessup Moot Court dazu geführt, dass sich mein Notendurchschnitt bis zum ersten Staatsexamen um vier Punkte erhöht hat und das obwohl der Moot Court keinen Pflichtfachstoff behandelte – und mich sogar ein halbes Jahr vollständig aus dem deutschen Recht rausgezogen hat. An meiner Alma Mater, der Ruhr-Universität, war es über Jahre hinweg so, dass unter den Preisträger:innen für die notenbesten Abschlüsse im ersten Staatsexamen in beinahe allen Jahrgängen mindestens eine Person mit Moot Court Erfahrung war. Ich denke, diese Tatsache spricht für sich.

Die Fähigkeiten, die man durch Moot-Court-Teilnahmen erlernt, sind so vielseitig, dass sie Euch auch weit über den fiktiven Gerichtssaal hinaus von Nutzen sind. Und wer im Rahmen eines Moot Courts bereits mit Richter:innen der obersten Bundesgerichte, dem Internationalen Gerichtshof und der Crème de la Crème der Fachspezialist:innen auf Augenhöhe rechtliche Diskussionen geführt hat, den wird eine mündliche Prüfung nicht mehr groß ins Schwitzen bringen. Wenn Eure Studienplanung es irgendwie zulässt – und sei es auch mit Umwegen und Verzögerungen – dann nehmt unbedingt an einem Moot Court teil! Eine bessere Ausbildung in juristischem Argumentieren, Präsentieren und vor allem im Überzeugen werdet Ihr nirgendwo anders bekommen.

Um das meiste aus der Teilnahme an einem Moot Court zu machen und die Richterbank mit Euren Argumenten zu überzeugen, sollte man wissen, worauf es ankommt. Aber auch – und vielleicht sogar gerade – dann, wenn eine eigene Teilnahme an einem Moot Court nicht mehr in Frage kommt, lohnt es sich sehr, sich mit den lehrreichen rhetorischen Tipps für Moot-Court-Plädoyers auseinanderzusetzen. Daher möchte ich Euch in diesem Kapitel eine kleine Auswahl der strategischen und rhetorischen Mittel für Plädoyers mit auf den Weg geben, von denen ich in meiner juristischen Karriere über Moot Courts hinaus profitiert habe.

A. Bestandteile und worauf es jeweils ankommt

Im Studium wird man vor allem auf die richterliche Perspektive vorbereitet, die verlangt, das Recht ausgewogen zu betrachten und die „beste" Lösung für rechtliche Probleme zu finden. In Moot Courts (d.h. Verfahrenssimulationen, die als Wettbewerb ausgestaltet sind) nimmt man dagegen die Rolle von Anwält:innen ein, deren Aufgabe es ist, ein Gericht, das um die beste Lösung bemüht ist, davon zu überzeugen, dass diese Lösung *Eure* und nicht die der Gegenseite ist. Ihr betreibt Jura hierbei zur Abwechslung nicht nur für den Fall, sondern für einen Beteiligten an diesem Fall und damit automatisch auch gegen einen anderen.

Moot Courts bestehen üblicherweise aus einer Schriftsatzphase, in der man gemeinsam mit einem Team Schriftsätze für beide der streitenden Parteien verfasst und einer Plädoyerphase, in der die Teams in simulierten Verhandlungen mit ihren Argumenten gegeneinander antreten. Je nach Moot Court unterscheiden sich die Anforderungen an die Schriftsätze, die Redezeit, die Sprache, die Teamgröße, das Rechtsgebiet, die Anzahl der Sprecher:innen und die Dynamik der Verhandlung. Normalerweise bereitet jedoch in den meisten Moot Courts jedes Team die Argumente und Plädoyers für beide Seiten vor. Im eigentlichen Wettbewerb vertritt man dann jedoch pro Runde nur eine Seite und die Mitglieder eines anderen Teams vertreten für die Dauer der Runde die Gegenseite. Es beginnt der/die Kläger:in oder Antragsteller:in damit, die eigenen Argumente für alle Streitpunkte des Falls unter Nachfragen des Gerichts zu präsentieren. Dann folgt in gleicher Weise die Seite der Beklagten oder des Antragsgegners. Dieser Vortrag muss auf den der anderen Seite *zugeschnitten* sein, was bedeutet, dass die Plädoyers für die Beklagtenseite zwar mit Antizipation und Erfahrung ein Stück weit vorbereitet werden können. Oft müssen die Vertreter:innen dieser Seite aber sehr spontan sein, um eine maßgeschneiderte Gegenargumentation präsentieren zu können. Zum Abschuss bekommt dann die Klägerseite noch einmal kurz Zeit für eine Replik und der Beklagte ebenfalls kurz Zeit für eine Duplik. Re- und Duplik, bzw. in den englischsprachigen Moot Courts *rebuttal* und *surrebuttal,* müssen zwangsläufig spontan vorbereitet und auf die konkreten Argumente der anderen Seite zugeschnitten sein. Hier sind normalerweise keine Fragen seitens der Richterbank zugelassen. Dafür ist hier gefragt, eine andere rhetorische Gangart an den Tag zu legen und die andere Seite intensiver anzugehen. Das ist für beide Seiten sehr anspruchsvoll, aber macht auch großen Spaß!

Um die Teilnahme an einem Moot Court erfolgreich bewerkstelligen zu können, muss man für Schriftsätze und Plädoyers sowohl die eigene Position als auch die der Gegenseite vollkommen durchdrungen haben. Man muss verstehen, worin Stärken und Schwächen von Argumenten bestehen können und wie man diese ausspielt. Zur inhaltlichen Dimension gehört es auch, ein breites Spektrum einschlägiger Rechtsprechung zu kennen und auf den eigenen Fall übertragen oder davon unterscheiden zu können. Ein wichtiger Aspekt, der im Studium deutlich zu kurz kommt, ist ein Verständnis dafür zu entwickeln, wie Argumente *zusammenhängen*, um eine *Strategie* für die erfolgreiche Verhandlung entwickeln zu können. In Moot Courts lernt man zu beurteilen, wie man ein Argument als das stärkste identifiziert. Man lernt, wie man sich prozessuale Umstände, wie Zuständigkeitsfragen und Beweislastregeln zu Nutze macht. Zum inhaltlichen Repertoire von „Mooties„ gehört es außerdem, zu verstehen, welche Argumente greifen müssen und für bei welchen man sich auf eine andere Strategie zurückfallen lassen kann. Daneben lernt man, ein Gespür dafür zu entwickeln, wie lange man einen weniger erfolgversprechenden Punkt verteidigen sollte, bevor man ihn zu Gunsten eines anderen aufgibt. All diese Punkte sind in inhaltlicher Hinsicht für Moot Courts entscheidend und gehören zu den besonderen Lernerfahrungen, die man ansonsten im Studium so gut wie nicht geboten bekommt.

Mindestens genauso lehrreich und entscheidend für eine erfolgreiche Moot-Court-Teilnahme sind die rhetorischen Leistungen, die es zu erbringen gilt. Die Kunst hierbei besteht oft darin, die eigene Position als vorzugswürdig zu präsentieren, ohne dabei die der Gegenseite völlig zu invalidieren. Denn ein Rechtsstreit ist so gut wie nie schwarz-weiß und meistens hat auch die Gegenseite Argumente, die wichtig sind und die man nicht außer Acht lassen darf. Ebenso wichtig ist es, Worte zu finden, die die eigene Position nicht nur nüchtern darstellen, sondern ein Stück weit verkaufen. Auf den Scoresheets der Moot-Court-Richter:innen werden erhebliche Punkte für gelungene Advokatur im Sinne des rhetorisch angemessenen und sachdienlichen Gesamteindrucks vergeben. Sympathie, Empathie, Charme, Humor und Selbstbewusstsein frei von Arroganz sind Eigenschaften, die man dafür verkörpern sollte. Daneben ist es zum Argumentieren der oft komplexen Fälle entscheidend, strukturiert vorzugehen, ohne dabei die Flexibilität zu verlieren, auf die Rückfragen der Richterbank oder die gegnerische Argumentation einzugehen. Insbesondere das Replizieren (oder auf Englisch: responden) ist eine hohe Kunst. Der Austausch mit der Richterbank ganz im Allgemeinen ist ein entscheidender Faktor für das erfolgreiche Abschneiden in Moot Courts. All diese Punkte vereinen zu wollen, bedeutet natürlich ebenfalls, dass hohe Anforderungen an das Zeitmanagement gestellt werden.

Wie Ihr merkt, verlangen Moot Courts Euch viel ab. Die vielen Lektionen, die man dabei als Jurist:in und als Person ganz im Allgemeinen lernt, entschädigen dafür aber bei Weitem. Deswegen möchte ich es noch einmal betonen: Wenn Ihr die Chance habt, an einem Moot Court teilzunehmen, dann tut das und tut es mit voller Hingabe!

Die Struktur dieses Kapitels unterscheidet sich etwas von denen der anderen Kapitel, denn hier möchte ich gerne einige allgemeine Ausführungen zu verschiedenen Argumentationstypen und -Strukturen vor die Klammer ziehen. Diese sind nicht Moot-Court-spezifisch, aber sie werden in Moot Courts besonders relevant. Der Rest des Kapitels wird sich auf Moot-Court-spezifische Tipps und Übungen konzentrieren, die wie gewohnt auf die allgemeingültigen Aspekte gelungener Rhetorik aus Kapitel II aufbauen und darauf Bezug nehmen. Dort, wo sich formatbedingte Besonderheiten ergeben, werden dann Schwerpunkte gelegt.

B. Argumentationstypen und -Strukturen

Das Ziel jeder Argumentation muss es sein, die eigenen Ziele bzw. die der Mandantschaft zu erreichen, indem man der hierfür günstigen Rechtsauffassung zum Sieg verhilft. Dafür ist mitunter große Überzeugungskraft vonnöten, und zwar insbesondere dann, wenn Ihr in einem kontradiktorischen Verfahren argumentiert, also gegen den Widerstand einer anderen Partei. Diese wird gleichzeitig versuchen, Eure Argumente zu entkräften und die eigenen als vorzugswürdig darzustellen. Insbesondere in Moot Courts wird neben dem Widerstand von der Gegenseite auch Widerstand bzw. kritisches Hinterfragen Eurer Argumentation von der Richterbank zu erwarten sein. Selbst dann, wenn das Gericht Eure Argumente sogar *eigentlich überzeugend* findet, denn es muss beiden Seiten aus Gründen der Fairness gleichermaßen viel Gegenwind bereiten. Und es wäre auch reichlich sinnlos, die Teilnehmenden einfach nickend und lächelnd das vortragen zu lassen, was sie in der Schriftsatzphase erarbeitet haben. Das macht keinen Spaß und schult auch keine Fähigkeiten.

Um die Herausforderungen der Überzeugungskunst gegen den Widerstand anderer zu meistern, muss man verstehen, wie man eine Argumentationslinie aufbaut, verkauft und verteidigt. Wo kann man die Argumente der Gegenseite attackieren, wo muss man die eigene verteidigen und welches Argument hat die größte Schlagkraft, wenn mehrere Wege zum Ziel führen? Für den eigenen Fall Antworten auf diese Fragen zu finden, ist nicht nur für das zielorientierte Argumentieren entscheidend. Ihr werdet auch jeder Richterbank mit einem besonders guten ersten Eindruck gegenübertreten können, wenn Ihr mit der überblicksartigen Vorstellung Eurer Argumente nicht nur Inhalte, sondern auch die Struktur Eures Vorgehens offenlegt. Das beweist ein großes Maß an Organisiertheit und Verständnis des Falls.

Damit das möglich wird, möchte ich Euch zunächst für die zentralen Argumentationsstrukturen sensibilisieren. Dabei geht es sowohl um die Zusammenhänge *innerhalb* eines Arguments als auch um die *zwischen* verschiedenen Argumenten.

Der erste große Unterschied, den es zu verstehen gilt, ist der zwischen kumulativen und alternativen Argumenten. Ein **kumulatives Argument** ist eins, dessen Voraussetzungen so aufeinander aufbauen, dass *alle* Voraussetzungen erfüllt sein müssen, um das Argument über die Ziellinie zu bringen. Man muss z.B. kumulativ argumentieren, um Ansprüche oder die Zulässigkeit einer Klage zu begründen. Sobald es an einer der Voraussetzungen fehlt, scheitert z.B. das gesamte

Argument zu einem Anspruch aus einer bestimmten Anspruchsgrundlage oder zur Zulässigkeit einer Klage. Gleiches gilt auch für Argumente, die die Strafbarkeit aus einem bestimmten Tatbestand betreffen. Verschachtelte Argumente sind ebenfalls kumulativer Natur. Ein kumulatives Argument ins Ziel bringen zu müssen, ist anspruchsvoll und im Zweifel zeitintensiv, denn man muss das Vorliegen jeder einzelnen Voraussetzungen nachweisen. Ist man in der Position, ein kumulatives Argument angreifen zu können, muss man dagegen nicht jeden einzelnen Punkt zu Fall bringen. Es reicht aus, das schwächste Glied in der Kette zu sprengen und der Rest des Arguments teilt dessen Schicksal.

Demgegenüber steht das sogenannte **alternative (oder „even if") Argument**. Die innere Struktur des alternativen Arguments ist aufgebaut wie die Zähne eines Hais. Wenn ein Zahn in der ersten Reihe wegfällt, rückt einer aus der zweiten Reihe nach. Das bedeutet, dass Ihr bei alternativen Argumenten mehrere Wege zum Ziel habt, wobei Ihr natürlich versucht, das Ziel schon mit dem ersten Argument zu erreichen und dafür gleich das stärkste zu verwenden. Der Name „even if"-Argument rührt von der Überleitung her, mit der man das Argument aus der zweiten Reihe meistens ins Spiel bringt: „*Selbst, wenn* das Gericht nicht zur Überzeugung gelangen sollte, dass X der Fall ist, so lässt sich der Anspruch der Klägerin immer noch auf Y stützen." Alternative Argumentationen kommen zum Tragen, wenn nur entscheidend ist, *dass* ein Anspruch besteht, aber *nicht*, aus welcher Anspruchsgrundlage genau. Auch wenn es darum geht, die Verletzung von Rechtsgütern und subjektiven Rechten zu argumentieren, reicht es für die gewünschte Rechtsfolge meistens aus, eine Verletzung *nachweisen* zu können, obwohl man mehrere Verletzungen argumentieren könnte. Alternative Argumente sind ihrerseits zeitintensiv, wenn man es nicht schafft, mit dem ersten Argument durchzudringen und/oder ein Argument zum richtigen Zeitpunkt loszulassen und zum nächsten überzugehen. Es passiert oft, dass man sich dabei ertappt, wie man leidenschaftlich über viele Minuten wertvoller Redezeit mit der Richterbank darüber diskutiert, warum kein Eingriff vorlag, obwohl man noch sehr starke Argumente dafür hatte, warum ein etwaiger Eingriff ohnehin gerechtfertigt wäre.

Wie Euch vielleicht schon beim Lesen aufgefallen ist, lassen sich viele rechtliche Konstellationen nicht ausschließlich in kumulative oder alternative Argumente einteilen. Vielmehr ist es meistens so, dass eine Argumentationslinie teilweise kumulative und teilweise alternative Elemente enthält. Eine erfolgreiche Verfassungsbeschwerde zum Beispiel ist in der Zulässigkeit kumulativ. Auch das Schema aus Schutzbereich, Eingriff und Rechtfertigung ist kumulativer Natur. Aber sowohl beim Punkt des Schutzbereichs als auch bei dem des Eingriffs ist von Euch in der Position des Antragstellers plötzlich alternative Argumentation gefragt. Denn um die Chancen auf eine erfolgreiche Verfassungsbeschwerde zu erhöhen, solltet Ihr die Argumentation auf die Betroffenheit mehrerer Grundrechte und auf jeweils verschiedene Eingriffe stützen. Gleiches gilt für Argumentation, die auf Zahlung, Wiedergutmachung oder Herausgabe gerichtet ist. Während der Erfolg klar definiert ist und die Voraussetzungen mindestens eines Anspruchs kumulativ erfüllt sein müssen, ist das Vorhandensein mehrerer möglicher Anspruchsgrundlagen eine alternative Situation. Wann immer Ihr mit einem Ziel und gegen einen Widerstand argumentiert, solltet Ihr Euch darüber im Klaren sein, zu welchem Grad die Argumentation aus kumulativen und alternativen Elementen besteht und entsprechend planen. Dort, wo das Recht kumulative Voraussetzungen vorsieht, muss die Argumentation besonders vollständig und gründlich sein (soweit Punkte nicht schon offensichtlich erfüllt sind). Das gilt insbesondere für diejenigen Stellen, für die kein Backup-Argument ins Feld geführt werden kann und die daher ein Nadelöhr Eurer Argumentation bilden. Für die alternativen Teile der Argumentation besteht die Vorbereitung vor allem darin, sich darüber Klarheit zu verschaffen, welches der möglichen Argumente das Stärkste ist.

Die Stärke von Argumenten lässt sich nicht besonders gut auf einem abstrakten Level definieren, denn sie hängt zu einem wesentlichen Teil von den Fakten Eures Falls sowie einschlägiger Rechtsprechung, Beweislast und anderen Faktoren ab. Auch der Rechtskreis, in dem Ihr argumentiert, kann Auswirkungen darauf haben, was besonders überzeugend ist. Im Common Law zum Beispiel und oft auch im Völkerrecht ist es so, dass einschlägige Rechtsprechung ein besonders hohes Gewicht hat. Im hierzulande herrschenden Civil-Law-Rechtskreis sind dagegen oft besonders rechtstechnische Argumentationen, die auf dogmatisch sauberer Auslegung, Regel-Ausnahme-Verhältnissen oder einer besonders guten Quellenlage fußen, die schlagkräftigen.

Ein Argumentationstypus, der nicht unter den Tisch fallen darf, ist der des **faktischen oder tatsächlichen Arguments**. Da Eure Argumentation in Moot Courts und auch in der praktischen Rechtsanwendung immer an einen konkreten Fall anknüpft, gehört auch die Argumentation mit den Tatsachen zum Repertoire der erfolgreichen Anwält:innen. Eure Rechtsauffassung kann noch so überzeugend sein – wenn die tatsächlichen Gegebenheiten sich nicht darunter subsumieren lassen, dann hilft Euch das nicht viel. Auch in Klausuren im Studium müsst Ihr Euch natürlich mit der Subsumtion von Fakten beschäftigen. Aber dort steht der Sachverhalt in der Regel unstreitig fest und nicht zur Debatte. In Moot Courts besteht daher eine ganz neue Herausforderung im Subsumieren. Fakten dürfen nicht verdreht werden, müssen aber ab und an einen gewissen Anstrich verpasst bekommen, um perfekt in Eurer rechtlichen Argumentation aufzugehen. Ausgangspunkt juristischer Streitigkeiten sind schließlich nicht nur verschiedene Rechtsauffassungen, sondern auch zu einem ganz erheblichen Maße unterschiedliche Meinungen dazu, wie etwas stattgefunden hat und ob bestimmte Erheblichkeitsschwellen bereits erreicht sind. Eine grundsätzliche Unterscheidung bezüglich ihrer Überzeugungskraft und Relevanz lässt sich zwischen rechtlichen und tatsächlichen Argumenten dabei nicht treffen. Die Fakten spielen neben den rechtlichen Argumenten eine gleichberechtigte Rolle, die man bei aller rechtlichen Finesse in der Argumentation nicht vergessen darf. Vor allem in Moot Courts ist auf den Scoresheets meistens ein größerer Bereich von Punkten dafür zu vergeben, wie gut ein Mootie die Fakten des Falls kennt und einsetzt.

Zuletzt möchte ich noch auf einen Argumentationstypus zu sprechen kommen, den man ebenfalls von rechtlichen Argumenten unterscheiden kann und der eine Rolle in erfolgreicher Argumentation zu spielen hat. Dieser Argumentationstyp sind die **(rechts)politischen** oder auch ***policy*** genannten **Argumente**. Auch wenn ich gestehen muss, dass ich ein Fan dieser Argumente für rhetorische Zwecke bin, ist hiermit Vorsicht geboten. Denn ohne rechtliche Einkleidung sind Blicke über den Tellerrand und Implikationen einer Entscheidung nichts, das ein Gericht strenggenommen in der Entscheidungsfindung berücksichtigen darf. Allein deshalb sind policy-Argumente kraft Ihrer Natur eher Argumente für die zweite, wenn nicht dritte Reihe in einer alternativen Argumentationsstrategie. Sie sollten niemals das führende Argument bilden. So viel sei gesagt: Dass auch Richter:innen „nur" Menschen sind und natürlich nicht immer ganz ausblenden können, welche Folgen das Entscheiden in die eine oder andere Richtung hat, steht ebenfalls außer Frage. Das bedeutet nicht, dass man seine Mühe darauf verwenden sollte, das Gericht zu beeinflussen oder gar zu manipulieren. Man sollte es vermeiden, auf die Tränendrüse zu drücken und auch sparsam mit (direkten oder indirekten) Appellen an das Gewissen des Gerichts umgehen. Aber für die Zwecke der Überzeugungskunst kann es nützlich sein, der eigenen Argumentation den Charme einer besonders gerechten, mitdenkenden, milden oder symbolkräftigen Lösung zu verpassen. Policy-Argumente bieten sich am ehesten zum Beginn oder zum Ende eines Plädoyers oder einzelner großer Blöcke innerhalb eines Plädoyers an. Am Beginn kann man sie gleich in die Einleitung stecken, indem man etwa so einsteigt:

> „Sehr geehrte Frau Vorsitzende, hohes Gericht; mein Name ist X und ich vertrete die Klägerin in diesem Verfahren. Meine Damen und Herren, der heutige Fall betrifft in seinem Kern die Frage, ob das Arbeitsrecht auch denjenigen Arbeitnehmerinnen und Arbeitnehmern Schutz gewährt, deren Arbeitsplätze gekürzt werden müssen – aber nicht, weil die wirtschaftliche Lage an sich dies gebietet, sondern weil die Unternehmensführung sich schlicht verzockt hat. In den nächsten zehn Minuten werde ich dafür streiten, dass das nicht nur moralisch, sondern auch rechtlich die richtige Lösung ist und dazu aufzeigen, dass 1., die betriebsbedingte Kündigung..."

Policy-Einschübe können aber auch sehr wirkungsvoll als Abschluss eines Argumentationsblocks sein, wie etwa in diesem Beispiel, in dem verschiedene Argumente vorgebracht worden sind, um die Beschwerdebefugnis der Antragsteller zu belegen:

> „Hohes Gericht, auf Grundlage der vorgebrachten Argumente muss die Beschwerdebefugnis der Antragsteller damit feststehen. Selbstverständlich ist dieses Gericht in seiner Entscheidungsfindung frei. Dennoch möchte ich Sie bitten, die erheblichen Konsequenzen einer Entscheidung zu Lasten meiner

Mandanten nicht zu vergessen. Sollte das Gericht wider Erwarten finden, dass die Antragsteller nicht beschwerdebefugt sind, so bedeutet das, dass ihnen in Ermangelung anderer Möglichkeiten effektiver Rechtsschutz *gänzlich versagt* ist."

C. Das Plädoyer

Moot-Court-Plädoyers sind extrem dynamisch. Die verschiedenen Persönlichkeiten der Richter:innen sowie die unterschiedlichen Stile und inhaltlichen Schwerpunkte der individuellen Oralist:innen sorgen dafür, dass keine Wettbewerbsrunde der anderen gleicht. Ein Großteil der Kunst, in Plädoyers erfolgreich aufzutreten, besteht deshalb darin, sich den unterschiedlichsten Gegebenheiten inhaltlich wie rhetorisch anpassen zu können. Auf die verschiedensten Eventualitäten angemessen reagieren zu können, ist ein Erfahrungswert, der sich nur durch wiederholte Übungsrunden vor immer verschiedenen und anders herausfordernden Richter:innen einstellt. Dass Rhetorik etwas Angewandtes ist und praktiziert werden muss, um es zu erlernen, gilt natürlich auch in allen anderen Redesituationen, die in diesem Buch bereits behandelt wurden (deshalb auch die dringende Empfehlung aus Kapitel II, Abschnitt „L – Routine – Gelegenheiten zum Sprechen nutzen"). Für die besonders interaktive Dynamik von Moot-Court-Plädoyers gilt das allerdings noch einmal in besonderem Maße. Vor diesem Hintergrund betreffen die folgenden Tipps zwar auch das Auftreten während des Plädoyers, aber daneben vor allem das Schaffen von Bedingungen, welche die Dynamik eines Plädoyers in möglichst günstige Bahnen lenken.

1. Notizen

In der Vorbereitung auf Moot-Court-Plädoyers ist es üblich, Aktenordner anzulegen, die eine ausführliche Struktur des eigenen Plädoyers, den Sachverhalt und alle wichtigen Materialien wie die Texte von relevanten Urteilen und Normen enthalten. Wie schon in Kapitel II, Abschnitte J und M angedeutet, stehe ich dieser Form von Unterlagen eher skeptisch gegenüber. Jedenfalls dann, wenn sie zum Plädieren mit an das Podium genommen wird und währenddessen unentwegt darin geblättert wird. In diesem Unterabschnitt möchte ich noch einmal darauf eingehen, was die Schattenseiten von dicken Ordnern sind. Für den Fall, dass dennoch ein Ordner verwendet werden soll, möchte ich Tipps für deren Anlegen geben und zuletzt eine Alternative vorschlagen, mit der ich gute Erfahrungen gemacht habe.

Meine Skepsis gegenüber dicken Plädoyerordnern beruht auf der Erfahrung als Richter in hunderten Runden verschiedener Moot-Court-Plädoyers aus diversen echten Wettbewerben und Übungsplädoyers. Die Mehrheit derer, die dicke Ordner zum Plädieren benutzen, sind in ihrem Auftreten an ihre Ordner gefesselt.

Sie empfinden ein trügerisches Gefühl von Sicherheit, wenn sie nur alles Nötige griffbereit vor sich haben und sich – ebenfalls sicherheitshalber – immer wieder in ihrem Ordner vergewissern, nichts Falsches zu sagen. Diese Sicherheit ist aus drei Gründen trügerisch:

Erstens, weil dadurch der Blickkontakt, der für effektives und eindringliches Kommunizieren der eigenen Argumentation *unerlässlich* ist (siehe Kapitel II, Abschnitt „J – Blickkontakt"), zu oft unterbrochen wird. Und das zu allem Überfluss auch noch oft an Stellen, die einen besonders unsicher oder schlecht vorbereitet wirken lassen. Zweitens, weil übermäßiges Blättern im Ordner ablenkt. Trotz aller Reiter und Klebezetteln kommt es immer wieder vor, dass man nicht immer auf Anhieb findet, was man sucht und eine gefühlte Ewigkeit ohne zu sprechen in den Papierbergen vor sich wühlt, während die Ohren rot zu brennen anfangen. Dann verhaken sich besagte Papierberge beim Blättern noch in der Bindung und das Chaos ist perfekt. Drittens, und das ist vermutlich sogar der wichtigste Punkt, hemmen dicke Ordner das freie Auftreten. In den allermeisten Fällen finden Mooties in ihren Ordnern nur das bestätigt, was sie ohnehin wussten und sagen wollten. Als Coach und als Teilnehmer habe ich immer wieder festgestellt, dass die richtig guten Mooties ohne Ordner ab einem gewissen Stadium der Vorbereitung inhaltlich genauso gut plädieren können wie mit, aber dabei rhetorisch deutlich wirkungsvoller auftreten. Viele trauen sich und/oder ihrem Gedächtnis viel weniger zu, als sie leisten können. Und das zu Gunsten einer Sicherheit, die sich zwar gut anfühlt, aber de facto leider meistens nur ein Plädoyer im Mittelfeld absichert. Diese drei Kritikpunkte richten sich natürlich im Ergebnis nicht so sehr gegen das Anlegen eines Ordners, sondern gegen das Verlassen auf und übermäßige Verwenden von Ordnern.

Nun ist es so, dass Moot Courts das Argumentieren hochkomplexer Fälle voller teils noch ungelöster rechtlicher Probleme erfordern. Das ist ohne tiefe und breite Recherchen nicht möglich und auf die Ergebnisse dieser Recherchen muss man auch im Plädoyer zurückgreifen können. Auch präzise Referenzen zu den Randnummern des Sachverhalts sind wichtig, um hohe Punktzahlen erreichen zu können. Alles, was man zum Argumentieren benötigt, im Gedächtnis zu haben, ist kaum möglich. Vor diesem Hintergrund werdet Ihr in Moot-Court-Plädoyers nie ganz ohne Notizen oder Materialien auskommen. Eine Grobstruktur der Argumente mit Alternativen und wichtigen Referenzen ist Pflicht. Gleiches gilt für das Vorliegen der einschlägigen Normen und argumentationserheblichen Passagen aus den wichtigen Urteilen und sonstigen Quellen, auf die Ihr Euch stützt. Dieser grobe Kern an Unterlagen ist das, auf dem mein Vorschlag aufbauen wird. Wenn Ihr darüber hinausgehen und einen umfangreicheren Ordner anlegen möchtet, dann beachtet bitte die folgenden Ratschläge:

1. Nutzt die **Innenseite der Ordnerklappen**. Insbesondere die linke Ordnerinnenseite beherbergt oft ungenutztes Potenzial, denn sie ist jederzeit leicht ohne Blättern zu finden. Klebt Euch daher am besten eine Gliederung des Ordnerinhalts in die linke Innenseite oder – wahrscheinlich noch sinnvoller – einen

Stapel Blätter für Mitschriften. Solltet Ihr in einen Fragenhagel geraten, ist es wichtig, mitschreiben zu können. Auch Notizen für Replik oder Duplik sind in der Ordnerklappe gut aufgehoben.

2. Heftet **keine ausformulierte Version Eures Plädoyers** ein! Heftet auch **keine ausgedruckte Version des Schriftsatzes** ein, auf dem Euer Plädoyer beruht! Ein ideales Plädoyer einmal auszuformulieren, ist sinnvoll, um zu visualisieren, um Schwerpunkte richtig setzen und das Zeitmanagement besser einschätzen zu können. Langversionen Eurer Argumente verleiten aber dazu, abzulesen und Unsicherheit zu verspüren, wenn die gesprochenen Worte von den „idealen" geschriebenen abweichen. Sie sind auch nicht besonders nützlich, um auf die Schnelle das zu finden, was Ihr sucht.
3. **Bereitet den Sachverhalt tabellarisch auf.** Die meisten Moot-Court-Fälle sind um einiges länger und komplexer als die Sachverhalte der Fälle, die man aus dem Studium gewohnt ist. Oft kommt es darauf an, blitzschnell und am besten wörtlich wiedergeben zu können, in welcher Randnummer des Falls die Information steht, die für das Argument oder eine Rückfrage entscheidend ist. Wenn man hier lange blättern muss, kann einem das zum Verhängnis werden. Eine tabellarische Kurzversion des Sachverhalts schafft da Abhilfe.
4. **Beschränkt** die **Ausdrucke von Urteilen und Literaturquellen** auf das Wesentliche und **markiert** darin die entscheidenden Stellen **auffällig**. Ähnlich wie mit dem Blättern im Sachverhalt kostet auch das Blättern in Urteilen und Literaturquellen viel Zeit. Dabei kann man sich Einleitungen, Ansichten der Parteien und andere Details meistens sparen. Aus dem Sachverhalt kann jedes Detail relevant werden, aus einem Urteil oder sonstigen Text oft nur wenige Abschnitte und ihr unmittelbarer Kontext. Bei ganz zentraler Rechtsprechung kann man den Ausschnitt noch um ein kleines **Factsheet** mit wesentlichen Eckdaten zum Fall ergänzen.
5. **Strukturiert** Euren Ordner **idiotensicher** und übt Eure **Handgriffe**. Dieser Punkt ist vielleicht selbsterklärend, aber dennoch wichtig. Trennt die verschiedenen Blöcke Eures Ordners deutlich mit Reitern, die gut sicht- und greifbar sind und die sich am besten nicht ganz, sondern nur teilweise überlagern. Innerhalb der jeweiligen Blöcke lohnen sich nach Farben sortierte Klebezettel, die Euch ohne Verzögerung direkt zu entscheidenden Normen, Leitsätzen oder sonstigen hilfreichen Ressourcen führen. Versucht dabei, den Ordner nicht zu einem Wust an Klebezetteln verkommen zu lassen, in dem man vor lauter Informationsüberlastung am Ende dann doch nichts mehr findet. Und da solche Ordner erfahrungsgemäß recht schnell großen Umfang annehmen, solltet Ihr mit ihnen nicht erst kurz vor dem Wettbewerb arbeiten. Benutzt den Ordner so früh, dass Ihr im Ernstfall geübt darin seid, schnell etwas zu finden.

Wenn Ihr diese Tipps zum Umgang mit Ordnern beherzigt, spricht aus meiner Sicht prinzipiell nichts gegen sie. Eleganter aber finde ich eine andere Herangehensweise an Plädoyer-Notizen. Mit der habe ich in meiner eigenen Moot-Court-

Teilnahme gute Erfahrungen gemacht, und zwar sowohl auf Seiten des Klägers als auch in der Rolle des Beklagtenvertreters, für die man deutlich spontaner sein muss. Meine persönliche Empfehlung für Moot-Court-Notizen ist, dass Ihr Eure zentralen Argumente mit ihren wesentlichen Bestandteilen in großer Schrift, gut lesbar und ggf. farblich voneinander getrennt auf nicht mehr als zwei DIN-A4-Blätter mit je Vor- und Rückseite bannt. Zwischen allen argumentativen Bestandteilen lasst Ihr so viel Platz, dass Ihr dazwischen Notizen machen könnt (ca. zwei bis drei Finger breit). Das ist nützlich für den Umgang mit Rückfragen und sogar besonders hilfreich für das Abliefern eines maßgeschneiderten Beklagtenplädoyers. Während die Klägerseite spricht, notiert Ihr Euch deren Argumente an den Stellen in Eurem Plädoyer, an denen Ihr sie am besten entkräften könnt. So vergesst Ihr die Bezugnahme nicht (vgl. Unterabschnitt 5 weiter unten) und müsst Euch die Argumente der Gegenseite nicht von Euren eigentlichen Notizen trennen. Diese gut lesbare Grobstruktur mit reichlich Platz für Mitschriften ergänzt Ihr dann nur um wenige Informationen, die nach einer gewissen Erfahrung im Umgang mit Eurem Fall immer wieder relevant werden. Die Namen wichtiger Urteile, wörtliche Zitate besonders wichtiger oder gelungener Ausführungen oder den genauen Wortlaut der einen oder anderen Norm sind Dinge, die hier in Frage kommen. Macht von diesen Ergänzungen aber keinesfalls so inflationär Gebrauch, dass der Platz für Notizen zu klein oder die Vorlage umfangreicher als die erwähnten zwei DIN-A4-Blätter wird. Hier gehört wirklich nur das rein, was Ihr auf keinen Fall vergessen oder falsch wiedergeben dürft. Was das ist, hängt natürlich von Eurem jeweiligen Fall ab. Bei mir waren es einige Eckdaten und ein Leitsatz zu einem wichtigen Urteil, ein wörtliches Zitat, das gut funktioniert hat und der Wortlaut einer Norm, die ich regelmäßig in Plädoyers genau zitieren musste. Mehr aber nicht. Denn was Ihr neben dieser Vorlage, die Ihr einmal am PC erstellt und dann für jedes Plädoyer neu ausdrucken könnt, jedenfalls dabei habt, sind natürlich der Sachverhalt und die einschlägigen normativen Grundlagen Eures Falls. Daneben ggf. auch eine kleine Zusammenstellung von Ausschnitten aus anderen Quellen, aber keinesfalls im Ausmaß eines Ordners. Bestenfalls nur im Umfang von einem weiteren DIN-A4-Blatt. Mit der Routine im Plädieren Eures Falls unter immer neuen Rückfragen, werdet Ihr so sattelfest in Euren Quellen sein, dass Ihr sie nicht immer bei Euch haben müsst. Ich weiß, dass sich das (Selbst-)Bewusstsein dieser Sattelfestigkeit nie vollständig einstellen wird, weil man natürlich nie aus dem Kopf alles Wichtige referieren kann. Aber Ihr werdet auch merken, dass das nötige Wissen plötzlich da ist, wenn es im gewohnten Plädoyerformat abgefragt wird. Ich kann es allen nur ans Herz legen, eine Reihe von Plädoyers mit diesem reduzierten Set an Notizen auszuprobieren. Eurer rhetorischen Präsenz wird das in aller Regel sehr gut tun und die inhaltlichen Einbußen sind kaum spürbar, wenn man einmal etwas Routine im Plädieren erreicht hat.

2. Ein gelungener Einstieg – Teil 3

Der Einstieg in ein Moot-Court-Plädoyer ist der Punkt, an dem die Dynamik der Situation tendenziell am geringsten ist. So planbar wie der Einstieg in einen freien Vortrag oder gar einen Aktenvortrag ist der Einstieg in ein Plädoyer allerdings nicht. Außerdem gibt es hier einige Dos and Don'ts zu beachten, die gute Mooties von *sehr* guten unterscheiden.

Wie bei allen gelungenen Einstiegen ist es auch bei den Einstiegen in Plädoyers sinnvoll, die Richterbank zu begrüßen, sich vorzustellen und einen Überblick über den Fall und die eigene Argumentation anzubieten. Hier bestehen dem Grunde nach keine Besonderheiten bezüglich der Einstiege in andere Redeformate. Erwähnt sei allerdings, dass man es eher unterlassen sollte, die Vertreter:innen der Gegenseite eigens anzusprechen. Ein Moot-Court-Plädoyer nimmt zwar idealerweise inhaltlich viel Bezug zu den Ausführungen der Kolleg:innen; Eure Aufmerksamkeit und physische Ausrichtung gilt dabei aber zu 100% dem Gericht. Ihr schaut nicht rüber zur Gegenseite und Ihr gestikuliert auch bitte nicht in ihre Richtung.

In der Einleitung in das eigene Plädoyer hat sich in vielen Moot-Court-Teams, vor allem im Jessup-Kontext, eingebürgert, dass angekündigt wird, man werde zu den jeweiligen Streitpunkten des Falls sprechen. Das sieht dann, weil im Jessup Moot Court auf Englisch plädiert wird, in etwa so aus:

> „Madame President, your Excellencies; Good morning. My name is X and together with my co-agent, Mr. Y, and our bench counsel, Ms. Z, I appear on behalf of the State of A, the Applicant in the present proceedings. I will speak first for 22 minutes addressing claims one and two of the case, Mr. Y will speak for an additional 21 minutes on claims 3 and 4 and we respectfully reserve 2 minutes for rebuttal."

Hier gibt es natürlich einiges an Variation; worauf ich aber hier das Augenmerk legen möchte, ist das Einleiten der Streitpunkte. Nicht selten werden in diesem Zusammenhang zu unkonkrete Formulierungen gewählt, die den Eindruck machen, dass man ein Referat halten werde. Sagt man etwa, man werde etwas *adressieren, ansprechen* oder *behandeln*, dann referiert man sprachlogisch eher über etwas, statt konkrete argumentative Argumente *für* etwas zu machen. Solche Formulierungen haben auch keinen großen Mehrwert, denn dass die erste Rednerin zu den ersten beiden Streitpunkten Argumente vorträgt und der zweite zu den Streitpunkten 3 und 4 ist so etabliert, dass es streng genommen keiner eigenen Erwähnung bedarf. Wichtiger ist es, in dem Überblick über den Inhalt der kommenden Minuten nicht die Themen oder abstrakten Rechtsfragen der Streitpunkte vorzustellen, sondern *Eure* jeweilige Position dazu. Das heißt konkret, dass Ihr Formulierungen verwenden solltet, die in die vertretene Rechtsauffassung münden. Zum Beispiel so:

„... I will speak first for 22 minutes and demonstrate why the Applicant *does* have standing before this Court to bring its claims on two different bases and why the Respondent *violated* international humanitarian law when it launched indiscriminate military strikes on Aliolia Highschool. After that my co-agent will speak for an additional 21 minutes and ...“

So ist der Richterbank gleich klar, wo die Reise hin geht, und Ihr hinterlasst einen deutlich zielstrebigeren ersten Eindruck.

Wenn Ihr in der Rolle der/des Beklagten oder Respondent auftretet, dann sollten Eure Einleitungen erkennen lassen, dass Ihr kein vorbereitetes Plädoyer zum Besten gebt, sondern eine maßgeschneiderte Gegenrede zu den Ausführungen der/des Klägers bzw. Applicants halten werdet. Eine sinnvolle Einleitung, um dies zum Ausdruck zu bringen, wäre zum Beispiel:

„... In the next 22 minutes I will *respond* to the Applicant's submissions regarding its alleged standing before this Court and Respondent's conduct in targeting Aliolia Highschool by proving that the Applicant *lacks* standing on both of the submitted bases and that the Respondent's military strike *complied* with all *applicable* international law.“

Bemüht Euch, in der Einleitung möglichst konkret zu werden und Eure Ausführungen bereits von Beginn an auf die eigene oder die anzugreifende Argumentation zuzuspitzen. Das kommt zur Sache, spart Zeit und passt am besten zu Eurer Rolle als parteiische Interessenvertretung.

3. Starke Argumente voran

In Moot-Court-Plädoyers wird man oft unterbrochen. Meistens dann, wenn die eigene Argumentation Schwächen enthält oder kontroverse Positionen vertreten muss. Nicht selten ist es sogar so, dass man nicht einmal das erste Argument ausführen kann, bevor man mit kritischen Rückfragen oder einem hypothetischen Szenario konfrontiert wird. Solche Unterbrechungen bringen Euch aus dem vorbereiteten Plädoyer in dynamisches Terrain und verlangen Flexibilität, Spontanität und einen guten Überblick über die eigene Position. Um zu vermeiden, dass man das ganze Plädoyer über in ein Gespräch verstrickt ist, dessen Dreh- und Angelpunkt ein wenig vielversprechender Aspekt Eurer rechtlichen Lösung ist, solltet Ihr stets darauf achten, jede Argumentationslinie mit den stärksten Argumenten zu beginnen. Hier sind nämlich die wenigsten kritischen Rückfragen zu erwarten und vor allem kaum solche, die nicht in Übungsrunden schon einmal aufkamen und auf die Ihr nicht gut vorbereitet seid.

Die Kunst ist es, zu erkennen, was ein Argument stark macht und diese Stärken zu betonen. Wie immer hängt die Stärke der jeweiligen Argumente erheblich davon ab, wie genau Euer Fall gestrickt ist. Starke Argumente können sowohl rechtlicher als auch faktischer Natur sein und werden auf beiden Seiten etwa in gleicher Anzahl vorhanden sein. Vorab ist es wichtig zu verstehen, dass die Stärke eines Arguments weniger in der Reichweite ihrer Rechtsfolge und mehr in ihrer argumentativen Stütze liegt. Es ist daher für ein starkes Argument zum Beispiel nicht erforderlich, dass eine unliebsame Klausel *nichtig* ist. Es reicht völlig aus, dass sie *nicht anwendbar* ist, um ans Ziel zu kommen. Entscheidender für die Auswahl und Reihenfolge der Argumente für das Plädoyer ist vielmehr, welches davon man überzeugender vortragen kann. Abstrakt gesprochen solltet Ihr bei der Suche nach den stärksten Argumenten nach folgenden Kriterien Ausschau halten:

- **Eindeutig einschlägige Präzedenzfälle**, die Eure Position stützen. Obwohl Urteile nur die Parteien binden, in deren Rechtsstreit sie ergingen und meistens kein Recht schaffen, ist es für Gerichte oft eine Absicherung, wenn bereits ein anderes Gericht schon einmal so entschieden hat, wie Ihr es vorschlagt. Ganz wichtig hierbei ist: Die Überzeugungskraft einer früheren Entscheidung ruht nicht auf dem Umstand ihrer *Existenz* oder dem *Rang* des Spruchkörpers. Sie ruht immer in der **Begründung** der Entscheidung und der **Vergleichbarkeit** mit dem eigenen Fall. Hier gilt der englische Merksatz: *Present the authority of the argument rather than the argument of authority.*
- Starke Argumente sind solche, die auf **besonders naheliegender Auslegung** beruhen. Einfach nachzuvollziehende Argumente sind nicht richtiger als komplexe Argumente. Aber in einer Plädoyersituation ist die Zeit knapp und die Wahrscheinlichkeit hoch, dass Ihr in der Präsentation eines voraussetzungsvollen Arguments unterbrochen oder sogar auf zeitaufwendige Nebenschauplätze gezogen werdet. Diese Gefahr kann man dadurch einhegen, dass man Argumente bringt, die in wenigen Statements gemacht und begründet werden können. Ein vergleichsweise **eindeutiger Wortlaut** eignet sich hierfür gut. Auch ein **klar erkennbarer Schutzzweck**, der Eure Position stützt, macht ein Argument stark.
- Eine weitere Kategorie starker Argumente sind solche, bei denen Ihr Euch auf klare **prozessuale Regeln** zurückziehen könnt. Es mag sein, dass Ihr materiellrechtlich auf einem schwachen Posten kämpfen müsst. Das alles nutzt der Gegenseite aber wenig, wenn sie es auf tatsächlicher Ebene schwer hat, ihrer Beweislast nachzukommen oder wenn ein inhaltlich vollkommen überzeugender Anspruch gar nicht zulässig ist. Solche Argumente sind eher defensiver Natur, aber dennoch sehr mächtig und oft Kandidaten für die Pole Position in Eurer Strategie.
- Ein letztes Kriterium für starke Argumente ist die Überlegung, wie gut man naheliegende **Gegenargumente kontern** kann. Ihr könnt in Moot-Court-Plädoyers auch dann eine gute Figur machen, wenn Euer eigenes Argument zwar nicht perfekt ist, Ihr dem stärksten Gegenargument aber sehr eindeutig den Wind aus den Segeln nehmen könnt. Zum Thema Umgang mit Gegenargumenten folgt unten noch ein eigener Unterabschnitt („5 – Bezugnehmen und Antizipieren"). Hier sei allerdings schon einmal vorweggenommen: Gebt den

Argumenten der Gegenseite keine größere Bühne als notwendig. Bringt immer zuerst alle zentralen Punkte Eures eigenen Arguments. Geht erst dann auf Gegenargumente ein, wenn die Richterbank sie aufwirft oder Ihr weit genug mit der Präsentation Eures Arguments fortgeschritten seid, um die Schwerpunktsetzung nicht zu verzerren.

Bei allen Argumenten ist es außerdem wichtig, die stützenden Quellen früh und eigeninitiativ anzubieten. Wenn Ihr viel behauptet und dann ständig auf Nachfrage erklären müsst, wo Ihr etwas her habt und warum das überzeugend ist, dann verliert Ihr nicht nur Zeit, sondern Ihr gebt die Kontrolle über das Plädoyer aus der Hand. Stellt daher die zentralen Erwägungen, die Euren Argumenten ihre Überzeugungskraft verleihen, immer gleich mit an den Anfang. Gleiches gilt auch für die Erwähnung der konkreten rechtlichen Grundlage, an der ein Argument hängt. Je abstrakter und von einer normativen Anknüpfung entfernt ein Argument ist, desto geringer wird seine Überzeugungskraft im Zweifel sein. Daher gilt hier der Merksatz: *Lead with the law!*

Nach dem Ausschlussprinzip möchte ich noch ein paar Dinge aufzählen, die meistens dafür sorgen, dass ein Argument *nicht* zu den stärkeren und damit eher in die dritte Reihe gehört, falls es überhaupt im Plädoyer landet. Policy Argumente (siehe Abschnitt „B – Argumentationstypen und -Strukturen") können zwar mit gutem Timing und passender Formulierung eine gewisse Wirkung erzeugen, strenggenommen darf sich ein Gericht von ihnen aber nicht leiten lassen. Sie gehören daher, wenn überhaupt, an das Ende von Argumentationslinien oder gar des gesamten Plädoyers, um eine abrundende Funktion zu übernehmen. In Acht nehmen solltet Ihr Euch außerdem vor übermäßig komplexen Argumenten. Kreative Argumente sind dabei durchaus erlaubt, aber wichtig ist, dass sie schnell und einfach nachvollziehbar sind. Je komplexer und wissenschaftlicher ein Argument, desto schwieriger wird es, dieses effektiv vorzutragen. Unterbrechungen sind vorprogrammiert und die Wahrscheinlichkeit, eine Richterbank mit Genialität und einem neu erfundenen Rad zu flashen, geht eher gegen Null. Das heißt nicht, dass komplexe Argumente schlechter sind – sie eignen sich lediglich nicht besonders gut für das Format des Plädoyers, wenn Ihr sie nicht präsentieren könnt, ohne lange auszuholen oder viele Voraussetzungen zu erklären.

Zuletzt möchte ich noch vor solchen Argumenten warnen, die auf Zahlen und Daten beruhen, die eine Moot-Court-Richterbank nicht ohne Weiteres einordnen kann. Oft kommt es vor, dass Moot-Court-Fälle an realen Gegebenheiten orientiert sind. Das lädt dazu ein, sich auf einer rein tatsächlichen Ebene tiefgreifend mit naturwissenschaftlichen, statistischen oder sonstigen Hintergründen eines Problems auseinanderzusetzen. So nachvollziehbar und für echte Rechtsstreits nützlich diese Bestrebung ist – für Moot-Court-Plädoyer sind entsprechende Argumente eher hinderlich. Es mag sein, dass die Ansteckungsgefahr mit einem Erreger wie dem, der im Sachverhalt geschildert ist, bei 3% liegt. Das ist aber nichts, was die Richterbank ad hoc überprüfen kann und auch nichts, über das eine gewinnbringende juristische Diskussion stattfinden kann. Beschränkt Euch daher, was Zahlen, Daten und Fakten angeht, bitte auf die Angaben aus dem Sachverhalt und konzentriert Euch in erster Linie auf die juristische Argumentation.

4. Offensive und defensive Formulierungen

In diesem kurzen Unterabschnitt möchte ich ein Bewusstsein dafür schaffen, wie man Argumente offensiv und defensiv ausrichten kann und das völlig unabhängig davon, ob man in der Rolle eines Klägers oder einer Beklagten steckt. Natürlich liegt es nahe, dass man auf der Klägerseite eher Verhalten anprangert und sich auf der Beklagtenseite eher gegen Vorwürfe verteidigt. Die Dynamik von Angriff und Verteidigung in inhaltlicher Hinsicht kann dabei allerdings schwanken und ein Beklagter kann genauso gut in die Offensive gehen, wie sich eine Klägerin mal verteidigen muss.

Dass die prozessuale Rolle nicht entscheidend dafür ist, ob man eher angreift oder sich verteidigt, gilt umso mehr auf der rhetorischen Ebene. Im Grundsatz kann man jedes Argument mit einer angreifenden oder verteidigenden Rhetorik vortragen. Der Unterschied liegt dabei allein in dem Bild, das man transportiert. Nehmen wir einmal an, dass ein Beklagter die Einhaltung bestimmter Standards schuldet. Der Kläger wirft logischerweise vor, dass die Standards nicht eingehalten wurden. Als Beklagter kann man sich dagegen nun entweder mit defensiver Rhetorik verteidigen, indem man formuliert:

> „Wir haben *keine Standards verletzt.*“

Oder man geht offensiv vor und sagt:

> „Wir haben *alle Standards eingehalten.*“

Inhaltlich ist beides Verteidigung, rhetorisch ist die zweite Variante allerdings deutlich offensiver. Diesen Umstand kann man gezielt einsetzen, um selbstbewusster aufzutreten und einen eigenen Stil zu kultivieren. Es ist dabei *keinesfalls* nötig oder geboten, die argumentative Rhetorik der prozessualen Rolle anzupassen! Die wichtigere Frage ist: Wie kämpferisch wollt und solltet Ihr auftreten? Überzeugter und selbstbewusster wirkt in aller Regel die offensive Variante von Argumenten.

5. Bezugnehmen und Antizipieren

Dieser Abschnitt ist besonders wichtig für Plädoyers auf der Seite der Beklagten bzw. des Respondents, kommt aber auch in Re- und Duplik zum Tragen. Die Rechtsstreits in Moot Courts sind stets so konzipiert, dass es gute Argumente für beide Seiten gibt und keine Partei über Totschlagargumente verfügt. Auf beiden

Seiten werden berechtigte Interessen stehen, die man in der eigenen Argumentation nicht vernachlässigen darf. Wer einseitig und ohne Rücksicht auf die Komplexität des rechtlichen Problems argumentiert, wird sich den Vorwurf gefallen lassen müssen, einschlägige rechtliche Gesichtspunkte bewusst oder unbewusst auszublenden. Damit geht ein erheblicher Verlust an Überzeugungskraft einher. Um diesen Verlust zu vermeiden und im Gegenteil mit Verständnis für die rechtliche Problematik zu überzeugen, muss man – auch auf der Klägerseite – die Argumente der Gegenseite kennen und an der richtigen Stelle antizipieren können, um sie zu entkräften. Bezugnahmen sind daneben vor allem auf der Beklagtenseite erfolgsentscheidend, denn meistens besteht die eigene Argumentation im Entkräften der gegnerischen rechtlichen Vorwürfe.

Beim Bezugnehmen gibt es einige Dinge zu beachten, je nachdem ob man antizipiert oder reagiert. Bei der Bezugnahme als Reaktion auf bereits vorgetragene Gegenargumente ist zwischen einem antwortenden Plädoyer und der kurzen Re- und Duplik am Ende einer Runde zu unterscheiden.

Allen Formen der Bezugnahme aber ist gemeinsam: Ihr Anknüpfungspunkt sollten nur im Ausnahmefall die gegnerischen Schriftsätze sein! Der Grund dafür ist ein organisatorischer: In der Zeit zwischen Einreichen der Schriftsätze und dem Stattfinden der mündlichen Wettbewerbsrunden vergeht einige Zeit, in der Teams ihre Argumente aus den Schriftsätzen weiterentwickeln und manche davon sogar gänzlich streichen. Die Schriftsätze können ein Indiz dafür sein, was die andere Seite argumentieren wird, aber keinesfalls eine Garantie. Auf der Beklagtenseite auf den gegnerischen Schriftsatz zu rekurrieren, wäre in vielen Moot Courts sogar ein Kardinalfehler. Sinn der Übung ist es nämlich, auf die *tatsächlich vorgetragenen* Argumente zu antworten und nicht gegen Papier anzutreten.

Auf der Klägerseite gehört es zu einem sehr guten Plädoyer, den stärksten gegnerischen Argumenten in aller Kürze den Wind aus den Segeln zu nehmen, noch bevor sie richtig vorgebracht werden können. Stellt Euch nur einmal vor, wie unangenehm es für die Beklagtenseite ist, wenn man aufstehen muss, um genau die Argumente vorzutragen, die unmittelbar vorher effektiv gekontert worden sind. Die Kunst auf der Klägerseite besteht beim Antizipieren der gegnerischen Argumente im Wesentlichen aus drei Elementen:

1. Man muss die **stärksten gegnerischen Argumente identifizieren und verstehen** können. Die Kriterien für das Identifizieren sind dieselben, wie für die Bewertung der eigenen Argumente (Unterabschnitt „3 – Starke Argumente voran"). Und beim Verständnis hilft normalerweise der Umstand, dass man als Moot-Court-Team ja ohnehin die Argumente für beide Seiten entwirft. Die Schwierigkeit besteht in der Regel darin, über den eigenen Einfallsreichtum hinaus Argumente in Erwägung zu ziehen. Hierfür ist Input von außen wichtig, den man in Probeplädoyers vor unterschiedlichen Richter:innen gewinnen kann.
2. Man darf beim Präsentieren der Gegenargumente, die man entkräften möchte, **nicht für die Gegenseite argumentieren**. Bitte versteht mich hier nicht falsch:

Die Gefahr, dass man vergisst, auf welcher Seite man gerade steht, besteht zwar. Insbesondere dann, wenn man in kurzer Abfolge erst die eine und dann die andere Seite vertreten muss. Diese Gefahr ist aber relativ gering und lässt sich unter anderem dadurch in den Griff bekommen, dass man sich vor einem Plädoyer z.B. mit Hilfe einer seitenspezifischen Zusammenfassung des Falls in das richtige Mindset versetzt. Erheblicher ist die Gefahr, dass man den Argumenten der anderen Seite *zu viel Raum im eigenen Plädoyer* gibt. Das passiert meistens dann, wenn man das Gegenargument nicht so gut durchdrungen hat, dass man es „in a nutshell" präsentieren kann. Beschäftigt Euch daher eingehend mit dem, was Ihr entkräften wollt. Und verliert Euch gleichzeitig nicht in der Präsentation dieser eingehenden Beschäftigung. Manchmal passiert es auch, dass von der Richterbank kritische Rückfragen zu den Argumenten der Gegenseite kommen. Dann sollte man keinesfalls reflexartig das Argument der Gegenseite verteidigen, sondern sofort überleiten auf die eigene Argumentation:

> „Das ist ein sehr guter Einwand, Frau Vorsitzende und nicht zuletzt deshalb ist es hier angemessener, [eigene Position verkaufen]".

3. Man muss einen **erheblichen Schwachpunkt finden und ihn knapp darstellen** können. Beim Antizipieren und Kontern der gegnerischen Argumente geht es nicht darum, ein Argument in alle Einzelteile zu zerlegen und jedes davon anzugreifen. Ganz im Sinne von Punkt 2 muss das Ziel sein, in aller Kürze den stärksten Konter auf das Argument zu präsentieren. Es kann sehr nützlich sein, das zu konternde Argument in Übungsrunden selbst einmal zu plädieren, um zu verstehen, wo man dabei am stärksten ins Schwitzen gerät. Danach ist man meist in der Lage, auch selbst gegen das Argument einen empfindlichen Treffer landen zu können. Eine besonders elegante und effektive Strategie zum antizipierenden Kontern kann es sein, das gegnerische Argument in andere Bahnen zu lenken. Insbesondere dann, wenn man das gegnerische Argument inhaltlich nur schwierig aus den Angeln heben kann, ist es eine gute Strategie, der Richterbank zu erklären, warum das gegnerische Argument zwar sinnvoll ist, aber an der aktuellen Diskussion vorbei geht. Entsprechende Differenzierungen werden die Richterbank beeindrucken, wenn Ihr sie nachvollziehbar begründen könnt.

Wenn man auf der Beklagtenseite plädiert, ist das Bezugnehmend deutlich weniger spekulativ, da man die Argumente der anderen Seite gerade gehört hat. Die Herausforderung im Bezugnehmen auf der Beklagtenseite besteht im Wesentlichen daraus, dass man die Argumente der Gegenseite relativ spontan kontern muss und dass die Struktur der eigenen Argumentation an der der Gegenseite ausgerichtet sein muss. In der Vorbereitungsphase auf den Wettbewerb bekommt man in aller Regel ein Gefühl dafür, welche Argumente auf Kläger- oder Applicant-Seite diejenigen sind, auf die man sich einstellen muss. Aber es kann immer passieren, dass andere Teams Argumente finden, an die Ihr nicht gedacht habt. Das gehört zur Moot-Court-Erfahrung dazu und macht einen Teil des Reizes aus. Je tiefer Ihr im Fall drin steckt, desto größer ist auch die Wahrscheinlichkeit, keine starken Argumente völlig übersehen zu haben. Wurde dennoch ein vernünftiges, aber unbekanntes Argument gebracht, gilt es Ruhe zu bewahren. Zunächst einmal muss die Klägerseite das Argument an der Richterbank vorbei bekommen und wird dabei sicherlich mit kritischen Rückfragen konfrontiert, mit denen Ihr inhaltlich arbeiten könnt. Bezüglich der Strategie solltet Ihr überlegen, was das Argument angreift und ob dieser Punkt von Euch zwingend gewonnen werden muss. Gibt es ein alternatives Argument, das Ihr immer noch machen könnt? Lässt sich das Argument der Gegenseite vielleicht so lesen, dass es einen anderen Punkt angreift als den, den die Gegenseite selbst angreifen wollte? Lässt sich ein rechtliches Argument mit einer Tatsache oder eine Tatsache mit einer rechtlichen Erwägung abschwächen? Macht Euch stets bewusst, dass Moot-Court-Sachverhalte sorgfältigst erstellt wurden mit Blick darauf, dass es keine Totschlagargumente gibt.

In vielen Moot Courts verlangen die Regeln, dass das Plädoyer der Beklagtenseite sich auf das der Klägerseite beziehen *muss*. Damit ist gemeint, dass ein Beklagten- oder auch Respondent-Plädoyer nicht vollständig vorbereitet sein darf, sondern maßgeschneidert auf die Argumente der anderen Seite abgestimmt sein muss. Selbstverständlich werdet Ihr in der Vorbereitung auf den Wettbewerb ein Repertoire an starken Kontern für die gängigsten Argumente der Klägerseite entwickeln, jedenfalls sollte das das Ziel eines jeden erfolgreichen Moot-Court-Teams sein. Die Kunst besteht darin, die Bausteine so zusammenzusetzen, dass sie die Struktur der Plädoyers der Gegenseite spiegeln und elegant miteinander verbunden werden. Hierfür ist die Art von Moot-Court-Notizen, die ich oben in Unterabschnitt „1 – Notizen“ am Ende empfohlen habe, besonders nützlich. Durch die großen Lücken zwischen den wesentlichen Elementen der eigenen Argumente könnt Ihr die Argumente der Gegenseite problemlos in Euren Notizzettel eintragen und das stets im Kontext Eurer eigenen Punkte. So könnt Ihr flexibel auf jedes Klägerplädoyer reagieren.

Zuletzt möchte ich kurz auf das Bezugnehmen im Rahmen von Replik und Duplik eingehen. Zu diesem Teil des Plädoyers gibt es unten einen eigenen Unterabschnitt („9 – Replik und Duplik meistern“). Hier soll es daher ausschließlich um den Aspekt der Bezugnahme gehen. Zeitlich gesehen stellt die Replik, also die Bezugnahme des Klägers auf das Plädoyer des Beklagten, nur einen Bruchteil des anzugreifenden Beklagtenplädoyers dar. Je nach Moot Court könnt Ihr selbst vor einer Runde entscheiden, wie viel Zeit Ihr genau für die Replik und Duplik reservieren möchtet. Möglich ist meist eine Zeitspanne von einer bis zu fünf Minuten, wobei zwei bis drei Minuten am üblichsten sind. In der Replik geht es darum, die zwei bis drei stärksten Konter auf das Plädoyer des Beklagten mit großem Nachdruck vorzutragen. Wichtig ist es, dass nur solche Punkte angebracht werden, die Argumente der Gegenseite direkt aufgreifen. Es wäre ein schwerer Fehler, in der Replik oder Duplik keine Punkte der Gegenseite anzugreifen und stattdessen die eigenen Argumente zu wiederholen oder neue eigene Argumente nachzuschieben. Die Idee ist jeweils die eines Schlagabtauschs. Bei der Replik ist der Bezugspunkt das Plädoyer des Beklagten bzw. Respondents und bei der Duplik – und das ist eine Besonderheit und besonders herausfordernd – *nur der Stoff der Replik*. Dupliken müssen daher vollkommen spontan gehalten werden.

Sowohl für Replik als auch für die Duplik solltet Ihr Euch möglichst kurzfassen. Zwei bis maximal vier Punkte sind – unabhängig von der gewählten Zeitallokation – der richtige Rahmen. Es ist nicht sinnvoll, die andere Seite mit fünf oder mehr Argumenten überschwemmen zu wollen oder sich viel mehr Zeit für die Replik zu reservieren, als der Beklagte für die Duplik reserviert hat. Diese Zeit wird von der Zeit des regulären Plädoyers abgehen und dort ist sie deutlich sinnvoller aufgehoben.

6. Vergleiche und Metaphern

Ich hatte noch nie den Eindruck, dass Jura ein trockenes Fach ist. Am allerwenigsten in Moot-Court-Verhandlungen! Recht aktiv zu verhandeln und um das beste Argument zu ringen, erweckt den zu Grunde liegenden Fall zum Leben und macht mehr Spaß als so ziemlich jedes andere Format in der juristischen Ausbildung. Trotzdem kann es passieren, dass man sich bei der langen und sehr tiefen inhaltlichen Auseinandersetzung mit juristischer Argumentation manchmal in den technischen Details verliert. Dafür gibt es sehr gute Gründe – nicht zuletzt, dass diese Details meistens rechtlich sehr spannend sind. Diese Spannung im Detail lässt sich einer Richterbank allerdings nicht immer so vermitteln, dass sie dabei an Euren Lippen hängt. Wie in jeder Situation, in der Recht mündlich kommuniziert wird, müsst Ihr gegen kurze Aufmerksamkeitsspannen, Ablenkungen und die teils vielleicht doch einmal inhärente Trockenheit mancher Argumente ankämpfen. Um diesen Kampf zu gewinnen, sind Metaphern, Vergleiche und jede Form von verbalem Bildermalen eine sehr mächtige Waffe.

Innerhalb eines Plädoyers bieten sich Verbildlichungen, Metaphern und Vergleiche an verschiedenen Stellen an. Verbildlichungen und Vergleiche eignen sich besonders als Mittel der Betonung oder Verharmlosung innerhalb eines Arguments. In jedem Sachverhalt werdet Ihr Informationen finden, die man auf verschiedene Weisen in Szene setzen kann. Größen, Geschwindigkeiten, Häufigkeiten, Gefährlichkeitsgrade, Geldwerte, Anzahlen und andere Kategorien bieten sich besonders gut für Vergleiche und Verbildlichungen an. Eine Fläche von $100m^2$ kann klein wirken, wenn man erwähnt, dass der Fünf-Meter Raum vor einem Fußballtor $100m^2$ misst. Man kann sie aber auch deutlich größer wirken lassen mit der Information, dass $100m^2$ der Fläche einer durchschnittlichen Vier-Zimmer Wohnung entspricht. Solche Vergleiche machen Euer Plädoyer eingängiger, unterhaltsamer und damit auch effektiver.

Metaphern gehören wie Policy Argumente an das Ende eines Arguments, um es abzurunden. Denn Metaphern sind selten perfekt und daher in aller Regel angreifbar, vermitteln aber eine bestimmte Stimmung, die zum Abschluss eines Arguments ganz nützlich sein kann. Der Fantasie sind hier im Grunde keine Grenzen gesetzt, solange die Metapher thematisch in einem Gerichtssaal nicht völlig fehlplatziert wäre. In einem Fall zum Thema Massenüberwachung hat mal zur Verteidigung des Beklagten, der zu Sicherheitszwecken große Mengen Daten abgefangen und gefiltert hat, der Hinweis ganz gut funktioniert, dass man erst einmal einen Heuhaufen brauche, wenn man die Nadel darin finden will. Die Idee war: Wer Kommunikation zur Vorbereitung von Anschlägen abfangen und erkennen will, muss logischerweise erst einmal Zugriff auf Kommunikationsdaten haben, die dann – selbstverständlich unter Beachtung aller rechtlichen Maßstäbe – gefiltert werden können.

Obwohl sie richtig eingesetzt einen erheblichen Mehrwert für ein gelungenes Plädoyer bieten können, würde ich Euch dennoch raten, mit Verbildlichungen und Metaphern sparsam umzugehen und nicht mehr als drei pro Plädoyer zu benutzen. Auch wenn Moot-Court-Fälle fiktiv sind, wird immer noch eine echte Gerichtsverhandlung mit ernstzunehmenden Interessen und Problemen simuliert. Eine solche ist natürlich kein Ort für Phrasendrescherei und Binsenweisheiten. Kreativität ist erlaubt und erwünscht und das gleiche gilt für den Spaß an der Sache. Man sollte nur aufpassen, dass dabei die Pferde mit einem nicht durchgehen.

7. Interaktion mit der Richterbank

Der Sinn von Moot Courts liegt zu einem großen Teil in der mündlichen Verhandlung und dem Schärfen der rhetorischen Fähigkeiten. Aus diesem Grund gibt es die Plädoyers und aus diesem Grund sind diese gerade keine einseitigen Vorträge, sondern Rechtsgespräche, in denen die Richterbank eine aktive Rolle spielt. In den vorbereitenden Materialien, die die Richter:innen bekommen, stehen zahlreiche Vorschläge für kritische Rückfragen an beide Seiten und sie sind gehalten, die Teilnehmenden auch darüber hinaus mit allen Fragen und hypothetischen Szenarien zu konfrontieren, die ihnen einfallen. Entsprechend groß ist der Anteil an Punkten, die man durch die Interaktion mit der Richterbank auf den Scoresheets sammeln kann.

Obwohl man von der Richterbank bewertet wird, ist es wichtig, dass man bei der Interaktion mit ihr nicht den Fehler macht, sich als Prüfling zu fühlen, dessen Wissen abgefragt wird. Denn in der Zeit, in der Euch das Wort erteilt ist, seid Ihr gleichberechtigte Gesprächspartner:innen auf Augenhöhe, von denen erwartet wird, dass sie das Gespräch entsprechend den Interessen ihrer Mandantschaft *leiten*. Diesen Umstand kann man nur allzu leicht vergessen, wenn man sich in einem Fragenhagel wiederfindet, bei dem man auch mal ins Schwimmen geraten kann.

In diesem Unterabschnitt möchte ich erklären, welche ungeschriebenen Grundregeln für die Interaktion mit der Richterbank existieren und mit welchen

Tipps man dabei eine gute Figur macht. Wie bei allen anderen Formaten auch, sind das inhaltliche Können und das Wissen um die relevanten Fakten natürlich Grundvoraussetzungen. Darüber hinaus entscheidet sich der Erfolg der Plädoyers aber vor allem auf der rhetorischen Ebene.

Im Umgang mit Fragen von der Richterbank ist es zunächst einmal wichtig, dass Ihr abwartet, bis eine Frage zu Ende gestellt ist. Richterbänke reagieren üblicherweise sehr allergisch darauf, wenn in Fragen reingegrätscht wird, selbst wenn man eine gute Antwort liefert. Hier ist Disziplin gefragt, und zwar insbesondere dann, wenn einem die Antwort bereits unter den Nägeln brennt. Ihr müsst den Richter:innen immer das Gefühl vermitteln, dass Ihr sie und ihre Bedenken ernst nehmt und dazu gehört es eben, sie nicht zu unterbrechen. Idealerweise solltet Ihr – soweit es im Kontext der Frage nicht unangemessen ist – versuchen zu lächeln und dann zu nicken, wenn Ihr das Gefühl habt, die in einer Frage geäußerten Bedenken zu verstehen.

Eine gute Methode, um Fragen ernstzunehmen, ist es, sich für Fragen zu bedanken oder sie zu wertschätzen. Das darf auf keinen Fall zu einem Automatismus verkommen, aber grundsätzlich macht es einen guten Eindruck, wenn Ihr in der Lage seid, eine Frage nicht als Angriff, sondern als berechtigten Einwand aufzunehmen, den Ihr selbstverständlich auch schon bedacht habt und für relevant, aber im Ergebnis nicht entscheidend erachtet. Auf diese Weise strahlt Ihr Kompetenz und Überblick über den Fall aus und wertet gleichzeitig die Perspektive des Fragestellers auf. Entscheidend dafür ist natürlich, dass Ihr versteht, worauf das Gegenüber hinaus will! Lest hierzu am besten noch einmal den Abschnitt „H – Grundregeln für den Umgang mit Rückfragen" aus Kapitel II.

Andersherum dürft Ihr es Euch nicht anmerken lassen, wenn eine Frage unsinnig oder sogar etwas frech ist. Für nicht wenige Moot-Court-Richter:innen gehört es dazu, die Teilnehmenden ein wenig zu testen und an Belastungsgrenzen zu bringen. Das kann man gut oder schlecht finden, man sollte aber in jedem Fall auf diese Realität vorbereitet sein. Ist eine Frage deshalb unsinnig, weil sie die Seiten verwechselt und keine Kritik, sondern eine Förderung Eures Arguments bedeutet, dann bedankt Euch einfach ganz charmant für diesen besonders klugen Gedanken und baut sofort darauf auf mit einer Formulierung wie:

> „Dem kann ich nur zustimmen, Eurer Ehren, und *genau deshalb* ist es hier im Ergebnis auch überzeugender, [in Eurem Sinne] zu entscheiden."

Ist die Frage unpassend, weil sie im Ton zu scharf ist oder Euch bloßstellen will, dann dürft Ihr niemals auf das Niveau der Frage herabsinken. Besser ist es, in der Sache hart zu erwidern und diese Erwiderung mit einem freundlichen, aber bestimmten:

> „*Bei allem Respekt*, Richterin X, selbst wenn man diesen Einwand für bare Münze nähme, dann führt das immer noch nicht dazu, dass [Euer stärkstes

Argument im Lichte des Einwands von der Richterbank] erschüttert werden kann. Denn ..."

Lasst Euch auf keinen Fall von aufbrausenden Persönlichkeiten beeindrucken und bleibt ruhig. Wisst, dass die Situation nur eine Simulation ist und das unter Druck gesetzt werden ein Teil des Spiels ist. Nicht selten wird es auch den Richterkolleg:innen übel aufstoßen, wenn auf ihrer Seite jemand die Grenzen des guten Geschmacks übertritt. Häufig wird es ausdrücklich gelobt, wenn Ihr in der Situation einfach versucht, cool zu bleiben. Nehmt die Situation sportlich und haltet so gut dagegen, wie Ihr könnt.

Manchmal kann es vorkommen, dass man von der Richterbank entweder inhaltlich oder mit der schieren Menge an Fragen so unter Druck gesetzt wird, dass man die Kontrolle über das Plädoyer zu verlieren droht. Es kann z.B. sein, dass Ihr Fragen bekommt und bei dem Versuch zu antworten sofort unterbrochen werdet. Viele Mooties verlieren in solchen Situationen verständlicherweise die Kontrolle, aber es gibt drei gute Taktiken, um solche Situationen zu einem Highlight Eures Plädoyers zu machen.

Taktik Nummer 1 betrifft die Situation eines Fragenhagels. Nicht selten schließen sich Richter:innen den Fragen ihrer Kolleg:innen mit eigenen Fragen an und so können schon einmal zwei oder mehr umfangreichere Fragen auf einmal auf Euch zukommen. Hier ist es besonders wichtig, dass Ihr die Fragen notiert, um sie alle beantworten zu können. Wenn Ihr einen Fragenhagel mit verständigem Nicken und viel Blickkontakt aufnehmen und dann auch noch vollständig und in chronologischer oder anderweitig sinnvoller Reihenfolge abhandeln könnt, dann ist das absolut beeindruckend und wird Euch viele Punkte einbringen. Achtet darauf, ob man Elemente der Fragen gemeinsam beantworten kann oder ob es eine gute Überleitung von der Beantwortung einer zu einer anderen Frage gibt. Auf diese Weise werdet Ihr besonders souverän auftreten.

Taktik Nummer 2 betrifft den Fall, dass der Fragenhagel nicht abreißen will und Euch das Zeitmanagement allmählich entgleitet. Im Grundsatz gilt: Ihr beantwortet alle Fragen, die Euch gestellt werden. Wenn die Richterbank besonders lange über einen bestimmten Punkt sprechen will, dann tut ihr den Gefallen. Gleichzeitig ist es aber auch so, dass Punkte für effektives Zeitmanagement vergeben werden und es nicht passieren darf, dass man für 80% der zugewiesenen Zeit nur über einen von zwei geltend gemachten Ansprüchen spricht. Deshalb bietet sich der folgende Trick an, wenn Ihr der Meinung seid, dass nun ausführlich genug über einen Aspekt gesprochen wurde und es wichtig ist, dass Ihr in der Struktur des Plädoyers weiterkommt. Macht nach dem Empfangen der Fragen eine kurze Pause. Dann bedankt Euch und erklärt freundlich, aber bestimmt, dass Ihr diese Fragen gerne beantwortet, aber im Interesse der Zeit danach zum nächsten Punkt übergehen werdet. Die Richter:innen werden automatisch eine positive Notiz in der Kategorie Zeitmanagement auf den Scoresheets machen und sich für das restliche Plädoyer womöglich sogar etwas mit ihren Fragen zurücknehmen.

Taktik Nummer 3 ist für die Situation gedacht, in der Euch der Druck zu groß wird, zum Beispiel weil Ihr feststellen müsst, dass die Einwände der Richterbank so gut sind, dass sie Euer Argument wirklich zu Fall bringen. In solchen Situationen ist es wichtig, zwei Dinge nicht aus den Augen zu verlieren: Erstens alternative Argumente, auf die Ihr zurückfallen könnt und zweitens die schlichte Tatsache, dass Ihr Euch in einem Wettbewerb befindet und es nicht das Ende der Welt ist, wenn Ihr einen Punkt aufgeben müsst. Es kann manchmal sinnvoller sein, sich in einem Punkt geschlagen zu geben, um dadurch genug Zeit zu haben, mit einem anderen Punkt eine gute Figur zu machen. Lasst Euch nicht auf einem verlorenen Posten festnageln, sondern behaltet den Überblick für das große Ganze.

Ein weiterer Aspekt, der ebenfalls die Kontrolle über das eigene Plädoyer betrifft, ist das Antizipieren von Fragen. Es ist sehr gut, wenn man in der Lage ist, sich die Kontrolle über das eigene Plädoyer mit den drei Taktiken von oben zurückzuholen. Noch besser ist es, wenn man die Kontrolle gar nicht erst verliert. Das ist nicht zuletzt vor dem Hintergrund des Zeitmanagements besonders wichtig. Um dieses Ziel zu erreichen, ist es besonders hilfreich, ein Gespür dafür zu entwickeln, welche Eurer Argumente Fragen provozieren und die Antworten darauf gleich mitzuliefern. In den Übungsrunden zur Vorbereitung der Plädoyers werdet ihr merken, dass immer wieder dieselben Fragen zu bestimmten Punkten aufkommen werden. Oft geht es darum, ob Ihr einen etwas kontroversen Punkt mit Quellen untermauern könnt, ob Ihr mit einem ähnlich gelagerten Präzedenzfall vertraut seid oder ob Ihr Euch einer offensichtlichen Kritik bewusst seid. Diese wiederkehrenden Rückfragen und/oder Einwände sollte man daher am besten direkt in das eigene Plädoyer integrieren, indem man bestimmte Quellen voranstellt oder unverzüglich und eigeninitiativ auf einschlägige Rechtsprechung oder Kritiken eingeht. Auf diese Weise signalisiert Ihr der Richterbank, dass Ihr tief im Fall seid und die eigenen Argumente gut reflektiert habt. Das bringt Euch Punkte in den inhaltlichen Kategorien der Scoresheets und gleichzeitig in der für Zeitmanagement.

Ein letzter Tipp für einen gelungenen rhetorischen Eindruck im Austausch mit der Richterbank betrifft das Thema Flexibilität. Manche Fragen betreffen einen ganz anderen Abschnitt des Plädoyers als denjenigen, bei dem Ihr Euch gerade befindet. Der Abstand kann vergleichsweise klein sein, wenn die Frage etwa ein anderes Argument betrifft, aber den gleichen Anspruch. Oder sie kann einen ganz anderen Klagepunkt betreffen, zu dem Ihr erst in 10 Minuten gesprochen hättet. In diesen Situationen dürft Ihr die Frage keinesfalls damit abwimmeln, dass Ihr dazu später noch Stellung nehmen werdet. Wenn Ihr antworten könnt, dann ist es besser zu antworten und nahtlos einen Weg zurück an die Stelle des Plädoyers zu finden, der Ihr Euch eigentlich widmen wolltet. Manche stellen solche strukturverwirbelnden Fragen sogar ganz bewusst, um Eure Flexibilität zu testen und es wird dann allgemein erwartet, dass Ihr flexibel genug seid, um damit umzugehen. Ein eleganter Weg zurück zur Ausgangsstelle findet sich meistens, indem man einen Punkt aus der Antwort aufgreift, der auch etwas mit dem Eingangsargument zu tun hat. Wenn Ihr dann ganz organisch an den Punkt gelangt, an den Euch die Frage von der Richterbank bereits vorher geführt hat, dann könnt Ihr diesen entweder ganz überspringen oder kurz auf die Ausführungen von zuvor verweisen, je nachdem, wie ausführlich Ihr den Punkt ausgeführt habt.

Als letzten Punkt zum Thema Interaktion mit der Richterbank möchte ich Euch ans Herz legen, Spaß in den Interaktionen zu finden und das nach Möglichkeit auch auszustrahlen. Lebendige Diskussionen mit den Richter:innen sind das Herzstück eines jeden Moot Courts und der Teil, in dem man die meisten Punkte holt. Hier könnt Ihr am hellsten strahlen, am meisten lernen und den meisten Spaß haben. Auch wenn man vielleicht nicht alles perfekt beantworten kann, ist es alles in allem eine sehr coole Situation, die geistige Klinge mit Expert:innen zu kreuzen und dabei festzustellen, dass man mithalten kann. Und natürlich kann auch die menschliche Komponente zu sehr unterhaltsamen und anregenden Auseinandersetzungen führen. Viele Moot-Court-Richter:innen füllen Ihre Rolle mit einem Augenzwinkern und viel Verständnis für die Situation und den Wettbewerb aus. Sie hoffen genau so sehr auf eine anregende und beidseitig fordernde Diskussion, wie Ihr. Denn alle Beteiligten wenden ihre Zeit freiwillig und aus Spaß an der Sache auf und das dürft Ihr nie vergessen. Fürchtet Euch daher nicht vor Fragen und genießt diese in jeder Hinsicht besondere Situation Eurer juristischen Karriere!

8. Show, don't tell

Der Grundsatz „Show, don't tell" gilt grundsätzlich für jede Form der juristischen Argumentation. Sie wird aber für Studierende meistens erst in Moot Courts so richtig relevant. Gemeint ist damit, dass man zu jedem Zeitpunkt auf wertende Adjektive in der Präsentation eigener oder gegnerischer Argumente *verzichten* sollte. Stattdessen gilt es, die betreffenden Argumente so überzeugend zu präsentieren oder anzugreifen, dass dies für sich spricht. Haltet Euch daher unbedingt mit Begriffen wie „offenkundig", „unerklärlich", „selbstverständlich" oder „weit hergeholt" zurück. Denn in Moot-Court-Fällen – und meistens auch in realen Fällen, wie Ihr spätestens im Referendariat merken werdet – sind die Dinge eben gerade *nicht* offensichtlich oder selbstverständlich, denn sonst müsste man ja nicht über sie streiten. Kein Gericht wird sich dadurch von der Qualität eines Arguments überzeugen oder abbringen lassen, dass man das Argument mit bewertenden Adjektiven eskortiert.

Um die Qualität eines Arguments zu untermauern, sollte man stattdessen überzeugende Auslegung, einschlägige Präzedenzfälle, Verständnis von Wertungen und Normzwecken sowie und weitsichtige Interessenabwägungen in den Vordergrund stellen. Statt ein Argument selbst als überzeugend zu labeln, kann man stattdessen stakkatoartig Urteile aufzählen, in denen sich Gerichte in ähnlichen Fällen genauso entschieden haben, wie Ihr es vorschlagt. Man kann in der Subsumtion eine Randnummer des Sachverhalts nach der anderen rausfeuern oder auf eine unerträgliche Rechtsfolge der Gegenansicht pochen. Damit erübrigt sich jede Beschreibung als „überzeugend".

Ganz ähnlich lassen sich Gegenargumente aushebeln, ohne sie abwertend zu beschreiben. Zeigt stattdessen Widersprüche auf, führt Rechtsprechung ins Feld, in deren Lichte ein Argument überholt ist oder zeigt Schwächen in der Auslegung auf. Auf diese Art zu argumentieren, ist unglaublich lehrreich, denn es zwingt Euch, Argumente so zu präsentieren, dass ihre Stärken und Schwächen für sich sprechen. Diese entsprechend hervorzuheben, schult rechtliches Verständnis und schärft den Blick für juristische Argumentation in einer Art und Weise, die im Studium ansonsten kaum geboten wird. Und weiter noch: Diese Art des Argumentierens ist um ein Vielfaches effektiver, wenn es darum geht, *andere Jurist:innen* zu überzeugen. Das zu lernen ist einer der größten, wenn nicht der größte Mehrwert an einer Moot-Court-Teilnahme.

9. Replik und Duplik meistern

Der letzte Teil eines Plädoyers und damit auch der letzte Eindruck, den Ihr bei der Richterbank hinterlassen könnt, besteht in den meisten Moot Courts aus der Re- bzw. Duplik, je nachdem ob man als Kläger:in oder Beklagte:r auftritt. Dieser Umstand und die Tatsachen, dass hier meist keine Rückfragen mehr erlaubt sind und man unmittelbar auf die Argumente der Gegenseite reagieren muss, machen Replik und Duplik zu einer sehr herausfordernden, aber auch sehr spannenden Sondersituation eines jeden Plädoyers.

Wegen der Pflicht zur Bezugnahme, die insbesondere auf Seiten der/des Beklagten höchstgradig spontan erfolgen muss, hängt der Erfolg von Re- und Duplik natürlich sehr davon ab, wie tief und spontan Ihr inhaltlich kontern könnt. Aber selbst der inhaltlich beste Punkt kann wirkungslos verhallen, wenn man die rhetorischen und strategischen best practices für Re- und Duplik außer Acht lässt. Um diese best practices soll es in diesem Unterabschnitt gehen.

In strategischer Hinsicht gilt es, die für Re- und Duplik reservierte *Zeit* und (vor allem in der Replik) die *Auswahl* der Angriffsziele zu beachten.

Da man die Replik während der gesamten Dauer des Beklagtenplädoyers vorbereiten kann, empfiehlt es sich, für die Replik etwas mehr Zeit zu reservieren als für die Duplik, soweit die Regeln des Wettbewerbs dazu keine Vorgaben machen. Im Jessup Moot Court und vielen anderen internationalen Moot Courts ist es so, dass man die Wahl hat. Als Faustregel bietet es sich an, etwa drei Minuten für die Replik zu reservieren. Das erlaubt es Euch, bis zu drei starke Argumente als Erwiderung auf das Beklagtenplädoyer ohne große Zeitnot präsentieren und ggf. sogar noch mit einem Zitat abzurunden. Für die Duplik macht man sich angesichts der großen Spontanität – immerhin hat man hier nur die Dauer der Replik, um eine Erwiderung vorzubereiten – eher Probleme, wenn man hier zu viel Zeit reserviert, die man dann aber nicht vollständig ausfüllen kann. Wichtig ist es, die verfügbare Zeit nicht ungenutzt zu lassen. Und es ist besser, innerhalb einer

Minute einen brillanten Konter auf lediglich eines der Argumente aus der Replik eloquent vorzutragen und zu den restlichen Punkten zu schweigen, als bei dem Versuch zu scheitern, drei Konter mittelmäßiger Qualität ins Ziel zu bringen. Wenn Ihr davon überzeugt seid, dass Ihr auf jedes mögliche Argument in der Replik aus dem Stehgreif einen Konter parat habt, dann sind auch zwei bis drei Minuten reservierter Zeit für die Duplik in Ordnung. Aber meistens ist hier weniger mehr.

Ein weiterer strategischer Aspekt betrifft die inhaltliche Auswahl der Argumente, die für Re- und Duplik in Frage kommen. Hierzu solltet Ihr mit Euren Teammitgliedern, die mit Euch auf der Bank sitzen, schriftlich (= unauffällig!) austauschen, um die besten Angriffe/Konter zu finden. Auftreten und die Re- oder Duplik präsentieren, darf allerdings immer nur eine:r. Daher ist es gerade für die Replik besonders effektiv, klagepunktübergreifend Punkte auszuwählen. So ist gewährleistet, dass wer auch immer aus dem gegnerischen Team die Duplik übernimmt, auch zu Punkten sprechen muss, die nicht aus der Hälfte des Plädoyers stammen, die diese Person hauptsächlich selbst vorbereitet hat. Allein aus diesem Grund solltet Ihr mindestens zwei Angriffe in der Replik formulieren. Hierzu solltet Ihr sinnvollerweise mit Euren Teammitgliedern im Austausch stehen. Andersherum sollten alle am Plädoyer beteiligten Mitglieder des Beklagtenteams mitdenken und an Kontern auf die Replik mitschreiben, um nach den ca. drei Minuten genug nachvollziehbare Notizen zusammengestellt zu haben, mit denen eine Person nach vorne treten und eine klagepunktübergreifende Duplik präsentieren kann. Es ist sowohl möglich, dass Ihr vorab festlegt, wer für die Duplik eingeteilt ist oder Ihr entscheidet das spontan anhand der Punkte, die in der Replik gemacht werden. In meinem eigenen Team haben wir spontan entschieden und damit gute Erfahrungen gemacht. Wenn Ihr (nur) ein besonders spontanes Teammitglied habt, dann kann es aber auch sinnvoll sein, hauptsächlich diese Person die Dupliken übernehmen zu lassen, so dass sie auch im echten Wettbewerb hierfür besonders gut geeignet ist. Der Rest des Teams arbeitet ihr dann zu. Im Kontext der Auswahl der Angriffspunkte für die Replik solltet Ihr genau darauf achten, ob Ihr neben rechtlichen Argumenten auch Angriffe auf der Basis machen könnt, dass das andere Team den Sachverhalt verzerrt hat. Verzerrungen oder Missverständnisse müssen sich auf die Validität der gegnerischen Rechtsauffassung auswirken und sind nicht allein dazu gedacht, die andere Seite unglaubwürdig zu machen. Aber wenn Ihr einen *rechtlich relevanten* faktischen Punkt machen könnt, dann tut das unbedingt – denn diese sind angesichts des feststehenden Sachverhalts nur sehr schwierig – wenn überhaupt! – zu kontern.

In rhetorischer Hinsicht ist es wichtig, einen möglichst *nachdrücklichen* Vortragsstil zu verwenden. Außerdem ist es wichtig, einen Balance zwischen harten inhaltlichen Angriffen und unpersönlich professionellen Formulierungen zu finden, die sich nicht gegen die andere Seite an sich, sondern ausschließlich gegen Ihre Auffassungen richten. Schlussendlich kann es im Sinne eines gelungenen (aller)letzten Eindrucks angebracht sein, Re- und Duplik mit einem Zitat abzurunden, das zum Narrativ Eurer rechtlichen Argumentation im regulären Plädoyer passt.

Zunächst zum Stil: In Re- und Duplik ist die Zeit extrem begrenzt und Ihr müsst noch einmal zeigen, dass Ihr gewinnen wollt und das auch verdient habt. Um genau diesen Eindruck zu erwecken, gilt es, mit besonders viel Nachdruck aufzutreten. Dazu gehört zunächst einmal, dass man sich alle Formen von Einleitungen und Vorgeplänkel spart und direkt zum Punkt kommt. Das kann zum Beispiel so aussehen:

> „Herr Vorsitzender, hohes Gericht; zwei Punkte als Replik auf das Vorbringen des Beklagten. Erstens: ..."

Was man dagegen aufgreifen kann und auch muss, sind die Argumente der Gegenseite, auf die Ihr replizieren oder duplizieren wollt. Hierbei ist es wichtig, nicht ausführlich zu werden, sondern das Argument lediglich so anreißen, dass der Richterbank klar ist, worum es geht. Das darf nicht so abstrakt sein, dass Ihr lediglich vom dritten Argument zum zweiten Klagepunkt oder dergleichen sprecht. Dass der Beklagte z.B. vorgebracht habe, er sei im Wege der Selbstverteidigung gerechtfertigt gewesen, wäre aber bereits ausreichend. Auf die Details geht man nur insoweit ein, als man sie kontern möchte.

Zu einem nachdrücklichen Stil gehört es auch, dass man die eigene Mimik und die Tonlage anpasst. Während ein Lächeln in vielen Situationen des regulären Plädoyers sehr sinnvoll eingesetzt werden kann, hat es in Re- und Duplik – maximal – am Ende Platz, wenn man mit einem kurzen Dank das Podium wieder verlässt. Im Übrigen sollte man sich um einen ernsten Gesichtsausdruck bemühen und sich zu einer besonders geraden Haltung aufrichten. Die Stimmlage sollte der Situation angemessen laut, deutlich und energisch ausfallen. Bitte schreit nicht, aber versucht, eine professionelle Empörung über die Argumente der Gegenseite zum Ausdruck zu bringen. Professionelle Empörung auszustrahlen, bedeutet nicht, dass man der anderen Seite moralische Vorhaltungen machen darf. Auch in Re- und Duplik gilt es, möglichst technische und dogmatisch überzeugende Argumente zu machen.

Das Vermeiden von moralischen Vorwürfen führt uns auch gleich zum letzten rhetorischen Aspekt von Re- und Duplik, den ich hier betonen möchte: Bei aller Empörung, die man im Wettbewerb nach der langen Auseinandersetzung mit einem Fall, seinen Akteuren und Argumenten nur allzu leicht empfinden kann, darf man keinesfalls Angriffe gegen die Glaubwürdigkeit oder Fähigkeiten der Gegenseite vorbringen. Formulierungen wie „es ist unerklärlich, wie die Gegenseite ernsthaft glauben kann" oder „hätten die geschätzten Vertreter des Klägers den Fall genauer gelesen, dann hätte Ihnen auffallen müssen", sind unangebracht und nicht nötig, um überzeugend und mit Nachdruck aufzutreten. Wenn sich ein Team Euch gegenüber im Ton vergreift, dann bleibt cool und sinkt nicht auf dieses Niveau herab.

Stichwortverzeichnis